衣莉芹 著

地域发展效应视域下会展活动运营研究

本书由山东交通学院博士科研启动基金资助出版
山东省软科学研究计划项目（2018RKB01492）
山东省人文社会科学课题（18-ZZ-JJ-03）
山东省社会科学普及应用研究项目（2021-SKZC-53）
济南市哲学社会科学规划项目（JNSK18C35、JNSK21C37）相关研究成果

知识产权出版社
全国百佳图书出版单位
——北京——

图书在版编目（CIP）数据

地域发展效应视域下会展活动运营研究 / 衣莉芹著 . -- 北京：知识产权出版社，2021.12
ISBN 978-7-5130-7831-3

Ⅰ . ①地… Ⅱ . ①衣… Ⅲ . ①展览会—运营管理—研究 Ⅳ . ① G245

中国版本图书馆 CIP 数据核字（2021）第 232411 号

内容提要

本书以会展活动对地域发展的影响研究为主线，从城市发展和乡村振兴两个领域进行了多维度的理论与实证分析。主要着眼于城市经济集聚、城市全面发展、城市形象塑造、城市文化传承、居民认知提升、乡村产业发展、农业科技推广、乡村产业融合、乡村文化继承、地域文化适应等视角反映不同会展活动对城乡经济、社会、文化的影响，并提出创新思路与优化对策。

本书适合会展经济与管理、旅游管理、文化产业管理等专业的高校师生及城乡规划、乡村振兴、文化传承等领域的相关研究人员和政府管理人员阅读。

责任编辑：李石华　　　　　　责任印制：孙婷婷

地域发展效应视域下会展活动运营研究
DIYU FAZHAN XIAOYING SHIYUXIA HUIZHAN HUODONG YUNYING YANJIU

衣莉芹　著

出版发行：知识产权出版社 有限责任公司	网　址：http://www.ipph.cn
电　话：010-82004826	http://www.laichushu.com
社　址：北京市海淀区气象路50号院	邮　编：100081
责编电话：010-82000860转8072	责编邮箱：lishihua@cnipr.com
发行电话：010-82000860转8101	发行传真：010-82000893
印　刷：北京九州迅驰传媒文化有限公司	经　销：各大网上书店、新华书店及相关书店
开　本：787mm×1092mm　1/16	印　张：13.5
版　次：2021年12月第1版	印　次：2021年12月第1次印刷
字　数：220千字	定　价：65.00元

ISBN 978-7-5130-7831-3

出版权专有　侵权必究
如有印装质量问题，本社负责调换。

前 言

会展是综合性概念,是包括交易会、博览会、节庆活动等形式多样的会展活动。20世纪90年代以来,全球性会展活动热潮逐渐形成。进入21世纪以来,我国迅速成为世界上会展活动的重要活跃地带。根据《2019年度中国展览数据统计报告》,全年经济贸易展览总数达11 033场;根据国际会议协会(ICCA)数据库统计,2019年共有13 254场国际社团会议,其中中国(不含香港、澳门及台湾地区)举办539场国际会议;其他未做统计的会议、节庆等会展活动难以计数。

近年来,我国会展行业总体发展态势趋缓,进入升级换代和产业结构优化调整的新阶段,正从数据扩张向质量提升过渡。在国家战略调整、科技革新、资本介入、跨界融合等宏观形势下,每一个会展活动都在积极寻求自己的新动能。不能忽视的是,会展活动的发生是依托于一定地域基础的。会展活动只有有机地融入地域发展之中,才能充分利用新动能,焕发活力,与地域发展持续和谐共生。

地域通常是指一定的地域空间,是自然要素与人文因素作用形成的综合体,城市和乡村是各具显著特征的两类地域。地域发展具有综合性特征,包括经济、社会、文化等方面的体量、内容、结构等由小到大、由简单到复杂、由低级到高级的变化。综合看来,城市和乡村作为地域载体,都具有经济、社会和文化等功能,但二者在自然、社会、文化、经济等资源和基础上的不同,决定了会展活动依托的条件差异,也导致了地域对会展活动的诉求差异。由此,会展活动对地域发展的影响也就千差万别。会展活动的发展规律就隐藏于丰富的各地会展活动实践之中。

本书以会展活动对地域发展的影响为主线,从城市发展和乡村振兴两个领域进行了多维度的理论与实证分析。首先,通过会展活动的概念、类型与特征分析,为地域发展影响维度的选择研究奠定了理论基础。通过发展的含义、地域的分类及地域发展的范畴,确定了本研究的分析框架。进而分别探讨了会展活动与地域经济、社会及文化发展的关系：地域经济发展为会展活动提供基础和条件，而会展活动为地域经济发展创造机会和媒介；地域文化为会展活动提供资源和卖点，会展活动为地域文化繁荣创造形式和依托点；重点分析了会展活动影响地域经济发展的路径、机理及影响地域社会文化的方式。其次，结合实例分别侧重于从城市经济集聚、城市全面发展、城市形象塑造、城市文化传承、城市居民认知提升等维度反映不同会展活动对城市经济、社会、文化的影响，并提出优化发展策略。最后，结合实例分别着眼于产业会展活动与乡村特色产业的互动发展、农业会展活动中的科技示范推广效应、农业节庆活动中的乡村产业融合、民俗节庆活动中的乡村传统文化继承、特色节事活动中的地域文化适应等问题，反映不同会展活动对乡村经济、社会、文化的影响，并提出针对性改进对策。

总之，会展活动类型和特征不同，地域资源禀赋和行业特色迥异，加之举办时机和经济环境差别，举办地政府的重视和支持程度大小，会展行业企业的运营水平参差不齐等诸多因素分别在不同案例中表现各异，反映出会展活动影响地域发展的特质性，以供各个地域借鉴。希望不同地域都能够充分发挥会展活动的桥梁媒介作用，充分挖掘会展活动引致的经济效应和社会效应，助力地域经济社会文化的发展与繁荣。

本书意在探索会展活动与地域发展实现良性互动发展研究方面抛砖引玉，同时希望地方管理者和行业决策者关注会展活动运行规律，结合地域基础与发展之实际，因地制宜，最终使会展活动与地域发展相得益彰。但由于本人的学识水平和研究精力有限，本书一定存在一些不足和纰漏之处，敬请各位同人和读者不吝指教。

本书的出版，要感谢山东交通学院会展经济与管理专业的本科生吴勇、龙晓萌、穆姗姗、周真等同学在调研与统计分析方面做出的贡献。一并感谢李石华编辑对本书出版付出的辛劳和心血。

衣莉芹
2021 年 8 月 7 日

目 录

第一章 会展活动多维度影响地域发展 …………………………………… 1

  第一节　基本概念与研究界定 ………………………………………… 1
  第二节　会展活动与地域经济发展 …………………………………… 6
  第三节　会展活动与地域社会文化发展 ……………………………… 12
  第四节　研究小结 ……………………………………………………… 17

第二章 会展行业发展与城市经济集聚 …………………………………… 19

  第一节　会展行业的集聚效应 ………………………………………… 19
  第二节　青岛会展活动的经济集聚基础 ……………………………… 21
  第三节　会展活动对青岛相关产业的集聚效应 ……………………… 25
  第四节　会展活动的城市经济集聚效应的收益及优化 ……………… 28

第三章 新生会展活动与城市全面发展 …………………………………… 33

  第一节　中国—东盟博览会概述 ……………………………………… 33
  第二节　中国—东盟博览会对南宁城市全面发展的影响 …………… 38
  第三节　中国—东盟博览会对南宁城市影响的优化对策 …………… 41

第四章　不同会展活动与城市形象塑造 ··· 45

第一节　会展活动与城市形象塑造基础理论 ································ 45
第二节　会展活动与不同类型城市的形象塑造 ···························· 51
第三节　会展活动推动城市形象建设的对策 ······························· 65

第五章　传统节庆活动与城市文化传承 ··· 69

第一节　传统节庆活动概述 ·· 69
第二节　传统节庆活动的发展现状及存在问题 ···························· 72
第三节　传统节庆活动案例研究 ··· 75
第四节　传统节庆活动的创新发展思路和对策 ···························· 82

第六章　会展活动与城市居民认知提升 ··· 85

第一节　会展活动与城市居民的关系 ··· 85
第二节　南宁市居民关于中国—东盟博览会的认知分析 ················ 87

第七章　产业会展活动与乡村产业发展 ··· 99

第一节　产业会展与主题产业 ·· 99
第二节　山东省金乡县大蒜节与大蒜产业 ································· 103

第八章　农业会展活动与科技示范乡村振兴 ································· 113

第一节　理论基础与研究设计 ·· 113
第二节　我国农业会展活动现状及存在问题 ····························· 120
第三节　山东农业会展活动现状及存在问题 ····························· 125
第四节　农业会展在农业科技引领示范乡村振兴中的作用路径 ····· 128
第五节　农业会展活动价值认知假设及调研设计 ······················· 132
第六节　结构方程模型分析 ··· 136

第七节　农业会展作用于科技引领示范乡村振兴的优化对策 ……… 146

第九章　农业节庆活动与乡村产业融合 …………………………… 149

　　第一节　济南市农业节庆发展现状及存在问题 …………………… 149
　　第二节　产业融合与济南农业节庆创新发展 ……………………… 152
　　第三节　济南市农业节庆融合创新发展路径与保障对策 ………… 154

第十章　民俗节庆活动与乡村文化传承 …………………………… 163

　　第一节　乡村民俗节庆相关概念及理论 …………………………… 163
　　第二节　山东乡村民俗节庆概况及发展问题 ……………………… 165
　　第三节　章丘三德范"扮玩"节案例分析 ………………………… 181

第十一章　特色节事活动与地域文化适应 ………………………… 187

　　第一节　节事活动与文化多样性 …………………………………… 187
　　第二节　文化适应与文化重构 ……………………………………… 190
　　第三节　黔东南湾水芦笙会案例分析 ……………………………… 195

主要参考文献 ………………………………………………………………… 203

第一章 会展活动多维度影响地域发展

第一节 基本概念与研究界定

一、会展活动的概念与形式

1.会展活动的概念

会展活动通常是会议和展览的总称。从本质上看，会展活动是在一定的空间区域内，定期或非定期举办的一种信息交流和贸易活动。从功能上看，会展活动是通过举办各种形式的展览、会议、节庆等交流，追求直接或间接经济效益和社会效益的一种经济活动。从范畴上看，狭义的会展指的是 C&E（Convention and Exposition）或者 M&E（Meeting and Exposition），即 C（Conventions）会议和 E（Expositions）展览；广义的会展被简称为 MICE，即 M（Meeting）大型会议、I（Incentive Tour）奖励旅游、C（Conventions）会议、E（Exhibition and Events）展览和节事活动。本书中的会展活动涵盖广泛，但与上述广义上的会展有所区别。奖励旅游中的活动主要由会议和旅游项目构成，与常规会议活动的运作基本一致，所以本文并不将其单列出来。基于会展活动影响地域发展的差异性视角，会展活动通常包括会议、展览、节庆三类活动形式。

2.会展活动的形式

常见的会展活动形式主要有会议、展览、节庆三类，每一类别根据内容、主体差异等继续细分为不同类型的会展活动。

从我们身边的座谈会、交流会到国家及全球层面的论坛、峰会，每天都有经济主题类、政治主题类、文化主题类等不同会议在举办，可谓难以计数。通常将会议按照举办单位划分为公司类会议、协会类会议及以政府为代表的其他组织类会议。其中，在公司类会议中，除了常规的部门会议，其他会议如发布会、培训会、销售会议、年会等大量会议活动在公司外举办。一般而言，会议规模越大，会议日期越长，参会者的消费越多，对举办地的了解越深入，所以，进一步推断其对地域发展的影响就越大、越持久。

目前展览按照性质不同可以分为贸易展和消费展两类，贸易展主要是为制造业、商业等行业产业举办的展览，参与者主要是企业及其管理和经营人员，目的在于交流信息和洽谈贸易；消费展主要是为公众举办的展览，参与者主要是参展企业和消费者，参展商的参展目的是直接销售展出产品。展览通常还根据内容划分为两大类，一类是综合性展览，通常涉及全行业或数个行业的展览内容，也被称作横向型展览，如中国进出口商品交易会（以下简称"广交会"）、中国华东进出口商品交易会（简称"华交会"）、中国艺术博览会等。另一类是专业展，专业展进一步细分为行业专业展和产品专业展。行业专业展的展览内容仅限于某一行业，如香港礼品和赠品展、科隆五金展、美国消费电子展等。产品专业展是专门涉及某一类产品的展览，如视听设备展、打印设备展、钟表展、机电产品展，因为展出内容集中，所以该类展览常常同时举办讨论会、报告会，用以介绍新产品、新技术。

节庆是会展活动构成的重要部分。根据举办历史大致分为传统节庆和现代节庆，后者大多是经过事先策划的各类活动。为了传承和弘扬优秀传统文化，传统节庆被重视的同时也不断被开发着。根据内容和主题不同，节庆活动主要包括七大类：文化庆典类，如文化背景或主题突出的节日、大型展演、历史纪念活动等；文艺娱乐类，如音乐会、文艺文化类表演和展览等；商贸会展类，如淘宝造物节、冬枣节等；体育赛事类，如各类锦标赛、运动会等；教育科学类，如学术周、科技节等；休闲事件类，如泼水节、牡丹节等；政治/政府事件类，如大型观礼活动、群众集会等。综合内容丰富、形式多样的各类节庆活动，参与者的群体性显而易见。大规模人群集聚，伴随多种交流，是节庆活动的普遍表现。

3.会展活动的特征

会展活动不同于一般的经济活动，具备自身特色。

首先，会展活动具有集聚性和联动性。会展活动本质上是以交流为目的的活动。众多的供需双方为进行充分的交流而聚集到一定空间地域内，形成人、资金、信息等经济要素的集聚，这是会展活动的聚集性特征。

其次，会展活动具有联动性。会展活动参与者除了追求参展价值产生的商业需求，还由参展行为衍生出了吃、住、行等基本需求和娱、购、游等相关可能需求，由此带动会展活动举办地的物流、仓储、搭建、印刷等行业及餐饮、住宿、交通、娱乐、零售、旅游等行业的产品供给行为，诸多行业因会展活动而联动起来。

再次，会展活动具有展示性和社会性。一般情况下，会展活动都有特定的主题。会展活动主题的选择和设计都基于时代发展和行业趋势背景下的突出特点，能够反映最新的社会热点。另外，会展活动中的各种专题讨论、独特的展台设计、新颖的展出产品等往往具有较强的艺术性和宣传力。会展活动的形式也紧跟科技潮流，线上线下结合的会展活动及"云会""云展"，充分体现了信息化社会中会展活动迎合人们需求的与时俱进精神。所以，会展活动的内容和形式都具有展示性和宣传性特征，而会展活动的主题、内容、载体、形式等一直追求创新，走在社会发展的前沿之列，经常浸染在会展活动的新闻、信息之中，广泛参与和体验于会展活动的现场，人们的创新精神、开放包容和审美意识必然于无形之中得到大大提升。

最后，会展活动具有目的性和收益集成性特征。人的一切行为都体现一定的意图，所有的会展活动都带有运营主体的目的性。会展活动的运营主体主要指的是主办者和承办者。不同会展活动的主办者和承办者具有不同的目的性，即不同的利益诉求。任何会展活动的发生，都必然伴随资金的流动，所以说，会展活动首先是一种经济活动，也就必然涉及经济收益，不论运营主体的目的是否为追求单一的经济效益。对于会展运营企业而言，会展经济收益通常是第一位的。但对于一个地域而言，主办或承办一个会展活动，更重要的还是追求社会效益和文化效益，甚至是多方面的集成效益。比如，世界草莓大会的承办城市，主要意图在于体现本地草莓产业发展良好状态，突出宣传本地草莓品牌。而世界博览会（以下简称"世博会"）、中国国际园林花卉博览会（简称"园博会"）的承办城市则追求经济收益、社会宣传和文化交流等多方面的集成效益。

二、地域发展的含义与范畴

1. 地域、城市与乡村

地域通常是指一定的地域空间，是自然要素与人文因素作用形成的综合体。它是经济地理学和文化地理学中经常用到的一个核心概念。地域的内涵体现在以下四个方面：第一，地域具有一定的界限；第二，地域内部表现出明显的相似性和连续性，地域之间则具有明显的差异性；第三，地域具有一定的优势、特色和功能；第四，地域之间是相互联系的，一个地域的变化会影响到周边地区。总之，地域反映时空特点及经济社会文化特征。城市与乡村可以说是地域特征差异性最为明显的两类地域。

城市是人口密集、工商业发达的地方。地理学的城市指地处交通便利环境的且覆盖有一定面积的人群和房屋的密集结合体。经济学上，城市是具有相当面积、经济活动和住户集中，以致在私人企业和公共部门产生规模经济的连片地理区域。社会学中的城市被定义为具有某些特征的、在地理上有界的社会组织形式。乡村则是针对城市来说的，传统意义上，乡村指的是主要从事农业、人口分布较城镇分散的地方。《中华人民共和国乡村振兴促进法》对乡村的概念进行了界定，乡村是城市建成区以外具有自然、社会、经济特征和生产、生活、生态、文化等多重功能的地域综合体。综合看来，城市和乡村具有差异性，但作为地域载体，无论是城市还是乡村，都具有经济、社会和文化等功能。

2. 地域发展的范畴

发展指的是事物由小到大、由简单到复杂、由低级到高级的变化。地域发展包括经济、社会、文化等方面的体量、内容、结构等由小到大、由简单到复杂、由低级到高级的变化。结合城市和乡村的概念和功能特征，一个地域的发展主要体现在经济、社会、文化三方面。

经济发展不仅是经济的量的增加和扩张，还包括质的方面的变化。具体而言，经济发展包括三层含义：首先是经济量的增长，即一定地域的产品和劳务的增加，它构成了经济发展的物质基础；其次是经济结构的改进和优化，即一定地域的技术结构、产业结构、收入分配结构、消费结构及人口结构等经济结构的变化；最后是经济质量的改善和提高，即一定地域的经济效益的提高、经济稳定程度、卫生健康状况的改善、自然环境和生态平衡及政治、文化和人的现代化进程。社会发展是包含个体的物质及精神自由发展到社会层面，并取得社会化的一致，其中包含经济、文化、政治、习俗、体制等一系列的社会存在的总体发展。文化发展是指在继承上传播，在交流中发展，在实践下创新。文化发展的过程驱动文化创新，文化发展的结果形成文化生态，文化发展的效用为社会注入文化力量。当前，文化发展在文化产业的产业化进程中发挥了调整结构、扩大内需、增加就业、推动发展、持续供给的重要作用。综合经济发展、社会发展和文化发展的概念和内涵，三者之间具有相互的独立性，同时又具有彼此的包容性，因此，地域发展可以侧重于经济、社会或文化的其中一方面，也可以兼顾这三方面。

就乡村发展而言，我国乡村振兴战略的最终目标是乡村全面振兴，即农业强、农村美、农民富，因此乡村发展就是乡村的经济、社会、文化多方面的共同发展。农业的兴旺与强大，离不开科技的支撑与现代服务业的推进，而农业会展活动所具有的促进农产品贸易、推广农业科技、增进农业与其他产业融合等功能可直接服务于乡村产业的发展。农村的美丽与农民的富裕以农村的稳定与发展为基本前提，而农民的地域归属感从根本上影响着乡村社会的稳定与发展。乡村民俗节庆和特色文化节庆等乡土文化活动是维系农民与各方水土情感归属的重要纽带，乡村节庆活动的传承、保护与适应，将有力地促进乡村社区在物质层面和精神层面的共同进步。

综上所述，会展活动的概念、类型与特征分析为地域发展影响维度的选择研究奠定了理论基础，发展的含义、地域的分类及地域发展的范畴决定了本研究的分析框架。

三、会展活动与地域发展需求选择

会展活动具有高效率、联动性强、定位性强、凝聚力强、专业性强、融合性强等特点，对地域发展起着越来越重要的作用。综合看来，会展活动是地域发展需求选择的结果。

首先，一定地域内行业的快速发展需要会展活动。行业内部、行业之间及行业经营者与消费者之间的联系日益紧密，在此背景下，会展活动因能够为参展商、专业观众及普通观众节约大量的搜寻时间和交易成本，备受会展活动主体的青睐。而且，在会展活动开放的交流氛围中，交流效率大大提升，交易关系更容易达成。所以，会展活动日益频繁地出现，并且规模越来越大。

其次，一定地域内整体经济、社会、文化的综合发展需要会展活动。会展活动通过与相关行业的融合发展，将大量的人流、物流、信息流和资金流集聚在一个特定的空间，综合利用会展举办地的相关资源和行业优势，形成一个临时性产业集群，增强了产业发展活力，更带动了举办地相关行业的对外交流，激发其开放创新精神。同时，会展活动举办机构及参与者会发生大量的本地消费，对举办地经济发展产生乘数效应。上述两方面将极大地带动区域经济发展。这种新兴经济形态的经济效益显而易见，而其社会效益亦不容忽视。会展活动本身就是举办地的一张名片，它对于提升举办地的地域形象、宣传举办地的特色文化的作用是不言而喻的。

总之，会展活动类型和特征不同，地域资源禀赋和行业特色迥异，加之举办时机和经济环境差别，举办地政府的重视和支持程度，会展行业企业的运营水平等诸多因素分别在不同案例中表现各异，反映出会展活动影响地域发展的特质性，以供其他地域借鉴，充分发挥会展活动的桥梁媒介作用，充分挖掘会展活动引致的经济效应和社会效应,助力地域经济和文化的发展与繁荣。

第二节　会展活动与地域经济发展

会展活动的经济功能一直为政府和企业家所关注,这对促进地域经济发展所起的作用不容小觑。2000 年,德国展览会销售收入为 45 亿马克,展览业总体经济效益 410 亿马克,拉动效应为 1∶9.1。由此可见,"如果在一个城市开国际展会,就如同有一架飞机在空中撒美元",曾经一位外国市长对展会的描述毫不为过。目前,以会展活动为核心的会展经济已经成为促进我国很多地区经济增长的有力支撑点。但是,并不是所有地域的会展活动都开展得有声有色,因为会展活动能否举办及会展活动效应发挥程度大小在很大程度上取决于地域经济发展状况,二者彼此联系,相互影响。会展活动为地域经济发展创造机会和媒介,而会展活动也依托于地域经济发展为其提供的基础和条件。

一、地域经济发展为会展活动提供基础和条件

会展活动的举办需要良好的可进入性。会展活动首先是人流的形成。便捷的交通条件,多样化的交通方式,无疑构成会展活动举办的重要基础。大多数城市具有交通方面的先天优势,但对于多数乡村而言,交通条件往往成为其举办会展活动的薄弱环节或者瓶颈,限制了参与者的数量增长空间,使得许多乡村丰富的自然资源和深厚的文化资源的优势难以发挥,最终导致会展活动收效不大。对于商贸性的会展活动,大量的展品需要完备而先进的运输、装卸和仓储设施,发达的物流行业和优良的物流服务也是坚实后盾。

会展活动的运营需要必备的行业要素。首先,专业的会展场馆及完善的配套设施,是会展活动所需的物质基础。场馆的大小和配套设施的完备与否,被很多会展决策人视为会展活动目的地选择的门槛条件。其中,住宿和餐饮的便利性,即会展场馆内部及附近住宿和餐饮设施配套水平备受重视。其次,会展活动作为一种专业性很强的经济活动,需要专业人才的智力支撑,要求地域内会展人才教育培养和相关行业人才转型供给。一般而言,经济发展水平高的地域,人才数量多,种类全,易于满足会展活动的专业人才和相关人才的需求。

地域经济发展特色为会展活动提供产业基础。首先，地域经济发展特色往往构成该地域举办特色会展活动的基础，也是特色会展活动的卖点，有利于提升会展活动的吸引力。专业会展活动对产业基础的需求最为强烈。世界制造业领域大约2/3的龙头会展在德国举行，成熟的制造业为德国成为会展强国打下了雄厚的产业基础。国内知名的中国（寿光）国际蔬菜科技博览会在拥有全国最大的蔬菜生产和批发市场的"中国蔬菜之乡"寿光举办，成功打造了国内规模最大、最具影响力的国际性蔬菜产业品牌展会。其他如玫瑰节、牡丹节、大蒜节等依托于地方特色产业的会展活动数不胜数。值得一提的是，消费类会展活动的选址倾向于选择经济发达的大城市，正是由于大城市具有消费体量大、消费水平高等经济特征。其次，资金是会展活动运营的血脉，地域特色产业为地域经济发展做出巨大贡献，而较高的地域发展水平会为会展活动的宣传和运作投入大量资金提供了更多可能支持。

另外，地域内经济开放的底蕴、对外交易的基础，也是会展活动顺利开展的支持性力量。全球闻名的会展之都拉斯维加斯，以博彩业为中心的旅游、购物、度假产业发展繁荣，开放性极强，塑造了拉斯维加斯国际电子消费品展、国际烟草展、汽配展、春秋季服装博览会、国际美容美发展、春秋季消费品礼品展、旅游及会议展览会等会展活动知名品牌，多年来被列为第一大贸易会展目的地。

二、会展活动为地域经济发展创造机会和媒介

会展活动的举办为地域经济拓展发展路径。打造精品会展活动，全力发展会展业，并借此持续拉动城市旅游、娱乐行业发展，促进相关消费。通过举办会展活动、发展会展业而一举成名的大城市和小城镇为数不少，如海南的博鳌、美国的拉斯维加斯。近年来，拉斯维加斯每年举办2万多场会议和商贸展览，吸引会展游客五六百万人次，占游客总人数的1/7左右。而年均游客总量高达4000多万人次，消费金额高达320亿美元，其中的博彩业消费仅占1/4左右。充分说明了会展活动有效地拓展了拉斯维加斯城市经济发展路径。

会展活动的组织为地域经济发展提供媒介。我国各地有一种流传比较广的说法，"会展搭桥，经贸唱戏"，是对会展媒介效应的形象描述。会展活动在宣传展示经济发展实力、吸引外地资金投入、增加贸易双方对接机会等方面效果显著。

会展活动的运营助力地域特色产业发展和集聚。通常情况下，产业会展活动的参展商和采购商均涉及产前、产中、产后等产业链条的不同环节和内容，大量的上、中、下

游企业汇聚一堂，激励本地特色产业创新发展，加强与外地相关企业和机构的合作交流，吸引外来力量，完善和巩固产业链条，增强集成效应。

另外，会展活动的筹办带动地域基础设施改造，提升政府管理和服务水平，为地域经济发展增强基础，积累经验。会展活动创造消费需求，提高地方消费收入水平。

三、会展活动影响地域经济的路径和机理

1. 会展活动影响地域经济的路径

直接增加地区生产总值，促进地区经济增长。会展业从属于第三产业，会展活动的运行对地方生产总值产生的直接效用是相当可观的。根据中国会展经济研究会统计数据，2015年，我国会展经济直接产值为4803.1亿元，约占全国国内生产总值的0.71%，占全国第三产业增加值的1.41%。2017年，我国会展经济直接产值已超过6000亿元。广交会是中国进出口商品交易会的简称，创办于1957年春，每年春秋两季在广州举办，由商务部和广东省人民政府联合主办，中国对外贸易中心承办，是中国目前历史最长、规模最大、商品种类最全、到会采购商最多且分布国别地区最广、成交效果最好、信誉最佳的综合性国际贸易盛会。采购商由第一届来自19个国家和地区发展到了2021年春季云上展会的227个国家和地区，根据广交会联合中山大学所做《广交会区域经济拉动效益研究》研究报告，一年两届广交会带给广州的直接经济效益，即国内外访客和相关机构的直接消费为110.5亿元，间接经济效益为215.94亿元。直接效应与间接效应合计为326.44亿元。中国对外贸易中心（集团）上缴营业税额约为6180.00万元。[1]

联动相关产业发展，优化地区产业结构。三次产业的关联度、比例构成及经济增长能力的差异是地方产业结构总体状况的重要内容。优化产业结构主要是通过调整产业比重，在满足社会需求的基础上追求最大利润，将合理先进的产业部门有机地结合起来。会展活动能够引导产业比例不断调整，引导产业内容不断优化，使地域经济竞争力得以提高，经济效应向最大化演进。会展业在自身快速发展的同时，其带动作用非常突出。国际上一致认可会展业1∶9的产业带动效应这一说法。会展活动的产业联动包括了对交通、旅游、金融、广告等会展行业的前向、后向、旁向产业的带动作用。会展活动的举办增加了上述关联行业的发展机会，推动其发挥特色和优势，实现效益最大化。以广

---

[1] MBAChina. 一年两届广交会广州300亿"利是"入囊中[EB/OL].（2010-06-01）[2021-07-01]. https://www.mbachina.com/html/cjxw/197001/16951.html.

交会对广州的餐饮业、交通业、零售业等关联行业明显的税收影响为例，一届广交会给广州带来的各相关行业的营业税收入约为2.14亿元，一年两届合计约为4.28亿元。按单届计算，各行业因广交会举办上缴的营业税分别为：交通运输业487.83万元，文化体育业526.27万元，娱乐业2592.38万元，邮电通信业227.89万元，服务业11357.31万元。❶值得一提的是，会展活动为旅游行业带来高端客户群，数量庞大，逗留时间长，消费水平高。以广交会为例，2011年第110届广交会的到会采购商曾高达209 175位，创下历史纪录；广交会采购商、参展商在穗停留时间分别为7.27天、7.5天，日常入境游客、国内游客分别为3.9天、2.33天；广交会采购商人均日消费4068.8元，日常入境游客人均日消费额不及其30%，为1199.2元。❷会展活动强大的联动效应惠及区域内金融、旅游、通信、交通等产业，这些产业共同发展有力地推动区域经济中第三产业的比重不断上升，使得区域产业结构更加合理。

推动地域全面发展，增强地域辐射能力。会展活动的联动效应，除了体现在产业联动方面，还体现在对举办地发展的推动方面。通常情况下，大型会展活动和知名会展活动举办之前和举办期间，地方政府会投资完善基础设施、经济环境及人文环境，以便吸引参展商参展，激发投资商的合作倾向或其他知名展会的入驻意愿等，为地域全面发展奠定基础。所以，会展活动的发展既是地域全面发展的重要组成部分，也有力地驱动着地域整体水平的提升。有的地域以会展活动撬动整个城镇发展，如博鳌亚洲论坛之于博鳌小镇、菜博会之于寿光市。有的地域以会展活动画龙点睛，如世界互联网大会之于乌镇。另外，由于地域之间具有相互联系的特征，一个地域的变化必然会影响到周边地区。会展活动对举办地的影响也必然波及周边地区，这就意味着会展活动增强了地域辐射能力。广州不仅有广交会，还有各大会展场馆每年举办的大量博览会和同期会议，这不仅提高了广州城市的经济效益和国际贸易影响，而且也辐射带动珠江三角洲地区的经济迅速发展。

加速相关产业集聚，促进经济一体化进程。会展活动的产业集聚效应作用于两类行业，即会展行业及会展活动主题行业。首先，会展活动的举办过程就是会展核心行业及酒店、旅游、餐饮、娱乐、物流等关联行业的集聚过程。比如，为满足上海会展活动参与者的商务、休闲、娱乐、旅游等需求，上海及附近城市的相关行业会增加供给，由此产生会展及关联行业集聚的现象。其次，会展活动会加速主题行业的集聚。一般情况

---

❶ MBAChina.一年两届广交会广州300亿"利是"入囊中[EB/OL].（2010-06-01）[2021-07-01]. https://www.mbachina.com/html/cjxw/197001/16951.html.

❷ 同❶.

下,会展活动能够直接增强举办地的主题行业的对外联系,提升举办地的主题行业的业内影响力。还有的会展活动,其发展与举办地的主题行业相得益彰,如浙江德清地理信息小镇的打造,首届联合国世界地理信息大会由德清承办,得益于德清地理信息相关产业集聚发展,而世界地理信息大会的举办,也进一步加强了德清地理信息产业集聚并促进了相关产业经济合作发展。所以,会展活动为区域间相关产业连接组成一个整体创造了有利条件,形成会展产业群或主题产业集群,有利于区域间人才、科技与信息的充分交流及经济要素的流动,并提高区域资源的利用率和区域经济的竞争力,最终推动区域经济一体化进程。区域经济发展水平决定了其会展活动的实力,而会展活动也是区域经济的重要组成部分,并对形成地域内部及地域之间的经济一体化发展模式有着积极的作用。

2. 会展活动影响地域经济的机理

规模效应带来的成本节约是会展活动存在和发展的根本原因。会展活动之所以能够促进会展行业聚集,形成以会展行业为核心的服务经济产业链并以此扩大积聚效应,根本原因在于会展活动将大量的交易双方聚集在一定的时空点,等同于将散布于不同时段和不同区位的交易机会汇聚到一起,节约了交易双方的时间成本和经济成本。节庆活动亦是如此,节庆活动的举办就是节庆产品的集中生产与消费,对主办方而言,获得了规模生产的成本节约,对消费者而言,有机会在短时间内消费主办方精心提供的多样化的经济和文化产品,其收益同样具有规模效应,这一定程度上就意味着消费成本的节约。随着科技的迅猛发展,当下社会节奏日益加快,很多会展活动为了让参与者进一步节约时间成本,或者满足部分无法亲临会展活动现场的参与者的参与和交流需求,作为新形式的网络会展应运而生。网络会展活动以互联网技术作为支撑,突破了时间和空间上的限制,而且展示空间不受限制,解决了部分会展活动展位供不应求的问题。因此,不论何种形式的会展活动,迎合受众需求的前提下具备经济成本低、专业快捷等特点,就能获得生存和发展的机会。

会展活动具有强大的关联效应,是其广泛促进产业经济发展的重要原因。会展活动参与主体的核心需求是交易机会,但其交通、餐饮、住宿等衍生需求却是必不可少的。所以,会展活动的繁荣需要发达的第三产业的配合,会展活动的效果其实是会展企业与关联行业及企业共同运营的结果,也就是说,会展行业发展的同时必然关联带动会展支撑行业的发展。另外,会展活动一直扮演着行业交流桥梁的角色,是主题行业内部之间及内外部联系的纽带,通过促进各方之间的交流、合作、创新、发展,增强了主题产业的关联效应。会展活动作为地域特色产业宣传推广的窗口,对地域特色产业和产品的外部投资起到了吸引作用。如义乌小商品交易会，该会展活动的举办促进了义乌小商品行业的发展，借助地域发展优势巩固特色产业集群，推动了经济增长。因此，地域要有机结合自身经济发展现状和行业优势，明确特色产业发展方向，借助会展活动强化地域优势行业。总而言之，由于与生俱来的强大的产业关联效应，会展活动对社会各个经济部门的影响越来越重要。

会展活动乘数效应显著，是其带动地域经济增长的内在原因。会展活动通过增加投资和刺激消费来带动经济增长。首先，会展活动通过提高社会投资产生乘数效应。会展活动的开展依托于会议中心、展览馆等专业设施及交通、通信、物流等基础设施，因此需要大量的建材、机器设备及人工服务，引致产生巨大的社会投资。国民经济收入随着社会投资而增加，对消费产生刺激作用，服务水平也因此提高，进而形成良性循环。其次，会展活动对消费需求的拉动能力很强。会展活动引致的消费需求主要是会展相关支持部门的住宿、餐饮、娱乐等行业需求，随着这些消费需求的满足，衍生出相关行业的收入增加值，增大了乘数效应，因为社会总收入增加，使其继续向消费投资转化，经济得到进一步良性循环发展。而且，社会消费水平越高，乘数效应越大。另外值得一提的是，会展活动还能够通过改变购买预期促进消费。会展活动的内容往往反映各个行业领域最前沿、最新颖的产品、技术、信息，这会不断刺激消费者改变原有的消费计划，对新产品、新技术、新服务产生新的购买意愿，也持续刺激采购商购买具有价值潜力的产品和技术。这种购买行为势必增加边际消费倾向，随之会展活动乘数效应得以增强。

会展活动对地域经济形成增长极具有促动作用。增长极是指在一定区域内具有高度联合特点的一组产业，处于经济和文化的中心位置，能够将极化、扩散效应发挥出来，使周边经济的发展目标得以实现。当一个地域经济出现增长极产业，随着增长极产业产出的增长，与其有高度关联的产业产出随之大量增加，此种情况下的相互促进和共同发展，对区域发展是一种强大的动力。会展活动的产业融合性和关联性十分显著，如果在经济发展基础雄厚的地域，会展活动就能借助自身增长对关联产业增长产生强大带动作用，该经济特点反映出了会展活动的增长极特性。另外，会展活动也具有推动主题行业发展为地域经济增长极的可能性。一般而言，会展活动促进地域经济增长极的形成初期对区域经济发展的极化效应最为明显，主要表现在加速地域经济要素的集聚上。一旦地域经济增长极形成或者增长极发展到一定程度，极化效应和扩散效应都十分显著，此时区域经济会呈现经济外溢现象，该地域经济大大发展的同时，会促进周边地域经济发展。所以，会展活动加速了生产要素的流动，优化了资源配置，使地域内部或内外部之间的优势资源交流互动更加良好，使经济增长更加稳步向前。

会展活动刺激新的生产需求，推动行业创新。一方面，会展活动参与者的新消费需求会引致地域生产部门进行改进甚至全面创新；另一方面，会展活动中的相互观摩学习、深入交流与合作都会推动产业部门的创新和变革。两种情况都属于会展活动刺激产生新的生产需求，从而引导产业调整生产方向，不断创新，加快发展步伐，使得产业水平持续提升。

第三节　会展活动与地域社会文化发展

会展活动是一种经济活动，同时也是一种文化活动。所以说，会展活动的发展以一定的地域文化为基础，会展活动的过程和结果在本质上就是对地域社会进步和文化繁荣的一种推动。地域文化为会展活动提供资源和卖点，而会展活动又为地域文化繁荣创造形式和依托点。总之，地域文化和会展活动是相互促进、相互作用的，也势必带动双方共生发展。

一、地域文化为会展活动提供资源和卖点

地域文化是特定区域的生态、民俗、传统、习惯等文明表现，在一定的地域范围内与环境相融合，形成源远流长、有着深厚的地域烙印的文化传统。独具特色的地域文化可为会展活动提供丰富的资源和卖点。

首先，地域文化是会展活动策划设计方案创意的重要来源。地域文化元素融入会展活动能够增加其文化内涵，进而增强会展活动的吸引力。会展活动的主要功能是提供一个综合性的展示平台，即寻求合作、展示特色、创造机会。但不同的会展活动，其平台效果却千差万别。打破传统的会展设计观念，在会展活动的主题、内容、形象等的策划之中，在会展活动的空间、色彩、造型、背景等的设计之中，有机融合现代元素与地域文化元素，使会展展品和会展空间环境保持和谐统一的同时，丰富和充实会展空间的精神内涵和主题思想，展现给大众一个兼具功能性和文化性的地域性特色会展活动，让现代会展更具有文化内涵和文化魅力，有利于提升竞争优势，增强会展活动的生命力和持久性。

其次，地域文化补充会展活动卖点，拓展会展活动发展空间。无论是本地的文化资

源，还是周边地域的文化资源，都可以为该地域会展活动的发展所利用。上海被誉为海派文化的发祥地，也是江南文化的荟萃地，是一个文化特质明显、人文内涵厚实的大城市。深厚的文化底蕴为上海赢得世博会等高端会展活动的承办权做出了很大贡献，有力地支撑了上海会展行业的发展和繁盛。这代表了地域文化对本地会展活动的支持。距离上海100余千米的苏州，一直承载着人们对江南的美好记忆与想象。历史上的繁华姑苏创造出了丰富别致的江南风光、园林盛景，孕育出了精致典雅的以昆曲、苏绣、苏菜为代表的苏式生活方式。这些对会展旅游者都是极富魅力的地域特色文化。所以会展活动经营者在策划上海的会展活动中的旅游项目时，常常将苏州作为一个必不可少的旅游环节。可见周边地域的特色文化也是会展活动发展的重要助力要素。反过来，会展活动在培育地域文化消费新热点、提升地域文化产品品质等方面充分发挥了带动作用，地域文化价值得到提升，如此形成良性循环。从区域经济发展角度看，地域文化价值提升又将有效拓展会展活动的发展空间，助力会展活动高质量发展。

二、会展活动为地域文化繁荣创造形式和依托点

会展活动与生俱来的集聚性，使其具有非同一般的传播性和宣传性，也使会展活动成为展现地域文化的有效载体。会展活动的场所和会展活动的内容可以成为地域文化推广和繁荣的依托。

会展场馆是会展活动的核心场所。会展场馆是开展会展活动的主要空间，也是会展设计者所要重点设计的对象。建设成功的会展中心或展览中心往往成为知名的地标性建筑。比如，包含了展览厅的悉尼歌剧院，不仅是澳大利亚的地标式建筑，还是世界著名的文化遗产。大部分会展场馆都体现了当地的文化和人文风情。不同地区的会展场馆的建筑风格和形式截然不同，会展场馆的名称也往往蕴含深意，所以，会展场馆的名称和外形首当其冲，肩负着表现当地特色文化和精神内涵的重任。例如，北京雁栖湖国际会议中心，雁栖湖名称意指大雁栖息的地方，建筑外形如鸿雁展翼。在我国传统文化中，"鸿雁传书"素有友好往来、共同发展的寓意。亚太经合组织（APEC）第二十二次领导人非正式会议在北京雁栖湖国际会议中心举行，国家主席习近平在会议开幕式上致辞，引用古诗"风翻白浪花千片，雁点青天字一行"开头，将亚太经合组织的21个成员比作21只大雁。会议中心按照九宫格和故宫五凤楼进行设计布局，其中的集贤厅是21经济体领导人开会的会场。整个会场被布置成一个巨型圆桌、红木圈椅围坐、中国画木雕屏风后置，四周八扇木质浮雕环绕，与会场顶部雕梁画栋的中式装饰相互辉映，为参会

者充分展现了中国地域文化。另外，会展活动中的展品及展台也是地域文化宣传的舞台。2010年上海世博会的中国国家馆，以城市发展中的中华智慧为主题，表现"东方之冠，鼎盛中华，天下粮仓，富庶百姓"的中国文化精神与气质。会展场馆是地域的标志性建筑物，会展设计者设计时融入了地域特色元素和地域文化精神，反映了会展活动参与主体对会展的内在需求。

会展活动的内容和形式也是会展活动作为地域文化繁荣的重要依托形式。中国地域宽广，不同组成部分的自然条件迥异，造就了丰富多彩的地域文化。很多会展活动在地域特色文化的基础上，巧妙借助现代化元素，有机融入当下的创新时代背景，这样不仅能满足会展活动参与者日益增长的精神文化需求，还能够高效地传播优秀的传统文化。"文化的力量——2019江西文化发展巡礼展"就曾因参观火爆而延期两天，最终达到了7天9万参观人次的良好业绩。该会展活动在展览形式上推陈出新，部分展区推出了丰富的衍生品，如"文化的力量"书签、老中医现场开的药方、非遗传承人现场捏的定制版泥塑像等，让观众"把文化带回家"。另外，广信剪纸、新余夏布绣、优秀原创文艺作品的现场展演，让观众密切接触和深度体验，浸润于浓浓的地域文化之中，让更多的人了解了江西地域文化，也让更多的人成为江西地域文化的传播载体。这是会展活动整体上作为地域文化的繁荣形式的成功案例，全国各地比比皆是。有时候，会展活动的某个组成项目或活动细节，也可以被打造为地域文化的依托点，如会展活动中的旅游项目、宴会菜品、迎送演艺节目等。

三、会展活动影响地域文化的方式

地域文化发展主要涉及地域文化发展主体和地域文化发展内容两方面，会展活动在这两方面都能产生重要影响。会展活动通过影响地域文化发展主体的规模和质量，实现对地域文化传承和传播的推动。会展活动通过影响地域文化的品牌塑造和维护，实现地域文化内容发展的深化和延展。

1. 传承和传播地域特色文化

地域文化发展主体指的是了解并关注地域文化的群体及为推动地域文化发展从事相关工作和做出相关贡献的人，既包括文化企事业单位的管理人员和工作人员、传统工艺从业者等个体，也包括了解和喜爱地域文化的普通大众。主体的规模越大、主观努力程度越高，地域文化发展就越快越好。可以说，地域特色文化的传承和传播，主体起着决定性作用。因此，让更多的人了解、关注、喜爱地域文化，成了地域文化发展和繁荣的关键环节。会展活动正是这个关键环节中的有力抓手。

对于举办地居民而言，会展活动增强了人们的地方文化认知，提升了地域归属感和自豪感，由此传承和弘扬地域特色文化的意愿会更加强烈。会展活动首先能够加深当地居民对相关文化的了解。大部分年轻人的日常生活状态是一种紧张的快节奏的现代学习和工作，接触地方传统文化的机会较少，即使是对本地的很多文化都了解不多，更谈不上深入认识。一旦本地举办会展活动，很多居民基于便捷性考虑而比较容易被吸引过去参与活动，即使是没参与活动的居民，身处各种媒体有关会展活动的全方位宣传和信息包围之中，或多或少总会关注到其中的地域文化内容而增加相关了解。在这个过程中，关于地域文化的兴趣不断被激发，继而进行深入研究和开发的可能性大大提高。因此，地域文化借助会展活动影响了更多的本地居民，推动着地域文化的传承和传播。

对于外来访问者而言，会展产品和会展空间最基本的两个功能就是传递信息和情感交流。除了对专业信息的需求，丰富的参会参展经验会令他们特别关注新颖的形式和内容。访问者将本次会展活动与以往的参与经历进行比较是一种下意识的做法，所以，当会展活动有关设计者结合现代化元素，融入当地特色文化元素，为会展活动现场所有空间和展品的设计增添美感时，能够促进会展活动更好地开展，同时也会给访问者带来新鲜感，易于形成深刻印象，进一步的口碑效应随即产生，由此拓展了地域文化的传播对象，进而更好地弘扬和发展地域文化。

2. 塑造与提升地域形象和品牌

地域形象品牌化是地域文化发展的有效路径。一个地域形象得以成功塑造，一个地域形象品牌形成并不断被提升，这都是地域文化内容发展的成果体现。

会展活动对地域形象的塑造具有不可估量的作用，即使一个小型会议，也会对一个城镇的形象塑造产生一定的影响。会展活动引发的关注度比较高，而且集中在一定时间段，往往形成一种爆发力。综合性的会展活动包含一系列的论坛、会议、节庆、旅游等活动，而且活动主题和内容通常选择大众普遍关注的热点问题、行业发展的前沿问题，有关新闻的热度自然居高不下，相当于将地域某个方面的元素短时间内频繁集中曝光在大众面前，比较容易构建起人们对地域形象的新认知。曾经名不见经传的海南省琼海市东部的小镇博鳌，就是因为经济论坛一跃成为世界著名会展城市，可以说这是会展活动创造的一个地域发展奇迹。

会展活动对地域形象的塑造作用不言而喻，而在保持或提升地域形象品牌方面，会展活动起到的作用也是举足轻重的。成功的会展活动，既可通过海内外客商的耳闻目睹，形成良好的口碑，提高地域形象的知名度和美誉度，进一步推动地域全面发展和繁荣；也可以作为媒介，加深政府、国内外团体和企业界彼此之间的了解和沟通，增强地域的亲和力和感染力。根据国际大会及会议协会统计，被誉为"国际会议之都"的巴黎多年来一直是国际会议举办数量最多的城市，每年承办几百个国际会议，巩固了巴黎的知名度和美誉度。然而，当前的会展活动中，也不乏反面案例，有的会展活动选题重复、缺乏个性，设计粗糙、内涵缺失，举办这样的会展活动，会导致会展活动的平台和媒介作用难以正常发挥，不仅是经济资源的浪费，还是对地方形象的致命性破坏。

综合看来，单一的会展活动对于塑造地域形象效果显著，但要持久发挥作用，维持和提升地域形象和品牌，需要更多的会展活动，这就需要地域会展行业的持续创新和发展，也需要地域优势产业的强大支撑，还需要优良的地域综合环境的基本保障。

四、会展活动影响社会进步的方式

1. 增强人们的开放和创新意识

会展活动是信息交流之处。会展活动信息传播的受众主要分为两大类，一类是专业受众，另一类是普通受众。无论是综合性会展活动，还是经济类、文化类、政治类等专业性会展活动，都是信息的高效获取来源。在当前社会分工日益细化的大背景下，人们将更多时间和精力用于关注专业领域的知识和信息。而产业融合、学科融合等热点问题反映出当前是一个融合发展的时代，融合、交叉、创新发展是一大趋势，实践证明融合边界、交叉领域是创新高度集聚之处。更多的创新需要人们在掌握专业信息基础上，适当关注其他领域的进展信息，要求人们具有开放意识和创新意识。会展活动正是提供专业信息和多元信息的集合点，高效满足参与者的信息需求，专业信息为进一步创新奠定基础并提供示范，多元信息为进一步创新带来创意灵感。上述分析是针对专业受众的，对于普通受众而言，在接触大量会展活动的宣传信息及拥有参与会展活动的体验经历之后，人们的视野更加开阔，更易于接受新鲜事物和现象，潜移默化中人们的开放和创新意识得到了强化。可见，对于本地的专业受众和普通大众而言，会展活动在增强人们的开放和创新意识方面收效明显。

2. 提升人们的文明和素养水平

大众熟知的广交会，一直以"友谊的纽带，贸易的桥梁"而著称，交流的意义被放在首位，经济效益目标被置于次要地位。可以说，会展活动的社会意义是优先的，相对于经济意义是更高层次的追求。会展活动的社会意义主要表现在提升人们的文明和素养水平方面。首先，会展活动是多个地域群体交流的载体，不同地域文化背景的人们借助这个载体进行社会交往和思想碰撞，增进友谊，更进一步地认可对方，接受彼此，有利于共同促进人类文明进步。其次，成千上万的会展活动，形式不一，产品设计别出心裁，内容丰富，题材选择多种多样，形式与内容的巧妙结合，不仅对人们产生视觉刺激，还能触及人们的心灵深处，提高人们的审美能力和美学素养。最后，大型展览或节庆活动、高规格会议的举办，可以丰富人们的精神世界，也能使人们产生情感上的共鸣，满足人们的情感需求，提升人们的获得感和满足感。

第四节　研究小结

　　会展活动虽然类型多样，形式各异，但都具有高度集聚性和高效传播性等共同特征，所以，所有的会展活动都会对地域发展起到或多或少的促进作用。会展活动的开展离不开一定的地域发展基础，但它在快速推动地域经济发展、社会进步和文化繁荣方面都是有效载体，对每个地域而言，会展活动的开发和运营都值得重视。

　　会展活动是推动地域发展的有效手段，但它又依托于地域资源禀赋和发展基础，也受制于地域会展行业的运营水平，这就导致了会展活动对地域发展的影响效果的不确定性。要想达到会展活动的预期效果，需要结合会展活动的具体类型和特征，根据地域特性和实际需求，因地制宜地提出和完善相关开发和运营策略。

　　每个事物都有其独特的个性，但每一类事物都是有规律可循的。千差万别的会展活动，对地域发展的影响各有侧重。本书通过部分具体案例的分析，以期反映会展活动所起的不同"桥梁"作用，并挖掘其背后隐藏的会展活动地域发展效应最大化的规律。

第二章 会展行业发展与城市经济集聚

第一节 会展行业的集聚效应

一、集聚效应的概念及应用

1. 集聚效应的概念与特征

集聚效应（Combined Effect），是指各种产业和经济活动在空间上集中产生的经济效果及吸引经济活动向一定地区靠近的向心力，是导致城市形成和不断扩大的基本因素。集聚效应是一种常见的经济现象，如产业的集聚效应，通常可理解为通过一个核心的产业向其上下游产业链进行辐射，相应的资源可以进行共享，降低各个企业的相关成本，即降低时间成本的同时，也降低相应会计成本，进而创造出巨大的经济效益。目前，我国各级政府和各行业的企业均十分关注集聚效应。

集聚效应具有典型的特征，主要表现在以下几方面：首先，通过集聚效应的规模经济和范围经济能够带来产品的低成本；其次，产业和要素集聚能够促进关联产业的合作，增加产出；最后，经济集聚使得各企业可以共享区域与品牌优势。除此以外，集聚效应还可以加剧竞争，在竞争的过程中，行业聚集地区整体的竞争力得以提升，企业则转向科技研发等高层次领域展开竞争，从而避免低价战略。而且，竞争的结果是一种正和博弈，竞争者为了在竞争过程中占据优势，将不断改进自身管理方式，选择更有效率的方式进行生产，进而不断扩大产品市场领域。

2.集聚效应的运用实践

有研究者提出了全球经济密切关联现象，并且有"北京一只蝴蝶轻轻扇动翅膀，就有可能引发北美的一场飓风"这一形象的说法。研究者尝试用正反馈效应来解释这一问题，得到如下结论：集聚效应是通过正反馈效应来使经济成本降低，使相关资源得以充分的利用，最终使经济效益得以加倍体现。

集聚效应本属于经济学的范畴，各行各业都在运用集聚效应来提高经济效益。国际上最知名的案例是美国的硅谷，这里聚集了众多的国际科技领域的巨头、高科技公司、研发中心等。国内也有很多成功的实践案例，在浙江，小家电、衣物制作、打火机等小商品行业都有各自的聚集地区，已经形成了具有地域集中特色的制造业分布态势。

二、会展行业的集聚效应

1.会展产业链

会展产业链，指的是在一定空间内，会展行业及相关支持行业各自追求利益最大化的状况下，将关联密切的主要企业纳入会展活动中，彼此之间能够建立起一种相互支持、相互关联的长期战略合作关系。会展产业链的核心便是会展活动，其经营管理机构组成会展行业主体方，而其他相关产业则是以会展业为依托，为更好地促进会展活动的发展而获得自身相关利益的经营机构。

会展产业链通过以会展为核心将其上下游产业连接起来，可以大体分为上游环节、中游环节和下游环节。根据会展行业经营特点，会展的主体方包括会展活动经营的上游环节和中游环节，会展的相关方则指的是下游环节。上游环节是指会展项目的组织者或者知名品牌的拥有者，也就是专业会议组织者。中游环节是指会展项目的具体实施者、运作者、管理者，即目的地管理公司。下游环节是会展项目的支持行业，包括但是不限于直接或间接为会展组织者、会展实施者提供帮助的部门，这些部门可以为会展项目的具体实施提供各项硬件及软件设施。本章选取与会展行业密切相关的装修业、广告业、餐饮业、交通运输业、通信业和旅游业等行业进行分析，拟从成本、经济效益及品牌等多方面讨论会展行业对其主要相关行业的集聚效应。

2.会展行业对相关产业的集聚效应

集聚效应具有规模经济与范围经济带来的成本优势，加之会展行业本身的特点，由此决定了会展与城市发展密切相关，因此，在一个城市举办会展活动往往会对所在城市及周边区域的产业发展及社会文化事业带来直接或间接的影响，进而通过集聚效应的正反馈效应成倍数地带动会展相关产业的快速发展。

支持地域行业发展的常规操作通常是所在地区政府机构出台各项政策及提供社会公共资源进行支持，从宣传品牌形象及吸引消费者等诸多方面投入大量资金。如果所支持的行业其关联产业较少，则因支持投资而最终受益行业比较单一，这会导致资源的浪费。会展行业的关联产业较多，若地域发展投资于会展行业，其上下游相关产业必然受益，经济带动效果必将呈倍数式增加。

第二节　青岛会展活动的经济集聚基础

一、青岛会展产业概况

1.会展活动具有一定的规模化、品牌化

青岛是中国首批对外开放城市，是中国的区域经济中心城市，也是中国重要的区域性会展中心。据不完全统计，2016年青岛市共举办具备影响力的各种会展活动达到320个，2017年多达410个。就展览活动来看，根据《2017中国展览经济发展报告》，2017年青岛全年共举办展览会123个，举办展览会总面积为375万平方米，展览数量和展览面积均列全国第七位，再创历史新高。2018年，展览数量迅速增长到265个，展览面积为370.1万平方米。2019年，展览数量持续增长，达到286个，展览面积达426万平方米，占全国展览面积的2.86%，位居全国第六位。根据青岛市政府相关规划，2020年，青岛市政府实现打造10个左右独具特色的国际知名会展品牌，而且每年展览面积都超过400万平方米，会展行业的直接经济收益和综合附加收益均达到50亿元和400亿元。

近20年来，青岛市会展业发展迅速，办展质量也大幅度提升。在2000年青岛国际会展中心投入使用之前，青岛市最具名气的会展活动是青岛对外经济贸易洽谈会（简称为"青洽会"）。青洽会在青岛举办了17届，为青岛市经济的快速发展起到了强大的推动作用。2000年，青岛市启用新展馆后，青岛市政府决定停办青洽会，在青洽会的基础上举办中国国际电子家电博览会，凭借海尔、海信等多家青岛本土知名企业，中国国际电子家电博览会在国际上产生了强大的影响力。此外，青岛市借助新的硬件设施，成功举办了青岛啤酒节等多项具有地域特色的知名会展活动。截至目前，青岛市已经成功举办青岛啤酒节、APEC会议、渔博会、航博会、时装周等40多个国内外知名大型会展活动,其中国际化的会展活动已经接近全部活动的1/3。

2.会展场馆建设有较大进展

会展行业的快速发展,依托于地方完备的会展场馆和配套设施。青岛市会展场馆数量为数不少,其中能够承担大规模会展活动的场馆已达7个,有青岛国际博览中心、青岛国际会展中心等。青岛国际博览中心的室内展览面积总计可达到12万平方米,可设标准展位6000多个。青岛国际会展中心是青岛市主要的会展活动举办地,占地面积为25万平方米,拥有5万平方米的室内展览面积和10万平方米的室外展览面积,室内可设置3000多个标准展位。此外还有多个大型会议室,可满足不同规模会议的需求。

3.会展企业发展较快

青岛市会展公司在青岛市政府大力支持下得以迅速发展。根据山东省会展业年度报告(2016),山东省会展业的发展已经形成以济南、青岛两大城市为中心的会展产业带。青岛的会展活动举办数量已达到省内总量的1/3,从业人员数量也有了大幅度的增长。根据青岛市会展经济研究会网站信息,2017年之前有35家具备影响力的会展组织机构加入青岛会展经济研究会。截至2021年7月,研究会的会员单位已发展至64家,分别包括1家会长单位、15家副会长单位、29家理事单位和19家会员,见表2-1。

表2-1 青岛市会展经济研究会会员单位

单位等级	数量	单位名称
会长单位	1家	青岛金诺国际会展有限公司
副会长单位	15家	青岛海宸国际会展有限公司、山东美博国际文化传播有限公司、青岛海名国际会展有限公司、山东省欧亚美会议展览有限公司、青岛嘉路博国际会展有限公司、青岛国际博览中心、青岛跨国采购促进中心有限公司、青岛海纳商务会展有限公司、山东智海王潮会议展览有限公司、山东港中旅国际会议展览有限公司、青岛世博城国际会议展览有限公司、青岛斯博特展览展示有限公司、中国国旅(青岛)国际旅行社有限公司、青岛亚视凌奥文化传媒有限公司、山东百奥泰国际会展股份有限公司
理事单位	29家	金前程人力资源顾问有限公司、青岛创源会议服务有限公司、青岛第三力量国际展览工程有限公司、海程邦达国际物流有限公司、青岛宏瑞展览展示有限公司、青岛惠德翻译服务有限公司、青岛志源装饰展览有限公司、青岛七星国际会展科技有限公司、青岛金霖海宴文化产业集团有限公司等
会员	19家	青岛芒果国际会展有限公司、青岛盛世安歌文化传媒有限公司、青岛德艺环球展示工程有限公司、青岛凌瞻视觉科技有限公司、青岛海宇广告制作有限公司、青岛点睛文化演出有限公司、北京京城保安服务有限公司等

二、青岛会展产业链形成基础

1. 政治条件

青岛市政府积极出台会展相关政策以促进青岛市会展行业的高速发展，其中具有纲领型性质的文件是《青岛市人民政府关于加快青岛高端会展业发展的意见》，这是一个指导青岛市会展行业长期发展的战略性文件。此外，2015年出台的《青岛市扶持会展业发展专项资金管理办法》加大了对创新型会展活动的资金奖励，并且加大了对大型国际会议和展览的扶持力度，以便吸引更多的知名会展项目及专业观众来到青岛。2016年，青岛市政府又出台《关于进一步促进会展业发展的实施意见》，这一文件进一步确定了青岛市会展业的发展方向，指出了当前会展发展的相关问题，同时也确定了青岛市"四区一体"的建设格局。在完善青岛国际会展中心设施运用的基础上，按照竞争差异化、功能不同的发展定位，建设西海岸和红岛会展中心两个大型项目。2018年，青岛市西海岸中铁博览城和红岛国际会展中心两大新会展中心建设项目全面投入使用。目前，青岛已形成崂山区、即墨区、西海岸新区、高新区和沿海一线高端会议产业带"四区一带"会展发展格局。

在一系列政策的激励下，青岛市会展行业质量有了显著提升。2015年，青岛国际纺织博览会和青岛国际机床展均通过国际展览业协会（UFI）认证。2017年，中国（青岛）国际美容美发化妆用品博览会正式通过UFI认证，成为我国东部沿海地区首个通过UFI认证的国际性美容行业展会。2018年，ICCA国际会议数量中国城市排名第八位，共举办13个国际会议。2020年1月，青岛国际会议中心成为ICCA会员单位，这是山东省首家成为ICCA会员的场馆。截至2020年10月，青岛共有3家ICCA会员单位，另外两家分别是青岛市贸易促进委员会和青岛海名国际会展有限公司。国际上普遍认为承办ICCA标准国际会议数量的排名标志着一个城市和国家的学术和高端国际会议发展的水平，更被业界看作会议涉及相关领域和产业发展的晴雨表。

2. 经济条件

近几年，青岛市在保持经济稳定发展势头的同时，逐步调整经济结构，大力发展绿色产业，以促进青岛市经济持续健康发展。根据《2018青岛统计年鉴》《2019青岛统计年鉴》《2020青岛统计年鉴》，首先，经济总量指标显示，全市经济持续稳定增长。2017年全市生产总值达到11 037.28亿元，环比增长7.5%。2018年全市生产总值

12 001.5亿元,按可比价格计算,比上年增长7.4%。2019年,青岛市实现生产总值11 741.31亿元,按可比价计算,比上年增长6.5%。其次,从第三产业增加值指标来看,青岛市第三产业实现了快速增长,其增长速度大大快于第一产业、第二产业。2017—2019年,青岛市第三产业增加值依次为6110.10亿元、6764.00亿元、7148.57亿元,见图2-1。因此,青岛市现有经济条件为会展行业发展提供了坚实的经济基础,为会展行业对产业链下游配套服务行业的需求提供了有效保障。

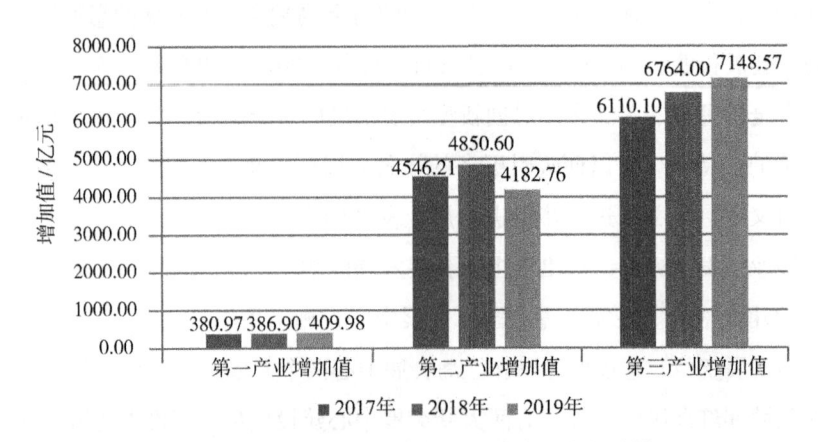

图2-1 2017—2019年青岛市三次产业增加值情况

青岛市拥有非常丰富的旅游资源。截至2018年年底,青岛市拥有5A级景区1家、4A级景区24家、3A级景区76家。此外,青岛市经济发达、商业繁荣,拥有众多国内外知名品牌企业,是国内著名的"品牌之都"。青岛市人均收入水平较高,已迈入国家新一线城市行列。

3. 科技条件

青岛市具有较为完善的工业体系,在家电、工业制造等多领域均取得了不俗的成就。在国际上,青岛市部分家电企业具有强大的话语权,本土明星企业海尔和海信更是打出国际知名度,在全球具有较大的影响力和号召力。大量国内知名研究院所在青岛市设立研究机构,高等院校也在青岛市开设分校,青岛市的科研能力日益提升。整体来看,青岛已具备较为雄厚的科技条件。

第三节　会展活动对青岛相关产业的集聚效应

一、会展活动对旅游业的集聚效应

根据当前的行业发展模式，会展业与旅游业的关联十分密切，而且在MICE定义中，奖励旅游是会展行业的主要组成部分之一。会展行业促进旅游业发展的同时，旅游业也为会展的快速发展做出相应贡献。当前会展旅游已经成为一个行业热点，北京、上海等会展业发达地区已开启会展旅游发展模式。

1. 会展行业带来大量游客

会展活动的特性决定了众多外来者因工作或业务需要来参加展览或会议活动，这些外来者对旅游行业而言就是商务游客，他们在会展举办地的停留将产生各项旅游消费。另外，一些特色会展活动自身就是旅游吸引物，吸引非会展业务原因的外来旅游者和本地旅游者前来参观游览，在举办地发生旅游支出。通过借助召开会议、展览、公司年会、研讨会、论坛活动等相关会议展览活动而开展的旅游活动就是会展旅游，对于旅游资源禀赋较好的地区，举办会展活动将会带来更多的游客。

青岛是北方地区特色突出的滨海城市，自然与人文旅游资源丰富，经济发达，与韩国等贸易往来频繁。凭借良好的经济基础和旅游条件，加之会展活动的促动，青岛旅游接待量持续增长。根据《2020青岛统计年鉴》，2016年青岛市入境旅游人数达到141.05万人次，2019年上升为170.26万人次，仅韩国游客数量就达50.79万人次。

2. 会展行业创造旅游资源

从全球来看，会展场馆往往是一个城市的地标性建筑。由于建设投资较大，使用周期较长，会展场馆的设计和建设常常具有超前性，所以，场馆的外观造型、空间布局、建筑材料等独特性往往能够吸引人们的注意，激发人们的参观兴趣，很多城市的会展场馆成为当地重要的旅游资源之一也就不足为奇了。目前青岛市最大的会展场馆为青岛国际会展中心，位于青岛市崂山区，交通便利，风景秀丽，也是一个较有魅力的观光景点。

3. 会展行业加速旅游业的发展

首先，会展行业带来旅游人数的增长，旅游相关行业收入随之不断增加，旅游相关行业得到快速发展。根据《2020青岛统计年鉴》，2016年青岛入境旅游收入总计656 967万元，其中旅游购物141 970万元，住宿费81 004万元，餐饮费57 483万元，交通费209 573万元，邮电费25 031万元，文化娱乐费42 045万元，游览57 879万元，其他41 982万元。2019年入境旅游收入达到1 083 999万元，其中旅游购物264 604万元，住宿费134 308万元，餐饮费95 717万元，交通费351 975万元，邮电费42 059万元，文化娱乐费70 243万元，游览90 839万元，其他34 254万元，见图2-2。

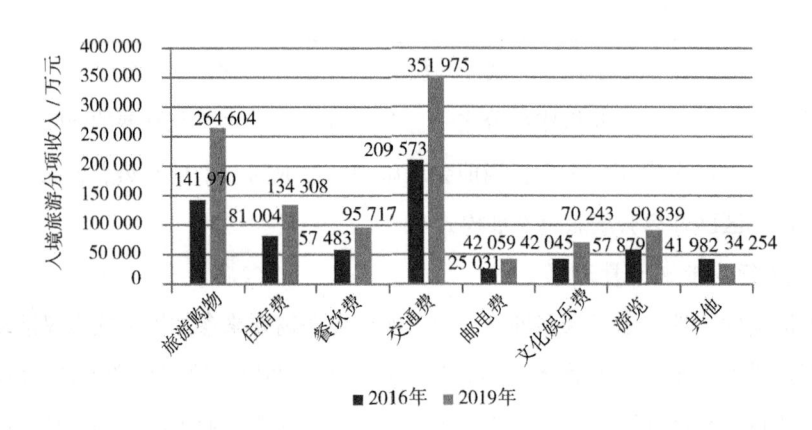

图2-2 2016年、2019年青岛市入境旅游收入构成情况

其次，旅游博览会、节庆等会展活动的举办，串联了景点，丰富了旅游路线，提高了青岛市旅游资源与旅游企业的知名度。国际上也有成功案例，如知名的国际旅游博览会，曾在古巴举办，详细介绍了古巴当地的旅游景点，古巴旅游行业得以迅速发展。

二、会展活动对住宿业及餐饮业的集聚效应

会展活动举办期间，大量的外来参与者停留在举办地，食宿需求随之产生。会展活动前后也有相关人员因从事布展、撤展、考察、谈判等业务而在举办地进行食宿消费。会展场馆周边通常集聚了不同档次和规模的酒店和饭店，以满足会展活动中大量的集中的食宿需求。根据《2017年青岛统计年鉴》，全市住宿业务营业额达923 666.6万元，客房收入为231 149.4万元（占比25%），商品销售收入为30 406.3万元（占比3%），餐饮费收入为619 929.2万元（占比67%），其他收入达到42 181.7万元（占比5%），见图2-3。

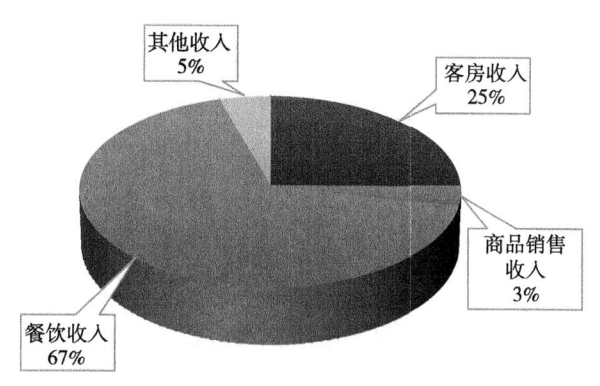

图 2-3　2017 年青岛市住宿业收入构成

三、会展活动对运输业及邮电通信业的集聚效应

会展活动是短时间内大量人流、物流的集聚,因此,会展业对交通运输业和通信业有较高的要求,相应地也带来可观的收益。相关资料显示,美国航空公司客运量的 25% 来自在美国召开的国际会议;广交会自 2004 年以来,每届活动期间 200 多个国家和地区的近 200 万人次的采购商集聚广州,出租车在此期间的日收入比平时增加 300 元以上。此外,被称为企业"第三利润源泉"的物流行业的业务剧增,如参展商品的运输、装卸、包装等多个方面,还有向参展商和参展观众发放的大量礼品等及其他相关配套设施,这些都是会展活动对城市经济的集聚效应的表现。

四、会展活动对批发零售业的集聚效应

首先,会展活动对场馆周边的批发零售业务影响非常大,特别是印刷、广告、展台搭建、五金配件等行业。其次,会展活动对远距离的批发零售业务也有较大影响。青岛市地区特色产品丰富,工业基础较为雄厚,不仅培育了海尔、海信等一批明星企业,也涌现了一大批中小规模的制造企业。比如,旅游景点特色产品公司,青岛市凭借丰富的旅游资源及出色的工业制造能力,创造出一些具有当地特色的旅游商品,常常被会展活动参与者作为纪念品购买。相应地,会展活动带动了市内商业活动场所、文化休闲场所等的利用率和消费量,还有临时人员雇佣、设备租赁等诸多经济行为。最后,

一些会展活动对本行业批发零售业务具有带动效应。第十七届青岛国际汽车工业展览会、中国（青岛）国际食品工业博览会于 2018 年 5 月举办。这两个会展活动都已具有一定的国际知名度，提升了青岛本行业领域的零售批发行业的地位，也促进了当地相关行业的发展与升级。

第四节　会展活动的城市经济集聚效应的收益及优化

一、会展活动带来城市经济集聚效应的有形收益

1. 相关行业就业岗位增加

会展业对城市的就业具有较强的带动功能。有关研究结果显示，会展行业对其他相关产业从业人员带动比例为 1∶5。会展行业发展对于举办地而言，可以有效扩大就业途径，缓解城市的就业压力。青岛会展业已经达到一定的发展水平，具有一定的规模。青岛目前建有大型展馆 6 个，具备影响力的会展组织机构 35 家，2017 年举办会展活动达到 400 多次，2019 年举办了 300 余个具有较大规模和影响力的会展活动。专业从事会展工作人员随之快速增加。会展行业的发展引致的关联行业如旅游、运输、食宿、建筑、设计、批发零售等行业也增加了大量的用工需求。

2. 会展场馆高效利用

场馆的建设需要巨大的资金投入，每一个大场馆的建设都属于政府大型投资项目，但是中国会展场馆的综合利用率还不高，很多场馆处于经常空置状态，造成资源的浪费。目前青岛的会展活动主要集中于 6 个大型场馆，对场馆的综合运用率位居省内前列。上合青岛峰会的成功举办，有力地带动了青岛市会展业发展，获评"中国最具竞争力会展城市"。2019 年，青岛举办 90 项重点会议、展览、节庆活动，逐步做强龙头项目，做实展产融合，做大会展规模，进一步加快建设东北亚国际会展名城的步伐。另外，会展业与旅游业的有机结合，共同吸引着国际会议来青岛举办，带动了青岛市会展场馆及相关配套设施的高效利用，也带来场馆租赁费、相关设施消费等多方面收入。

3.相关企业经济效益提高

在政府管理部门的大力推动下,青岛市已打造出10个左右独具特色的国际知名会展活动品牌,展览面积也在逐年递增,会展行业的直接经济收益和综合附加收益分别达到50亿元和400亿元。特别值得说明的是,每次会展活动的举办,都直接或间接促成了大量贸易订单签订和外来资金注入,这对本地企业经济效益提高方面的贡献极大。

4.本地企业相关成本大大降低

大力发展会展业,举办地本土知名企业的受益最为直接。本地会展活动将大大降低其宣传成本和交易成本,使得更多资源被运用到生产、研发等环节。

德国是世界会展强国,诸多专业会展活动的举办不可避免地宣传了德国制造业,巩固了德国制造业强国的品牌形象。青岛市工业制造能力较强,但是在国际上具有重大影响力的产品为数不多。如果利用出国参展进行宣传,各种费用投入较高,而借助本地举办的相关会展活动开展多样化宣传,能够节约宣传成本。例如,本土企业可以安排更多员工到会展现场工作和服务、组织专业观众到企业参观等,突出本土企业产品的优势。

会展活动还会大大降低本地企业交易契约的达成成本。任何一次交易的达成,都是精心挑选交易对象并进行多次谈判协商的结果,其间经历了对产品的价格、质量、合同相关条款等多方面的博弈过程。在信息不明确或信息不对称的条件下,上述过程会更加复杂,需经历更多回合的磋商,交易达成的可能性也随之降低。这种情况下,双方的交易成本往往很高。然而,在会展活动中,大量参展商和专业观众集聚一起,各方都可以在会展活动现场比较不同厂家以选择交易对象。会展活动组织方一般会在现场提供洽谈室和相关设施等便利条件。因此,对交易双方来说,挑选交易对象和达成契约的交易成本都明显降低了。

二、会展活动带来城市经济集聚效应的无形收益

1.促进城市形象的建设

会展产业链中涉及的行业众多,会展活动的成功举办需要众多企业的积极配合,这一行业特点决定了会展活动是举办城市各方面实力的综合展现。在实际工作中,一个城市举办具有国际影响力的国际展览活动、国际会议的数量也经常成为衡量一个城市综合竞争力和城市形象的重要指标。另外,因会展活动前来的到访者越多,他们对举办城市的了解越多,举办城市的形象传播就越广泛,也越深入人心。所以,会展活动具有塑造

城市形象的功能，会展行业的发展同时促进了举办地城市形象的建设。世博会、奥运会、全球论坛等大型国际性会展活动的此项功能更为显著。青岛奥帆赛、上合青岛峰会等会展活动的举办，为青岛城市形象建设和提升创造了有利时机。

2. 丰富城市品牌的内容

专业性比较强的行业会展活动，往往会选择行业基础雄厚的城市作为举办地，这类会展活动对举办城市的宣传效应主要体现在丰富城市品牌内容方面。根据有关调查，大多数人谈及青岛的第一反应是青岛啤酒。可见，青岛市的品牌形象与青岛啤酒节是密不可分的。当前的青岛啤酒节不仅在青岛举办，而且在北京、洛阳、成都等多地也都已成功举办，影响力不断增强。另外，青岛的海尔、海信两家企业在国际上知名度较高，"中国国际家电博览会"在"青洽会"的基础上得到顺利过渡和升级。该会展活动成功提升了青岛市家电品牌的领头羊位置，在国际上占据一席之地。因此，青岛通过举办相应的专业性会展活动，提升了相关产业的强势地位，丰富了城市品牌的内容。

3. 提升城市竞争力

从全球会展业发展规律来看，会展业被冠以"城市面包"和"触摸世界窗口"的称号，究其原因在于会展业为城市带来经济收益的同时，还能够促进文化的交流，提高城市知名度，改善区域经济结构，提升城市整体竞争力。会展行业产生的经济效益不只是"1+1=2"的效果，还具有广泛的附加效益。它为相关产业提供更为广阔的发展空间，让其能够真正享受"城市经济的发动机和催化剂"的称号。目前形形色色的会展活动已遍布于全国各个城市，扮演着不同的角色，承担着不同的任务，但都将通过城市经济集聚效应的正反馈效应，为城市竞争力的提升提供正能量。

三、增强城市会展集聚效应的建议

1. 支持会展行业发展，整合部门职能，完善推进机制

根据前述分析，会展行业的集聚效应为城市经济发展提供强大的推动作用。然而，集聚效应的发挥是以会展业的发展和繁荣为前提的。所以，会展行业首先要规范、有序、快速地发展，进而要求各个部门明晰权责，有效配合，政府、行业协会、企业、群众均需切实履行自己的职责，保证各个主体价值的实现。

首先，充分发挥青岛市会展领导小组的统一协调作用，兼顾政府管理部门的权威性和服务性，合理确定青岛市会展业发展目标和发展规划，完善宏观环境，加强基础设施建设，完善会展活动的公共服务设施，协调各部门配合，制定行业法律法规，尤其重视

重大会展活动的引入和推动工作。最终通过良好的行业外部环境和政策扶持，吸引更多数量、更高档次的会展活动在青岛举办，提高会展资源的利用率。

其次，明确会展行业协会的服务性和非营利性的部门特征，尊重会展行业协会的自主性，自主履行其职能，制定行业标准，完善行业资质评定工作，以规范会展行业市场运作；及时提供行业信息和数据，发布青岛市会展活动计划表，以引导会展行业有序运营。由此打造良好的会展行业环境，提升行业竞争力。加强青岛会展经济研究会等高端领域建设工作，充分发挥其会展行业的领导、智囊作用。另外，充分发挥行业协会的代表性，做好政府和会展企业之间的桥梁工作，为会展企业争取利好政策和最佳发展环境。

再次，会展企业是市场主体，企业的活力决定了行业市场的发展状态。因此，会展企业的自主性和营利性应该被尊重。企业主导，研究判定行业发展趋势，积极创新，开发新产品、新项目，创立会展项目品牌和会展服务品牌，不断提升专业水平，主办和承办专业化、高质量的会展活动，吸引更多会展活动参与者，获得更多经济收益，实现企业循环式良性发展，最终成为实力雄厚的知名会展企业，拥有更多自主会展品牌。

最后，培养青岛市社区居民群众的会展活动主人翁意识，不断提升个人素养，将青岛城市主人的最佳面貌展现于会展活动参与者面前。必要时主动配合会展活动需要调整个人活动和行为，助力城市营造更好的会展行业外部环境和青岛城市人文环境，为青岛打造会展城市品牌贡献力量。

2. 相关行业积极配合，满足会展行业发展需求

会展经济的强大推动作用不仅在于其本身所带来的经济效益，会展业强大集聚效应的发挥更为重要。但集聚效应的发挥，关键在于以会展业为核心的会展活动产业链的建设，链条完整且各行业密切配合，才能发挥出会展行业1∶9的带动效应。出台相关政策，鼓励和引导相关企业积极配合，以满足青岛会展行业发展需求。

第三章 新生会展活动与城市全面发展

第一节 中国—东盟博览会概述

经济全球化和区域经济一体化的形成与发展,使国家和地区之间的经济联系更加紧密,关于技术、信息、经贸、文化等各行各业的交流越来越频繁,一些具有国际影响力的大型会展活动随之出现。开放性比较强、发展潜力比较大的城市往往被选择作为这些新生会展活动的举办地,而这些新生会展活动往往也成了举办城市全面发展的催化剂。本章选取中国—东盟博览会作为案例,分析新生会展活动对城市全面发展的影响。

中国—东盟自由贸易区的建设增进了中国与东盟十国之间的友好关系,也促进了中国—东盟博览会的诞生。在中国—东盟博览会的带动下,南宁市的发展取得了前所未有的突破。根据南宁市会展活动相关研究结果,中国—东盟博览会作为国家级、国际性的会展活动,对南宁市的经济、城市建设等方面的发展有着极大的推动作用。另外,中国—东盟自由贸易区连接着中国与东盟十国的经贸往来,加快了南宁市对外开放的步伐,而中国—东盟博览会作为南宁市对外开放的另一个窗口,南宁市正是抓住了这个契机全面发展。

一、中国—东盟博览会诞生的背景

1. 经济全球化、区域经济一体化趋势加快

经济全球化和区域经济一体化的形成和发展,对全球各个国家和地区的经济发展尤

为重要。随着社会生产力的大大提高，高新技术的蓬勃兴起，国际之间的分工越发明确，各国经济上相互影响的程度加深，区域合作的呼声日益高涨，国家之间的经济联系渗透到各行各业，包括技术使用、生产建设、劳务合作、经贸合作、资金融通、信息互通、设备共通等各个领域，国家之间已经合成了一个全球经济体。中国同样也需要紧跟时代趋势，与各国增进经济联系以发展国内经济。2002年，中国与东盟十国共同签署《中国—东盟全面经济合作框架协议》，标志着中国进一步参与到区域经济一体化进程当中，同时直接促进了中国—东盟博览会的诞生。

2.中国—东盟自由贸易区项目启动

建立自由贸易区的目的，是与经济伙伴建设长期的自由贸易市场。通过建立自由贸易区的方式参与到区域经济一体化中，是扩大经济联系、促进经济发展的一种有效途径。区域经济一体化发展所带来的经济效应是不可估量的，这也引起了中国与中国周边国家的高度关注。在这样的背景下，中国—东盟自由贸易区的概念开始浮出水面。2000年年底，在中国国务院总理朱镕基与日、韩及东盟国家首脑的对话会议上，中国—东盟自由贸易区被首次提出。2002年，中国与东盟十国的领导人共同签署《中国—东盟全面经济合作框架协议》，标志着中国与东盟国家正式开展经贸往来合作，中国—东盟自由贸易区建设也被提上日程，并于2010年建成使用。这是发展中国家中最大的、世界上人口最多的自由贸易区。

3.会展经济快速发展

会展经济活动通过举办各类大型会议、展览展销活动、节事活动、奖励旅游、大型赛事等产生经济效益和社会效益。会展经济的发展能够催生新兴的产业群，形成以会展为中心的新的产业链。根据西方研究结果，会展经济具有1∶9的经济带动效应。会展行业能够促进相关行业发展，形成旅游、交通、设计、搭建、科技、金融、保险等行业共同发展的新趋势。会展经济在国外已有百年历史，形成的以会展为特色的城市不在少数，汉诺威、伦敦、苏黎世、巴塞罗那、巴黎、香港等，这些城市已然成了知名的国际会展中心。

近年来，我国会展产业发展也紧跟世界潮流。1990年开始，中国会展业开始出现大幅度增长势头，国内展览数量、展览面积都在不断增加，服务会展的配套设施、场馆建设纷纷启动。中国会展业年均增长率不断实现新的突破。我国现阶段知名会展活动不在少数，广交会、博鳌亚洲论坛、华东进出口商品交易会、上合峰会等，在国内外都有着非常高的知名度。我国会展行业在北京、上海、广州、杭州等经济水平较高、城市配套设施较齐全的城市发展较快，这些城市已然成了地域会展中心。会展活动所带来的经济效应和社会效应对城市的资源配置、产业创新、设施建设有着积极的促进作用。

二、中国—东盟博览会的发展

1. 中国—东盟博览会的发展进程

中国—东盟博览会确立以来，党中央、国务院和有关部门高度重视，对办好这两个会议寄予厚望并给予了大力支持。迄今为止，中国—东盟博览会和中国—东盟商务与投资峰会已举办了16届，这两个会议的顺利举办，为中国与东盟国家及其他国家在技术、资金、贸易、文化等多方面的交流与合作提供支持平台，促进了中国与东盟在贸易、服务、文化、技术、旅游等方面的快速发展。

目前，这两个会议的定期举办已经成了中国与东盟双边领导人会晤的惯例。历届中国—东盟博览会都接待双边领导人及重要贵宾出席，通过双边领导人的会晤、参加开幕仪式、进行会议对话、参观展馆等一系列的双边交往，不仅增进了双边政治交流，而且增强了各个国家应对复杂经济走势的决心，也为双边经济、贸易及其他领域的合作提供了难得的机会，同时带动了各国在政治、经贸、文化等方面的交流。据中国—东盟博览会官方网站统计，到2019年第十六届为止，共有86位中外领导人和前政要、3340多位部长级贵宾出席，共同探讨中国与东盟国家在未来长期合作交流的新局面，增进双边国家的睦邻和谐。众多国家领导人和部长级贵宾的出席使这两个会议受到了来自世界各地媒体的瞩目和报道，促进了中国与各国的经贸往来，进一步提高了这两个会议的知名度。

2. 中国—东盟博览会的发展成果

商品贸易成交额屡创新高。首届中国—东盟博览会的举办，受到了来自国内、东盟十国及其他国家的高度重视，商品贸易成交额高达10.84亿美元。2012年，中国—东盟博览会的商品贸易成交额增加到了18.78亿美元，实现九届以来历史新高，见图3-1。中国—东盟博览会的举办，为中国、东盟及其他国家在商品交易上带来诸多便利，促成了持久稳定、互利共赢的新格局。中国—东盟博览会举办前的2003年，广西壮族自治区与东盟的贸易额仅为7.39亿美元。在中国—东盟博览会的带动下，广西壮族自治区开放型经济快速发展。2007年，广西壮族自治区与东盟的贸易额达29亿美元，增长了近3倍。

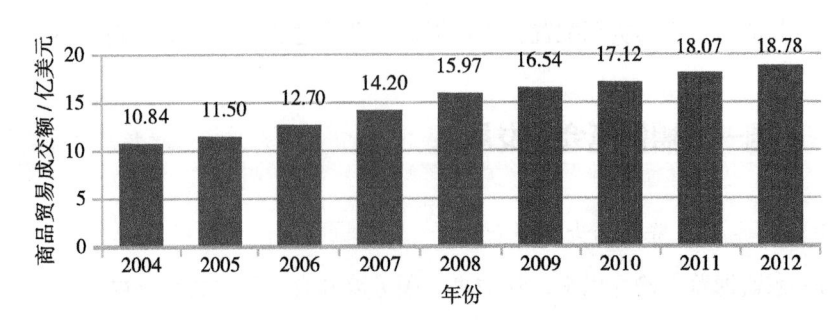

图 3-1　2004—2012 年中国—东盟博览会商品贸易成交额

数据来源：中国—东盟博览会官网，https://www.caexpo.org/homepage。

展位数、参展企业及客商人数取得重大突破。中国—东盟博览会举办十六届以来，展位数逐年攀升，每一届都取得了重大突破。2004 年第一届中国—东盟博览会的总展位数超过 2500 个。据现场统计，东盟十国及其他国家、地区都十分重视该博览会，使用展位超过 760 个。随着知名度的提高和会展活动效果的显著化，中国—东盟博览会的总展位数逐年增加，到 2019 年，中国—东盟博览会再创新高，达到 7000 个，比首届增加了 4494 个，见图 3-2。中国—东盟博览会更像是国家之间、企业之间及国家和企业之间进行经贸合作与交流的桥梁和纽带，加深了各国之间的贸易往来。

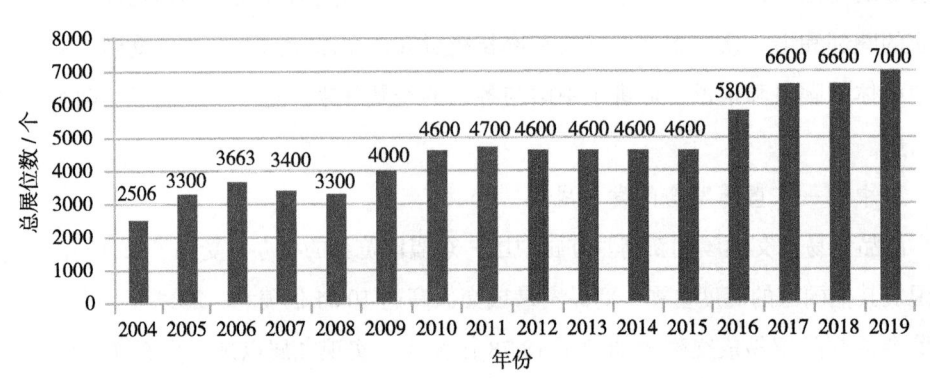

图 3-2　2004—2019 年中国—东盟博览会总展位数

数据来源：中国—东盟博览会官网，https://www.caexpo.org/homepage。

2004 年，首届中国—东盟博览会参展的品牌企业有 1005 家，其中，世界 500 强企业达 19 家，国内品牌企业共 61 家。到 2019 年，中国—东盟博览会吸引了更多的参展商踊跃报名，参展企业达 2848 家，比第一届增加了 1342 家，见图 3-3。

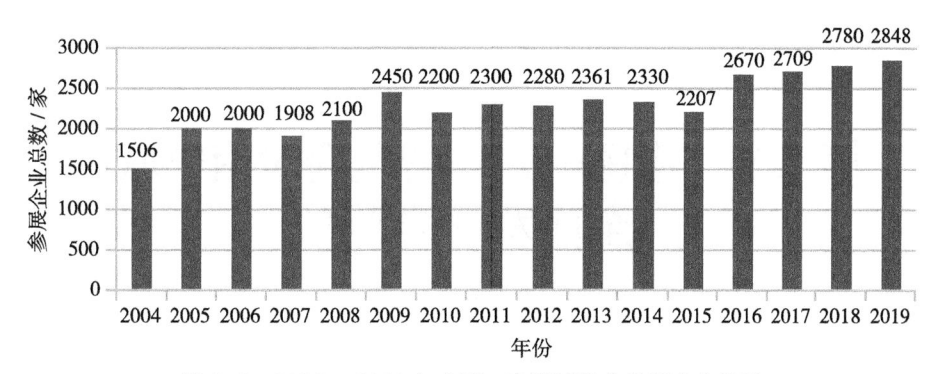

图 3-3　2004—2019 年中国—东盟博览会参展企业总数

数据来源：中国—东盟博览会官网，https://www.caexpo.org/homepage。

2004 年第一届中国—东盟博览会期间，百余位国内外副部级以上贵宾、260 位中外主流媒体的记者、近 2 万位专业观众参加了博览会的各项活动。随着中国—东盟博览会知名度的扩大及所产生的各种连带效应，前来参展的客商也在不断增加，到 2018 年，报名参加中国—东盟博览会的采购商、投引资商团组达 112 个，接待的国内外客商 85 352 人，是 2004 年的 4.74 倍，见图 3-4。中国—东盟博览会为国内外参展商、采购商提供了非常有利的平台。

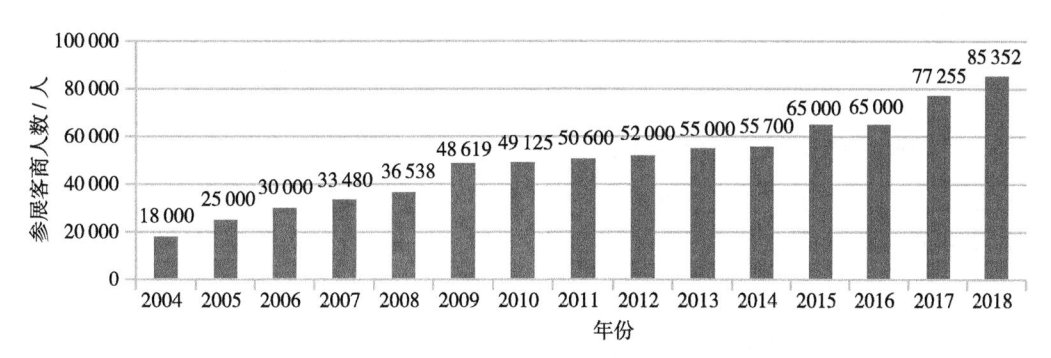

图 3-4　2004—2018 年中国—东盟博览会参展客商人数

数据来源：中国—东盟博览会官网，https://www.caexpo.org/homepage。

第二节　中国—东盟博览会对南宁城市全面发展的影响

一、中国—东盟博览会对南宁市经济发展的影响

1.进出口贸易迅速增长

一直以来，南宁市的外贸进出口渠道非常狭小，贸易进出口总额上升速度较慢，一直未找到合适的对外进出口市场，所以，南宁市极少受到世界的广泛关注，合作伙伴相对较少。中国—东盟博览会落户南宁，打开了对外交流的通道，南宁市外贸进出口市场得到迅速拓展。短短四年的时间，南宁市外贸进出口额翻了一倍，由2003年的6.58亿美元上升到2007年的12.86亿美元。中国—东盟博览会对南宁及中国西南地区的出口有极大的促进作用，使得南宁从对外经济发展的末梢位置变成了前沿地带。

2017年，第十四届中国—东盟博览会的"南宁渠道"影响力提升，海关进出口总额达607.09亿元，占全区的15.7%，成为全国贸易百强城市。2018年，中国—东盟博览会深化"一带一路"建设，促进沿线国家经贸合作，南宁市与全球百余个国家和地区开展经贸合作，南宁市开放发展成效显著。通过中国—东盟博览会这个有利的平台，南宁市对外贸易取得了巨大进步。

2.招商引资取得较大进展

中国—东盟博览会举办以前，南宁市在招商引资方面的吸引力不足，交通、科技、人才、资金等方面的基础较为薄弱。中国—东盟博览会永久举办地的确立，是改变南宁这一现状的突破口。

中国—东盟博览会及同期举办的中国—东盟商务与投资峰会、南宁国际民歌艺术节被统称为"两会一节"，共同搭建了招商引资的大平台，南宁市的投资合作工作连年取得丰收。签订投资项目超过70个，总投资额近283亿元，各大知名企业陆续入驻，为南宁市商贸业快速发展增添了活力，对外交流与合作取得新成效。2017年，南宁市在招

商引资方面保持着良好的势头,华润基金、宜家家居等416个项目成功签约南宁,参与中新互联互通南向通道建设,中新南宁国际物流园项目也在筹备当中。南宁市大力发展开放型经济,培育形成富桂精密等一批出口品牌标杆。另外,受到成功举办首届中国—东盟博览会的经验启示,南宁市积极奔赴国内各省、东盟地区及其他国家参加会展活动并进行各类招商活动,影响广泛,成效显著。因此,大型新生会展活动的落户,对南宁市的招商引资工作而言是实质性的带动力量。

3. 旅游业实现历史新突破

中国—东盟博览会永久定址南宁,"中国绿城"受到国内外人士的广泛关注,南宁市旅游业迎来了新的发展机遇,入境旅游也迈上一个新台阶,吸引了大量国际游客。在中国—东盟博览会举办期间商务旅游的带动下,东盟地区的游客更是热衷于选择南宁作为旅游目的地。南宁市全年接待的游客人数不断创下历史新高。据统计,2004年南宁市接待国外旅游者6.56万人次,接待国内旅游者约1387万人次,全年旅游收入约73.1亿元。2018年,南宁市全年共接待旅游者超过13 094万人次,是2003年游客数量的11.4倍之多。南宁市旅游业取得了突破性发展,国际游客与国内游客的数量都展现出惊人的增长势头。随着中国—东盟博览会的不断发展,影响力的不断提升,预计南宁市未来接待游客人数仍将保持增长态势,旅游收入不断提高,旅游业持续稳定发展。

二、中国—东盟博览会对南宁市城市发展的影响

1. 提升城市形象和城市知名度

南宁市以"绿城"闻名,有"半城绿树半城楼"的美称,是一座拥有悠久历史的文化古城,是天下民歌眷恋之地。中国—东盟博览会作为一场国际性大盛会,吸引了来自世界各地的人士聚集于南宁,给南宁注入新的血液。中国—东盟博览会作为南宁市的"金名片",为南宁打开了面向世界的一扇门,让更多的人了解南宁,了解中国"绿城"。首届中国东盟博览会共吸引国内外媒体113家,为期四天的博览会发稿总量超过了15 170篇。此外,南宁市与韩国果川市、美国奥克兰市、越南海防市、马来西亚怡保市、英国纽斯利市等城市结为友好城市,成为广西区内与国外缔结友城最多的城市。不仅如此,南宁市先后荣获"全国优秀旅游城市""全国环境整治优秀城市""联合国(迪拜)改善居住环境良好范例"等十多个称号。同时,南宁市还成功承办了一系列重要会议和国际体育比赛。所有这些成绩,与中国—东盟博览会的成功举办而创造的良好城市形象是息息相关的。

2.为评选全国文明城市提供契机

中国—东盟博览会作为一个大型国际性博览会,对南宁的现代文明城市建设发挥了巨大的促进作用。中国—东盟博览会的举办给南宁带来了全面发展升级的机会,南宁市以此为契机,开展一系列城市文明形象建设,极大地提升了南宁市的文明水平。中国—东盟博览会落户南宁,南宁市委、市政府以"大局为重,国家至上"的会展指导思想开展中国—东盟博览会的筹备工作,以"当好东道主,服务博览会"的会展经营理念为中国—东盟博览会的顺利举行提供条件。这些理念获得了南宁市居民的认可,同时转化成了南宁市居民积极参与中国—东盟博览会的实际行动,形成了一个凝聚力极强的和谐整体,也大大提高了市民的综合素质。为筹备中国—东盟博览会,南宁市政府积极开展有关中国—东盟博览会的讲座、论坛及宣传活动,并且提高了政府的办事效率。博览会的举办带动了更多行业的发展,间接地提升了居民的生活质量。在全国文明城市"基本指标"考核方面,中国—东盟博览会对南宁市评选文明城市工作产生了深远影响,见表3-1,南宁市多次获得"全国创建文明城市工作先进城市"的荣誉称号。

表3-1 中国—东盟博览会对南宁评选文明城市的影响

序号	影响类别	影响举例
1	廉政高效的政务环境	举办中国—东盟博览会相关讲座/论坛 提高了政府办事效率和群众满意度
2	公正公平的法治环境	强化社会公共安全保障 加强社会治安管理
3	规范守信的市场环境	积极开展社会诚信教育 加强市场监管力度
4	健康向上的人文环境	中国—东盟博览会专题研究 中国—东盟博览会精神 中国—东盟博览会官方网站建设 中国—东盟博览会文体活动展示 中国—东盟博览会志愿者服务活动
5	安居乐业的生活环境	促进当地经济发展 增加设立无障碍的公共设施 改善街巷基础设施 新建和扩建城市交通道路 加强城市关于突发公共卫生事件的应急系统建设 增加城市就业和创业机会
6	可持续发展的生态环境	改善城市绿化环境 加强废弃物的处理 提升城市环境质量
7	扎实有效的创建活动	博览会事务局开展创建文明单位活动

3.加快了城市设施建设

中国—东盟博览会的顺利举办需要依托于举办地的基础设施和行业设施。为此，南宁市积极开展"当好东道主，服务博览会"的实际行动。2004年，南宁市花费约71亿元建成"服务中国—东盟博览会36项重点工程"，会展中心一期配套、主建筑二期及宴会厅工程和民歌广场二期工程也在首届中国—东盟博览会中正式启用。不仅如此，南宁市扎实推进完善市容整治工程、小街小巷改造工程，以及城市基础设施的整治和建设，为中国—东盟博览会的顺利举办奠定了环境及设施基础，也为前来参展的企业及采购商提供了便利，树立了良好的城市形象。之后几年，在中国—东盟博览会的影响下，南宁市启动"广东商业街、香港街、澳门街"项目建设，扩大城市大交通网络体系，服务中国—东盟博览会的配套设施建设项目也在不断改良和增加。南宁国际会展中心二期及其配套工程21项全部竣工，服务博览会的基础设施、市政公用配套设施、城市道路网络及桥梁等建设力度加大，基本完成南宁地铁线路建设。除此之外，中国—东盟商务区、中国—东盟物流园、广西—东盟经济开发区等项目工程也纷纷被提上建设日程或启用日程，广西—东盟经济开发区成功升格为国家级开发区。在中国—东盟博览会的带动下，南宁市城市基础设施建设发生实质性的变化，直接推动了南宁市向国际大都市方向发展，中国—东盟博览会对南宁城市设施建设产生的影响是全面的、深刻的、巨大的。

第三节 中国—东盟博览会对南宁城市影响的优化对策

新生的大型国际性会展活动中国—东盟博览会对南宁市的影响是广泛的。南宁市作为固定的举办地，努力为中国—东盟博览会提供更加专业、更加优质的服务，中国—东盟博览会也给南宁市带来了前所未有的发展机遇，对南宁市的发展升级产生了关键性影响。中国—东盟博览会作为一个高层次的博览会，为中国与东盟十国及其他区域国家的企业和投资商提供了商品贸易、投资合作、技术交流的平台，同时，南宁在此期间汇聚各地的人流、物流、信息流和资金流，使本地经济得以促进，与各国的国际交流合作也加快了南宁市对外开放的速度。值得注意的是，中国—东盟博览会给南宁市带来"第四个黄金周",南宁市旅游业迎来了新的突破,每年接待的国内外游客数量不断攀升。南宁市城市设施更新扩建,城市形象发生空前变化。城市绿化的改善,街道环境的美化,居民素质的不断提高,使得"绿城"形象得到国内外人士称赞。城市公共设施不断优化,城市交通网络体系、娱乐休闲场所等都已为南宁市增添生机,不断向文明城市靠近。为了扩大中国—东盟博览会对南宁城市发展升级的持续影响,南宁市相关管理部门可以考虑采取更多的优化对策。

一、加大宣传力度,提高中国—东盟博览会知名度

知名度越大的会展活动,对举办地的影响力就越大。中国—东盟博览会是影响中国和东盟各国及相关地区发展的重要会展活动,那么它在国内和东盟各国之间的知名度会直接影响到举办地南宁市的知名度,也会间接影响到各国对中国—东盟博览会的重视程度和参与程度,进而影响南宁城市的发展。另外,举办地居民通过中国—东盟博览会的宣传,了解到该会展活动的重要性,也会积极配合以营造更好的社会环境。所以,通过各种媒体渠道加大对中国—东盟博览会的宣传力度,其重要性显而易见。但截至目前,相关宣传工作比较薄弱。根据南宁市居民调查结果,仍有部分居民从未听说过中国—东盟博览会,这表明会展活动相关职能部门的宣传工作还不到位,需要增强中国—东盟博览会的宣传工作,以中国—东盟博览会的消息传到每家每户为目标,通过多元化、立体化的宣传方式,展开宣传工作,如利用互联网、报纸、杂志、电台、电视及大众群体会经常使用的各种视频软件等媒体加大宣传力度;社区内组织有关中国—东盟博览会的宣讲、讨论等活动,鼓励群众共同参与并宣传;中国—东盟博览会开幕前召开若干场新闻发布会,各视频媒体进行现场播报;利用公交广告、出租车广告、道路支架广告等各种城市宣传载体投入宣传;以关注中国—东盟博览会微信公众号赠送纪念商品等方式,多样化宣传,扩大该会展活动的影响力。

二、加快城市配套设施建设

筹备一场短短几天的大型的会展活动,需要的不仅是会展场馆,而是各行各业的参与和配合。对于固定举办地的周期性会展活动,无形之中,要求城市长期地、不断地提升其经济发展水平、城市形象、市政建设状况及市民的综合素质等各方面。就目前现状来看,南宁市的城市配套设施较之前已有巨大变化,但随着社会的发展和人们生活水平

的提高，目前的城市配套设施仍需要不断改善以满足参会者的需要。因此，南宁市政府要加快会展配套设施建设，建设涵盖会议、展览、娱乐、休闲在内的多功能展馆，提高会展服务水平，提升维持现场秩序的能力，进一步完善电讯、海关、银行、翻译、商检、保险、商店、餐厅、物流运输、现场咨询等配套服务，宾馆饭店的建设要合理，切勿出现在博览会期间需求增加而在结束后荒废的状况。要进一步完善交通网络，确保会展交通快捷顺畅。与东盟国家合作，利用现有公路、铁路、航线，开通往来线路，简化外国人在广西区内的出入境手续，为参会者与旅游者提供便利条件。

三、大力发展会展业，培养会展人才和外语人才

会展活动的举办，能带动一个城市餐饮业、酒店业、交通业、物流业等多个行业的共同发展，这就是会展业具有1∶9的产业带动效应的表现。南宁市会展行业起步较晚，各种会展配套服务资源匮乏，会展市场尚不稳定，也没有独具特色的品牌会展项目。因此，借助中国—东盟博览会这个平台，发展当地会展产业，这既是南宁市会展行业扩大发展的市场机会，也是地方会展行业持续稳定发展的必要条件。南宁市具有众多高校聚集的优势，具备国际教育交流的基础，应利用中国—东盟博览会的大好机遇，开设会展专业，增加会展策划、会展公司运营与管理、场馆物业服务、展位设计、会展营销、会展外语等课程培养会展核心人才，鼓励创办会展服务公司和展览设计公司等，打造南宁会展品牌。与此同时，推进广西首府的高校与东盟各国的合作与交流，开设东盟外语专业，通过以进修、访问、互派留学生等方式，提高各高校学生外语水平，抓好英语、东南亚各国语言、法语、德语、日语、韩语等主要语言的学习，注重开设与会展有关的外语课程，为中国—东盟博览会及相关活动提供针对性的外语服务。

第四章　不同会展活动与城市形象塑造

第一节　会展活动与城市形象塑造基础理论

一、城市形象及塑造

1. 城市形象的概念

一般来说，人们对一个城市的总体印象和感受就是城市形象。城市形象是指城市以其自然的地理环境、经济贸易水平、社会安全状况、建筑物的景观、商业、交通、教育等公共设施的完善程度、法律制度、政府治理模式、历史文化传统及市民的价值观念、生活质量和行为方式等要素作用于社会公众并使社会公众形成对某城市认知的印象总和。城市形象比较鲜明的城市有"时尚之都"巴黎、"花园之都"新加坡、"购物之都"香港、"水城"威尼斯、"春城"昆明、"日光城"拉萨、"金融城"伦敦、"电影城"戛纳等。

城市形象的概念早已有之，并不是当代文化特有的概念。不同时代、不同国家的人们对城市形象的内涵与外延有不同的理解和认识。现代意义的城市形象从某种程度上体现着城市社会的价值观、城市的理念、城市存在的意义、城市建筑的社会与文化属性、城市人的行为礼仪、城市人与自然环境的关系、城市人与城市建筑的互动关系及人与社会、生态和谐关系。[1]

---

[1] 徐叶. 会展对城市形象的塑造作用：以中国国际动漫节为例 [D]. 杭州：浙江大学，2008.

城市形象也是城市的文化资源。有学者认为，城市形象是城市给予人们的综合印象与整体文化感受，是历史与文化的凝聚构成的符号性说明，是城市各种要素整合后的一种文化特质，是城市传统、现存物质与现代文明的总和特征，城市形象又是城市景观形态客观的、集中的表述，而这种形象被社会的大多数接受时，城市的形象则已经具有了整体的历史文化意义，并构成一种社会文化符号，而这种文化符号，实际上是一个城市的文化资源。❶

2. 城市形象的组成

城市形象是一个综合性的概念，它涵盖了一个城市经济、政治、文化、环境等各个方面，是它们交融汇合的集中体现，可以从多个层面和角度予以划分。城市形象一般由城市经济、城市居住环境和城市文化三个重要部分组成。城市形象也可分为三个层面，即城市视觉形象、城市行为形象和城市理念形象。城市的视觉形象，主要由点（场所和中心）、线（道路和方向）、面（范围和区域）三元素组合而成。广场、道路、路牌、雕塑等城市标志物是构成城市空间的主要要素，与城市中文化、历史、经济、社会等"软性"要素相结合，不断丰富人们对城市形象和城市轮廓的认识。城市理念形象可以分为"城市精神理念、城市管理理念、城市经营理念、城市服务理念、城市规划理念、城市发展理念、城市对内口号、城市对外口号、城市对外宣传口号、城市管理人员的座右铭、城市市民警语、城市市民公益诸言、城市对外宣传广告语、城市事业、反映城市理念与城市机制的城市之歌"等。❷

3. 城市形象的特点

第一，综合性。城市形象涉及城市发展的各个领域，这些领域相互作用、相互依赖，最终形成一个有机整体。它是城市外形和内涵在公众头脑中相结合而形成的感觉和记忆。城市的每一个组成部分都能反映城市面貌，都可代表城市形象。

第二，差异性。每个城市都有自身的特征，在自然条件、传统文化等方面千差万别，经济实力、发展战略也各不相同，这些差异是城市形象形成的基础。差异产生特色，特色强化吸引力。每个城市各有千秋，各地有各地的特色。城市形象的最大魅力来自与众不同。

第三，主观性。城市形象由具体生动的客观形态表现出来，如建筑外观、风俗习惯等，这些客观形态通过激发人们的思想活动，产生记忆，留下印象。但对于不同的来访

---

❶ 徐叶. 会展对城市形象的塑造作用：以中国国际动漫节为例 [D]. 杭州：浙江大学，2008.

❷ 同❶.

者，因其文化素养、个人偏好的差异，主观印象也不尽相同。所以，城市形象既是自然特征和客观条件的演化，更要通过人们的主观努力刻画塑造，又要通过人们的主观印象去反映和传播。

第四，标志性。城市形象的重要功能是为复杂的城市系统提供一种经过升华凝练的印象标志，使人们透过现象把握本质特征，把一个城市与其他城市区别开来。这种标志既鲜明、简单、易于识别，又内涵丰富、容易使人产生联想。

第五，公益性。城市形象是城市的公共财富，可使整个城市的各个行业共同受益，也能够增强市民的自豪感和归属感。通过城市形象的塑造和传播，一方面，弘扬城市精神、陶冶市民情操，有利于城市内部经济社会文化的协调发展；另一方面，刻画城市个性、传播城市文化，增强外部人员对该城市的认同感，有利于城市对外交往和联系。因此，良好的城市形象具有很强的公益性，有利于促进城市健康发展。

4. 城市形象的塑造

随着社会的发展和进步，城市形象建设和塑造工作越来越重要，它是城市现代化过程中继生产建设、公共设施建设之后迎来的城市发展的更高阶段。一个城市的发展越来越离不开城市形象的塑造，好的城市形象为一个城市带来的效益是不可估量的，例如，上海塑造的城市形象是包容、多样、现代，这种积极向上的城市形象打造出了一个繁华且闻名世界的新上海，为上海创造了庞大的经济收入，带来了丰富的资源。

城市形象可以比作商品的包装。一件商品，首先引起买家关注的往往是它的包装。精美而独特的包装加上恰当的广告设计和宣传，会吸引买家产生进一步了解的兴趣，并最终做出消费的决策。值得指出的是，商品的包装和商品的品质相匹配才能获得持久的生命力。城市形象塑造不能忽略城市内涵，而是要反映城市内涵，与城市内涵相一致。脱离了城市内涵的城市形象是孤立的，无法获得人们的认同，毫无竞争力。良好的城市形象，是城市内涵的表达，也是独具特色、无可替代的品牌，可以在激烈的竞争中被识别和认可。城市形象是一种重要的无形资产，也可以转化为有形资产。很多城市通过对其物质形象和精神形象的塑造，实现推动整个城市综合发展的目的。所以，我国的城市形象理论研究强调塑造良好的城市形象。

城市形象塑造比商品形象塑造更为复杂。城市自身就是一个庞杂的系统，既是历史发展的产物，也是一定地域的组合构成，是一个包含了自然要素和人文要素、包含了时间和空间的有机体。因此，城市形象的塑造是一个复杂的工程，不是一蹴而就、一朝一夕可以完成的，它需要文化的积累、历史的沉淀，需要对城市的特色要素进行深度发掘、统筹规划、配套宣传推广策略设计，就如同经历重重研发、包装、推广的上市商品。

科学的建构方法是城市形象塑造的必要条件。塑造一个符合本地地理与历史、具有地方民族特色、体现时代特征的现代城市形象,除了必须参考一系列包括各方面有代表性的参数组成指标体系,还必须遵循重视形象设计、优化发展战略、放大自然优势、充实文化内涵、追求协调美观等形象塑造原则。塑造城市形象总体可以分为两个步骤,第一是找准位置,进行品牌定位;第二是合理地利用城市自身条件和周边各种资源对其进行推广。

二、会展活动与城市形象之间的联系

1.会展活动与城市经济是相互促进的关系

通常情况下,城市经济是现代城市形象塑造中的基础性影响因素。一个城市的经济发展水平往往为城市形象建设和推广提供重要的财力支持。而城市形象塑造是为城市长远发展服务的,如果一个城市没有一定的经济实力,就不会谈及长远发展的问题,也无暇顾及城市形象塑造的问题。反之,拥有良好的经济链与产业链,对城市形象塑造及持续发展大有裨益。会展业具有效益高、联动性强等特点,正是该特点为会展行业推动城市经济的发展奠定了基础。

会展业的发展不仅是展览、大型会议的发展,而是在这些具体活动的背后同时带动着城市多条产业链的发展,如旅游、酒店等一系列食、行、住、游、购、娱等服务型第三产业。所以,会展业的良好发展,必将带动城市重要经济产业的有效发展。同时,会展业的凝聚能力很强,具有较高的投入产出比,除了可以催化会展活动的主题产业及相关产业在举办城市的创新发展,还能大大增强会展活动举办城市的相关经济功能。

2.会展活动与城市人居环境紧密结合

一个城市的基础设施和环境建设达到了一定水平,会展业才具有兴起和发展的可能性,否则这个城市就不具备会展活动举办的基本条件,无法承载会展活动所带来的巨大人流量,也无法满足会展主体的生产需求和消费需求。反过来,一个城市的会展业不断发展,城市居民的日常人居环境也同样会被其带动而不断完善。可以说,会展业与城市人居环境是紧密结合、互相影响的。

会展业的兴起和发展将推动一个城市在原有基础上进一步地发展和提升。会展业发展离不开便利的交通条件和城市基础设施,因此,每次举办大型会展活动之前,为了达到给观众与参展商提供更好的服务,打响会展品牌,吸引资金等目的,政府相关部门及主办单位必定会加大投入,增建和改造场馆、酒店等相关设施。同时,也会对城市街道、商业区、公共区域及其他基础设施进行修缮,完善城市特色街区的建设。另外,会展业的发展要求拥有良好稳定的社会环境、绿色健康的生态环境,因而,会展业发展的同时,无形中对城市的社会环境和生态环境的改善起到了推进和监督作用。

3.会展活动与城市文化相辅相成

一个城市的特色文化也会成为该城市会展业的特色卖点。城市所独具特色的风土人情常常为会展业的主题奠定基调,同时也增强了对会展观众及参展商的吸引力。以重庆市为例,它是巴渝文化的发源地,近年来,有关巴渝文化传承的会展活动也成了重庆会展的重要组成部分。重庆也被人们称为江州,嘉陵江和扬子江两江在朝天门汇合,重庆人民生于江边、长于江边,日常的生活更是与两条江水密切相关,重庆人民对这两条江有着深厚的情感。重庆是最早在中国内陆兴起发展的贸易港口,现在仍然可以听到独特的口哨。重庆的山、水、桥、码头为重庆的会展活动吸引了一大批业余观众与游客。

会展活动的举办,也是城市文化变革与传播的手段与途径。会展业的发展,吸引了大量的外地或者国外的专业人士和游客。在不断交流的过程中,来自城市之外的优秀文化会融入本地文化中,一个城市的文化就会变得更符合现代需求,更加完善。同时,在会展活动举办期间,观众和参展商不仅参加会展相关活动,也因停留在城市中的食宿、交通、旅游、购物、娱乐等活动,感受到不一样的城市文化,在他们去往其他城市参加活动时,无形之中会对比不同城市的文化,大大拓展了该城市文化的传播范围,使该城市的文化走向更广阔的天地。

简言之,城市文化有助于打造该城市的特色会展品牌,而会展活动的举办能够有效推进城市文化的建设与宣传工作。

三、常规会展活动影响城市形象案例分析

1.重庆亚太市长峰会概况

2005年10月14日,第五届亚太城市市长峰会在重庆国际会议展览中心举行,会期持续12天。第十届全国人大常委会副委员长许嘉璐、菲律宾前总统菲德尔·拉莫斯、新西兰前总理珍妮·希普利、澳大利亚前副总理蒂姆·费舍尔和世界银行副行长凯茜·莎拉出席了开幕式。会议期间,数量众多的经济贸易论坛和专题讨论也在同步进行中。峰会参与者主要是来自41个国家和地区的124座城市、9个大型国际机构及国内各地的代表,还有各国驻中国领事馆成员及各大驻华发展企业的中高层管理人员,会议最后通过了《重庆宣言》。

2. 峰会的现场展示了重庆城市经济新姿态

峰会期间，有国内外 130 家媒体的 528 名记者参与采访报道。一时间，全球各地媒体的目光都聚焦在了中国重庆，相关报道更是不断登上各国报纸、电视的头条。在媒体的影响下，重庆这座位于中国西南地区最年轻、全国占地面积最广的直辖市，以一种势不可当的经济发展姿态进入了人们的视野，同时也让更多的企业将视线投向重庆这座隐藏着无限潜力的城市。峰会举行期间及峰会结束后，重庆吸引了一大批外资企业进驻。

3. 峰会的筹备塑造了重庆基础设施新面貌

为了峰会顺利地进行，重庆市专门新建了重庆南岸区国际会展中心，完善了城市内外道路及其他相关基础设施的建设，并且加强环境保护工作，改善环境质量，将以往的"雾都"渐渐变成一座真正山水秀丽的城市。重庆这座直辖市开始以一种从未有过的全新面貌迎接远道而来的客人们。

在当时的居民看来，本次会议的召开具有一定奢侈感。重庆市政府投入约 70 亿元的地方费用建造"峰会项目"，其中 136 900 万元用来建造首脑会议主会场，32 亿元用来解决公共出行及交通难题。本次峰会总共有 56 个建设项目，其中 17 个均为城市交通建设，占据峰会投资总额的 46%，由此可见峰会的举办对重庆市交通建设影响之巨大。另外，还有一项开支曾引起社会各界的广泛争议。为了迎接这次峰会，重庆将花费 15 000 万元在主要城区的主要道路两侧粉刷所有的旧建筑、破旧房屋和街头商店。在与网友的公开对话中，重庆市市长王鸿举表示，"这绝对不是任何形式的面子工程"。2004 年，重庆市财政收入共计 300 亿元，70 亿元的会议用款占据总财政收入的 1/4。但从财政拨款上看，由重庆市财政直接投资的金额仅为 20 亿元，其余的 50 亿元主要是由重庆市政府联合重庆市投资公司等通过市场运作方式进行筹集的。不得不说，因为该峰会的召开，重庆市整体的市容市貌、街道环境、基础设施建设、社会治安、居民日常居住环境皆得到了明显的改善。

4. 峰会的举办带来了重庆文化建设新机遇

要想让一个城市迅速地被大众了解，最直接的方式便是举办一场盛会或大型活动，如奥运会、世博会等。2008 年的北京奥运会为北京带来的不仅是经济的带动，更重要的是也让全世界的人们更加了解了专属于北京的文化。第五届亚太城市市长峰会，让曾经知道重庆却不了解重庆的人们知道了专属于重庆的美食、专属于重庆人们的热情与直爽、专属于重庆的风景名胜。峰会召开时，重庆还利用 126 900 万元基金建设了 8 个新的文化设施，实施了各项生态环境工程，开展文化遗产保护工作。另外还有 12 000 万元用于景观建设，在维护和传承重庆历史文化面进行了相当大的投资建设。最终从整体上提升了重庆的城市文化品位。

第二节　会展活动与不同类型城市的形象塑造

城市形象作为一个城市的整体印象与综合评价，可以是城市悠久的历史文化沉淀的结果，也可以是城市发展成果的外在表现，还可以是社会大众对于一座城市的空间印象。这些城市在人们心目中已经具有了一定的城市形象，恰当的会展活动的设计与运营，不仅能够巩固已有的城市形象，还能为城市形象锦上添花，扩大城市的知名度。

一、会展活动与自然资源根基的城市形象塑造

大多数城市都因为独特的区位特点和自然因素而拥有别具一格的自然资源，而这些自然资源往往成为一个城市的形象代表，如泉城济南、冰雪之城哈尔滨、春城昆明、牡丹之乡菏泽等。

1.济南的泉水资源与泉城形象

济南因泉而生，因泉而兴，是著名的历史文化名城。济南群泉喷涌、城水相依，最开始的城市形象的建立便与泉水息息相关。济南南依泰山余脉，南部山区石灰岩地貌广布，埋藏和运动于地下岩层孔隙中的地下水十分丰富，因地势南高北低而向北流淌形成潜流。济南市区北部为岩质坚硬的闪长岩，潜流的地下水到此受阻，大量汇聚，在水平运动强大压力下变为垂直向上运动，大量地下水穿过岩溶裂隙喷涌而出，形成千姿百态、形态各异的天然涌泉，因此形成了著名的济南泉群，包括久负盛名的趵突泉泉群、黑虎泉泉群、五龙潭泉群、珍珠泉泉群、白泉泉群、百脉泉泉群、玉河泉泉群、涌泉泉群、袈裟泉泉群及平阴的洪范池泉群等十大泉群。济南被称为天然岩溶泉水博物馆。济南城内百泉争涌，有七十二名泉之说，流传甚广。济南老城的泉水分布最为密集，包括了十大泉群中的四个，密布着大大小小几百处天然甘泉，汇流成的护城河流淌到大明湖，与周围的千佛山、鹊山、华山等构成了独特的风光，使济南成为少有的集"山、泉、湖、河、城"于一体的城市，自古就有"家家泉水，户户垂柳""四面荷花三面柳，一城山色半城湖"的美誉，这也是对济南这座城市风貌的生动写照。

2.会展活动与济南泉城形象的关联

（1）济南国际泉水节。泉水文化节是济南塑造泉城形象的重要会展活动之一。2013年8月下旬至9月上旬，济南举办了首届泉水文化节。该节庆活动由济南市人民政府、山东省旅游局主办，济南日报报业集团和济南广播电视台联合承办。首届济南泉水节以"办成人民的节日"为宗旨，将主题口号定为"我们的泉水节"。泉城人民历来有爱泉、赏泉、弘扬泉水文化的传统，举办泉水节庆活动，是所有泉城人的共同期望。济南泉水节的标志采用传统水纹组合而成草书"泉"字；三个相互交融的旋涡状图案代表天、地、人三者之间的和谐统一；类似手印纹的标志代表济南人的纯朴和诚信，充满人文色彩；水墨效果彰显泉城文化气质之美；颜色上运用蓝、绿、红，分别代表泉城的蓝天、绿柳和荷花。标志整体立意独特，形式上富有延展性，深刻传达了美丽泉城的文化内涵。

济南泉水节主题活动多达几十项，涵盖了"吃住行游购娱"等各个方面，大体分为文化艺术类、比赛评选类、休闲娱乐类、饮食健康类等。主办机构一直不断创新泉水节活动项目和内容，保障泉水节的生机。2020年9月上旬举办的济南国际泉水节，以"凝聚泉水力量，弘扬黄河文化"为主题，举办14项主要活动、7项分会场活动、2项预热活动（2020新青年音乐市集狂欢和泼水节）。主要活动包括启动仪式·敬泉盛典、花车巡游、泉水文化生态产业高峰论坛、泉水音乐节（群艺大舞台）、济南·黄河少年行、2020济南泉·城文化景观学术研讨会、第五届中国鲁菜美食文化节、第七届济南国际定向寻泉赛、"泉水盛宴"系列活动（"泉城夜宴"主题专线、夜游图鉴、泉水运动会、"文旅夜泉城 奥体新市集""曲水流觞"研学游）、"民谣济南"征集及路演"泉水之歌""泉动我心"泉水节随手拍、咏七十二名泉书法作品展、泉民涌动·环湖悦跑、济南市第十届全民健身运动会开幕式暨泉水节龙舟赛。此外，分会场活动是本届泉水节的一大亮点。节庆活动期间，市中区、历城区、长清区、章丘区、莱芜区、平阴县、高新区七个分会场同步举办活动，内容涉及文化、旅游、娱乐、运动、美食、文创、公益等多个方面。形式多样，特色鲜明，体验感强，适应性广，为广大市民游客广泛参与泉水节提供了更多的可能性和便捷性，实现了全城联动、全民同庆、万众欢腾的效果。

济南泉水节不仅强调市民的参与性、主动性和创造性，还积极发挥省会城市群经济圈的核心地位和作为全国区域性中心城市的枢纽作用，借助济南良好的区位优势，面向全省乃至全国树立品牌，迎接广大人民群众到泉城济南观光旅游、休闲娱乐，共同感受泉水带来的快乐。

（2）济南平阴泉水文化旅游节。济南平阴洪范池镇于2017年7月开始举办首届泉水文化旅游节。平阴位于泉城济南西南端60千米处，其自然风景优美，特色资源丰富，不仅是著名的"中国玫瑰之都"、阿胶原产地，而且泉水资源也非常丰富。境内的洪范池镇因泉而名，因泉而灵，有"九泉二山一阁老"的自然景观和人文景观。镇域内大大小小的泉水36处，其中四处泉水列入济南72名泉，被誉为"齐鲁泉乡"。九大泉群汇集成的狼溪河绵延20多千米，将以大寨山和云翠山为代表的群山环抱，山体森林覆盖率高，号称"天然氧吧"。古村落星罗棋布，孝文化、佛教文化、道教文化等历史遗迹较多。千百年来，这里的人们依泉而生、伴泉而居，与泉水结下了不解之缘。

2019年第三届泉水文化节以镇驻地和狼溪河沿岸为主会场，以丁泉村、白雁泉村、南崖村为辅，策划了清凉系列、甘甜系列、乡情乡愁系列、运动系列活动。清凉系列主要是捞凉面、冰啤酒、凉西瓜、摸泉鱼、戏泉水等；甘甜系列主要是到各村果园里体验采摘乐趣，品尝各种甘甜水果；乡情乡愁系列是到古村欣赏古村美景、访古村老人、体验浓浓的乡村味道；体育健身系列是体验垂钓、划船、健步走、登山等活动。全福农庄大舞台安排了传统婚俗表演和济南市知名剧团奉上的精彩的戏曲演出。

平阴依托泉水资源，将自然优势、生态优势变为产业优势、经济优势、发展优势，成功举办了多届洪范池镇泉水文化旅游节，实现了从单一产业到三产融合的创新发展。以泉水文化旅游节为契机，多元化发展水果种植，从苹果、大樱桃、寿桃向奇异果、新月梨、冬梨、软籽石榴等附加值相对高端水果发展，形成了春摘樱桃、夏摘桃、秋摘苹果、冬摘梨，四季有果、三季有绿的别样美景。丰富的旅游产品，特有的文化内涵，美丽的田园风光让游客获得了不虚此行、收获满满的幸福感。通过举办泉水旅游文化节，平阴的名气越来越大，也带火了洪范的全域旅游。

（3）东荷西柳奥体馆。节事活动场馆的外观造型强化了城市形象。山东济南奥体中心位于济南东部新城，总占地面积81公顷[1]，总建筑面积约35万平方米，包括一场三馆，是中华人民共和国第十一届运动会主赛场。"东荷西柳"是对济南奥体中心总体布局的形象描绘，分别取自济南的市花和市树，荷花和柳树与泉水景观相生相合。济南因泉而名，素有"家家泉水，户户垂杨"之美誉，因而荷花和柳树后来被选为市花和市树。这也是济南泉水文化的体现。

济南奥体中心的建设结合地形地势，分为东西两区。西区布置体育场，东区布置体育馆、游泳馆、网球馆。东区的场馆布局以圆形体育馆为中心，游泳馆、网球馆对称地

---

[1] 1公顷=10 000平方米，下同。

环抱体育馆，从而与西场区的体育场实现了空间及体量上的双轴对称，构成了"一场三馆"的建筑格局。东区占地大概31公顷，主要设计理念以济南的"市花"荷花为母题，塑造了荷花的视觉形象。体育馆在外观上由大小各36片荷花瓣围合而成，像绽放的荷花。体育馆的两侧分别是游泳馆和网球中心，半圆形的外观，像两片荷叶正托起中心位置的荷花。西区主要是体育场，占地面积为6.6公顷，地上5层，局部6层，建筑面积为13.1万平方米，有60 000座席。主要设计理念以济南的"市树"柳树为母题，塑造了柳叶的视觉形象。体育场将垂柳柔美飘逸的形态固化为建筑语言，以柳叶为母题的结构单元，页面向内折合，成组序列布置，韵律中富有变化。

场馆后期运营活动直接或间接地强化济南泉城形象。在济南奥体中心设计之初，设计方就结合北京奥运场馆的情况，充分考虑到了赛后利用等多种因素，重视赛后运营的灵活性，通过场馆后续维护及赛后运营，成为高品位服务大众的体育文化休闲商业中心，也成了济南市新的形象标志。在体育赛事及大型活动、体育健身及体育装备、餐饮购物及商务会展、体育旅游等方面实现多元经营、多元化发展。因此，大量的节事活动参与者、旅游者通过与场馆的接触，加深了泉城印象。

3.会展活动强化济南"泉城"城市形象的措施

通过展馆建设稳固泉城形象。济南目前主要有三大会展场馆。除了济南国际会展中心，另外两个场馆的设计都力求突出泉城的城市形象。济南舜耕国际会展中心建筑以突出济南山水自然风貌特色为设计理念，突出了顺应山体轮廓线的建筑造型和展现流水动感的景观设计。济南西部国际会展中心整体建筑设计理念围绕泉水展开，体现出泉水灵动的特点，展馆建筑里面和南北向5个展馆的大厅屋面体现了船航行于河上的流动感。但是，与泉城特色、济南独有的历史文化内涵的结合仍不够充分。通过展馆建设来稳固泉城形象，除了建筑外观设计独特，还应该加强展馆周围场所和设施的泉文化主题设计创新，如展馆附近道路的命名上体现泉文化、展馆内饰图案中绘制泉水形象及济南泉水故事、展馆外部造型引用泉水造型，在会展中心建设泉文化展览馆和泉文化艺术街，多方位、多角度使展馆与泉文化相结合，使"泉城"形象深入济南的每一个角落及每一处细节。

举办"济南泉文化博览会"。文化产业博览会从属于文化会展，是当前文化产业迅速发展的活动形式之一，其主要展品为文化产品。"深圳国际文化产业博览会"是我国第一个全国性的综合性文化产业博览会，截至2020年3月已经举办了15届。山东省举办了文化产业博览会，2019年"第八届山东文化创意产业博览交易会"展区之一的百花洲景区位于济南市天下第一泉风景区内，有中国首家家风博物馆泉水人家民俗馆、泉水豆腐博物馆等景点，大力宣传了济南泉城特色。文化产业博览会作为城市提升经济软实力、打造一流文化形象的重要方式，本身也可以说是典型的城市文化名片，济南也可以通过举办泉文化博览会的形式来宣传济南的"泉城"城市形象。"济南泉文化博览会"作为带有地区特色文化性的活动，主题应紧扣泉城文化，向各国和地区的参会人员和观众展示泉城的经济发展与文化底蕴，扩大济南城市的影响力，多方面展示济南的泉城形象和文化，从而推动济南文化软实力的建设。同时可以展现济南的泉城文化定位，提升城市的文化层次，展示富有生机的泉文化形象。为泉城文化创意产业搭建平台，促进各方的沟通与交流，推进济南泉城品牌形象传播，提高泉城城市知名度。

参展设计中渗透泉城元素。在相关会展活动中，展厅设计突出泉城特色，以"文化济南、天下泉城"为主题，可与科技、文化、旅游等产业结合，也可通过项目、园区、非遗等形式进行展示，力求彰显美丽泉城的深厚文化底蕴和新的发展活力。展区背景可选择泉水相关内容为设计元素，充分展示并强化济南"泉城"的城市形象。

灵活利用会展活动，推介创新城市宣传形式。会展目的地推介会、客户答谢会上播放城市宣传片已是一种行业习惯，也是城市形象宣传工作中最常见的推广方式。但是，模式化的宣传形式及内容很难给观看过无数城市宣传片的会展活动参与者留下深刻印象。海口在会展目的地推介会上播放了微电影《约会海口》，给人一种清新的感觉。所以，创新宣传形式势在必行。首先，选择富有人情味的传播方式，单调、呆板、重复的推介方式使人心生疲惫甚至厌烦。其次，要从单向宣传变为互动和体验，增强受众对该城市的了解和信任。再次，重视精准传播。不仅是会议、展览、奖励旅游这几个不同类别活动的组织者、参与者对于城市有着不同的诉求，即便是相同类型的会展活动，活动个体间的差异也很大。忽略受众需求特点的推广方式在实践中不会有很好的效果。而且，由于不同类型受众群体获取信息的通道是有差异的，所以推广信息的传播方式也需要多样化。目前常见的推广方式主要有推介会及客户答谢会、路演活动、行业大会及展览会、考察活动、微信公众号、城市官网等，仅靠这些渠道已很难满足城市形象传播的基本需要。城市形象宣传也要追求科技化和时尚潮流，及时加入微视频、微电影等形式新颖的传播手段，还需要了解不同受众群体的传播渠道选择偏好，以提出更加有针对性的营销解决方案。最后，从单层次传播变为多层次传播。单层次的传播方式信息很快就停止了，传播效果不佳。要想传播信息被分享、再分享，需要提高传播内容的价值，不要大而全的内容，特色突出具体实用才是受众的诉求，同时要创造再分享的便捷方式和通道，最终在传播方面取得突破。

推行泉城智慧游，加深会展参与者的泉城印象。智慧旅游是借助云计算、物联网等新技术，通过互联网和方便快捷的上网终端，主动感知旅游资源、旅游市场、旅游活动、旅游咨询等方面的信息，并及时发布，让人们能够及时了解这些信息，及时安排和调整工作与旅游计划，从而达到对各类旅游和会展活动信息的智能感知、方便利用的效果。通过推行新型泉城智慧游来塑造济南泉城形象，首先，济南应该学习"国家智慧旅游试点城市"的一些做法，并将其融入会展活动，如总体规划应涵盖旅游业的饮食、住宿、出行、游览、购物、娱乐的产业链和会展活动信息中所有涉及的行业企业，并以景区、展览馆、旅行社为核心加强规划，在游客出行中加入会展活动信息，并通过济南智慧游 App 软件获取信息及个人爱好习惯，以达到推送符合游客爱好习惯的内容，以此提高济南旅游服务水平与管理技术，提升游客满意度。其次，济南泉城智慧游通过大力发展"济南智慧游"，可以全新的面貌展现在游客和展览商面前，如游客在到达济南之前，可以通过线上多种 App 来查询旅游攻略、会展活动信息、小吃美食、知名民俗、主要交通、旅游景点等一条龙式服务，也可通过小红书、知乎、贴吧、抖音等平台获得"全新精准"的济南旅游和会展活动信息推送，还可以下载飞猪、途牛、去哪儿、携程等在线旅游软件或者电商淘宝、拼多多、阿里巴巴、唯品会等平台完成交通、住宿、票据、餐饮、美容等旅游电子商务交易。也可以让旅客分享旅游感受经验、购买特色旅游会展活动产品，使会展活动作为宣传济南泉城旅游形象的一个亮点。而对于参展商和会展活动参与者而言，泉城智慧游可以在展商展销产品的同时，增加旅游的乐趣、游览"智慧景区"、参加"智慧展会"全面享受"智慧游"服务，感受泉城的美丽景色，更好地塑造济南泉城的城市形象，使济南不只是一个展览地。结合会展发展"智慧旅游"的方法和举措，可以成为发展济南经济、旅游业和会展业新的开拓点。济南应紧跟科技发展的步伐，通过与新兴产业会展活动和新兴科技智慧交通的结合来宣传和稳固"泉城"形象。

二、会展活动与文化资源泉源的城市形象塑造

一方水土养一方人，每一个城市都因为其独特的区位条件和自然要素而拥有别具一格的文化资源。这些文化资源往往成为一个城市的主要形象要素，如园林城市苏州、历史古都西安、瓷都景德镇等。火锅是我国传统的饮食方式之一，而重庆火锅作为重庆饮食文化的突出代表，近 20 年来一直被视为重庆城市形象的美食名片。

1. 重庆火锅美食文化及会展活动

重庆火锅起源于长江、嘉陵江边，是船工纤夫的粗放饮食方式，原料主要是牛毛肚、鸭肠、牛血旺等，因此重庆火锅又被称为毛肚火锅或麻辣火锅。随着时代的发展，

吃火锅的形式几经转变，由最初在船头和码头围着锅灶席地而坐到挑着担子走街串巷围炉而坐，最后步入城市街巷开堂设店。根据当地曲艺作品的内容可知，19世纪三四十年代，重庆城内已经出现了不少火锅店，其中毛肚火锅十分兴盛。随着社会生活的好转，19世纪80年代重庆火锅再次兴起，店堂如雨后春笋般地出现，也以迅猛发展的势态在全国普及开来。2009年重庆市已有火锅店5万多家，占到全市餐饮网点的62.2%；火锅餐饮年营业额达到130亿元，从业人员为43万人；全市有10间火锅企业获得中国驰名商标和著名商标，有13家火锅企业进入全国餐饮百强。跨越了地域和阶层，重庆火锅成了人们的普遍喜好。

重庆火锅之所以备受民众宠爱，除了味美实惠和用料讲究，另外一个重要的原因就是用餐氛围和谐。吃火锅的形式充分展现出了火锅与重庆民俗的关系。火锅符合重庆人热情、豪放、直爽和喜好群聚的民风。重庆火锅为人们提供了小范围、长时间的一种特殊的交流方式，蕴含着热闹、平等、和谐，这正是它最主要的魅力所在，也是巴渝饮食文化的体现。所以，火锅反映出了典型的重庆民风，与重庆热烈、豪放的城市性格相通。它从内涵上较具吸引力，在外延上较具感染力。❶20世纪90年代初重庆市就成立了火锅文化研究所，推出了《重庆火锅》《火锅姑娘》等火锅题材的文艺作品。2001年，重庆成立火锅协会。2014年，重庆火锅正式申请国家级非物质文化遗产保护。2016年重庆火锅因其文化含量、知名度、美誉度、代表性、独特性、地域性、时代性等典型特征当选为重庆十大文化符号之首。

重庆火锅具有悠久的历史、浓厚的文化意蕴，火锅相关的会展活动也丰富多样。1997年重庆曾举办火锅文化节。1999年重庆首届美食文化节期间开展了名优火锅店评比活动。2002年，在第三届中国美食节上，重庆的"巴渝火锅大宴"和"一家亲火锅宴"被认定为"中国名宴"。2004年10月，首届中国重庆火锅美食文化节与"第五届中国美食节"同时开幕。节庆活动的参加人员包括了美国、德国、日本、韩国等20个国家和地区及11个国际行业组织的代表137人，有来自北京、天津、四川、内蒙古等20多个省市自治区的近80家餐饮企业。节庆活动内容异彩纷呈，开幕式上策划了"相聚在火锅之都"大型文艺演出，以歌舞和魔术的形式展示出重庆火锅辣乎乎的特色，述说火锅的历史和文化。"万人品尝重庆火锅"活动于2004年10月16日点火，68家企业摆放了800多张餐桌的"火锅长龙"，轰动了国际餐饮市场。第二届中国重庆火锅美食文化节于2006年10月举办，共有30万人参加，其中约有10万人品尝了正宗的重庆火

---

❶ 邓晓."重庆火锅"与重庆的城市文化[J].重庆社会科学，2009（6）：94-98.

锅，当晚的营业额高达240余万元。2007年第三届中国重庆火锅美食文化节开幕式上，中国烹饪协会正式命名重庆为"中国火锅之都"。"浓情似火香两江文艺晚会"充满了浓郁的重庆地方特色。为时3天的"万人火锅宴"，到场的市民、糖酒会客商高达143万人次，总销售收入达1140万元。三次火锅节，短短4年时间，从万人、十万人到百万人参与，从800桌、1000桌到赢得"火锅之都"的称号，火锅终于成了这座城市一张响亮的名片。

2016年，第八届火锅美食节举办重庆火锅传承人仪式、中国火锅产业高峰论坛、重庆火锅文化长廊、全网火锅节等活动，人气火爆。共集结60余家火锅品牌、300余家火锅食材商家及近1000名中国火锅产业链商家、美食专家、文化学者、火锅从业人员参与，累计实现交易额超3.2亿元，其中线下交易额达2.74亿元，线上销售额达4800余万元。第八届火锅文化节升级，呈现出较大的展区，更多的参展商，更多的火锅品牌，在中国创造最大的火锅业行业盛会。

持续举办的重庆火锅美食文化节被评选为全国优秀节庆活动，是国内火锅行业的最具有代表性的专业品牌节日。

2018年，中国火锅出品大荟萃暨火锅名宴展、中国火锅产业创新发展论坛、第四届全国火锅调味师大赛、火锅食材新技术交流论坛、火锅与食材对接会、火锅名企采购招标会、火锅连锁加盟分享会。

2.火锅美食节的影响

火锅美食节的举办产生了一系列行业连锁效应，对重庆经济影响较大。随着时代的发展，人们对于饮食的要求不再局限于数量足够吃饱的基本需求，而是更加讲究食物的味道、美观、特色，更加看重饮食方式的人文意蕴。每一个地区的食物供应也不再只局限于本地，全国各地的特色美食不断地融合交流。重庆火锅美食节的举办让更多的人了解了火锅这一重庆特色美食，也于意料之中带来了一系列火锅行业连锁经济效益。火锅美食节打造火锅产业的一站式服务体系，集"产品采购、品牌展示、特许加盟、品牌营运、品牌推广"于一体，给所有参展观众及企业带来便捷服务，推动火锅产业的所有企业共同发展。据统计，第八届火锅节举办期间达成的线下交易额平均可达2.74亿元。其中，67个知名火锅品牌企业平均准备火锅1280桌，4天共接待22万余人次就餐，累计销售金额1472万元，而毛肚、鸭肠等一直是大众最喜欢的火锅菜，消费量分别达到八九吨；成功签订供应协议书318份，共涉及67个参展品牌和300家火锅食品供应商、设备制造商，合同金额为13 800万元；上述品牌火锅企业在火锅节举办期间签署了378份特许经营协议书，合同金额达9828万元。火锅美食节为重庆的美食行业带来了巨大的收益，火锅业的发展也带动了重庆餐饮业的进步。

缤纷的火锅节活动大大丰富了重庆城市的文化内容，推进了城市文化的建设。每一届火锅节都策划了多彩的文化活动，以重庆国际火锅文化节等活动为载体，开展万人品尝火锅，火锅企业形象展、火锅主题宴、火锅文化论坛、火锅文化展。2020年第十二届中国（重庆）火锅美食文节暨国际食材博览会，获得吉尼斯世界纪录的"万人火锅宴"受到国内外参会者的瞩目，也是市民们最爱的火锅节亮点。参会者和广大市民纷纷融入"潮辣音乐节"，约朋友边吃火锅边听歌，浓浓的节日气氛浸染着每个人。"火锅文创展"为喜欢创新的文艺青年打造了一个特有的集市。还有"开幕式""百名红人 & 火锅老板直播带货""巴渝工匠杯"重庆火锅调味师技能大赛、"火锅直播培训讲堂"等精彩活动。

火锅美食节促进了重庆城市形象的推广。火锅已经成为重庆人的骄傲，成为重庆城市的象征。好多人说"没吃火锅，便不算到过重庆"。在2007年第三届中国（重庆）火锅美食文化节上，重庆被授予"中国火锅之都"的称号，成为世界最大的火锅宴会，创吉尼斯世界纪录。重庆火锅以其餐饮规模之大、就餐人数之众、层次之丰富、种类之齐全、民俗风情之浓烈、文化积淀之深厚而著称于世。2016年，火锅节与百度糯米联合打造全网火锅节，成效显著。为期23天的线上活动期间，共有537个火锅门店参加，总计销售额达4800余万元，网络曝光频次超过5000万次。随着火锅和火锅节在国内外产生的影响力不断增加，火锅节已经成为一个全行业关注的年度盛事，同时又是广大重庆市民踊跃参与的重大的城市节日。

重庆火锅节经常与国际性和全国性相关节庆同时举办，彼此借力，增加了吸引力和影响力。随着近些年火锅美食节的不断发展，火锅成为外地游客前往重庆的重要吸引力。人们来到重庆参加火锅美食节，享受一场场饕餮的火锅美食文化盛宴的同时，火锅作为一张重庆名片也走向了世界。

在我国，饮食方式能对一座城市的文化产生如此深刻影响的，非重庆火锅莫属。重庆火锅作为重庆地方特色饮食的代表，有着深厚的历史底蕴和文化内涵，展示出来的大众文化价值中渗透着浓重的地方民俗，它随着近代川江航运业的繁荣而兴起，以其特有的美味和蕴含的文化底气从码头迅速地步入了都市的核心。火锅节的内容逐年推陈出新，捧红了火锅，也深化了重庆的饮食文化，持续增强着重庆火锅的生命力，更为重庆增添了无尽的城市魅力，使重庆的城市形象深入人心。

三、会展活动与现代会展城市形象塑造

会展已经成为提升城市整体形象和知名度的有效途径。许多城市,如德国的汉诺威、法国的戛纳、瑞士的日内瓦等,都依托会展活动构筑起国际知名度,这些会展城市都具有相对完善的公共设施、丰富多彩的休闲娱乐项目、良好的社会治安、高素质的市民及独特的民族文化。当前,城市举办国际性会展的数量和规模已经成为衡量一个城市能不能跻身国际知名城市行列的重要标准之一。虽然不是所有城市都以国际名城为发展目标,也不是所有城市都必须选择借助会展活动这一路径来塑造城市形象,但会展活动能够成功塑造会展相关的新型城市形象已是不争的事实。

截至目前,国内也有很多城市借助会展活动成功地塑造了特有的城市形象,主要归结为三类:以会展活动塑造全新会展名城、以会展活动塑造新兴行业名城、以会展活动塑造特色优势名城。这些城市凭借已有的各项优势和会展活动举办的良好机遇,一举成为形象鲜明的特色城市。本节分别结合典型案例做了如下分析。

1.以会展活动塑造全新会展名城——博鳌会展新秀

曾经名不见经传的海南省琼海市东部的小镇博鳌,因为经济论坛而一跃成为世界著名会展城市,可以说这是会展创造的一个城市发展奇迹。

博鳌亚洲论坛由中国、韩国、日本、澳大利亚等29个成员共同发起,于2001年2月在海南省琼海市博鳌镇正式宣布成立。该论坛是一个非官方、非营利性、定期、定址的国际组织,海南博鳌为论坛总部的永久所在地,每年定期在海南博鳌举行年会。它为政府、企业及专家学者等提供了一个共商经济、社会、环境及其他相关问题的高层对话平台,论坛组织专门讨论亚洲事务,增进了亚洲各国之间、亚洲各国与世界其他地区之间的交流与合作,为亚洲和世界发展凝聚了正能量。博鳌亚洲论坛的规模和影响不断扩大,为凝聚各方共识、深化区域合作、促进共同发展、解决亚洲和全球问题发挥了独特作用,成为连接中国和世界的重要桥梁,也成为兼具亚洲特色和全球影响的国际交流平台。

博鳌镇位于海南省琼海市,因为被定为博鳌亚洲论坛永久的会址而闻名于世。"博鳌"的含义是鱼类丰(多)硕(大),这里有"一口饮三江"之说,万泉河、九曲江、龙滚河从这里汇流入南海,奔向太平洋。博鳌镇受到论坛组织的青睐,原因在于其拥有诸多资源和优势。首先,自然地理环境及旅游资源的优势。三四月份,美丽的海南气候适宜,环境清幽舒适。博鳌镇的玉带滩是分割海、河最狭窄的沙滩半岛,并于1996年列入吉尼斯之最纪录。像一座古城堡的蔡家宅是侨乡第一宅,被列为全国重点文物保护单位,具有古色古香的民族特色,饱含浓郁的南洋风格;还有被誉为"万里海疆第

一塔"的博鳌禅寺，站在塔上，世界上最奇特的八大地理地貌，江、河、湖、海、山、岭、泉、岛屿尽收眼底。其次，海南是中国最大的经济特区，也是中国深化与国际社会联系的实验区，这一先天优势适合讨论经济问题。而且海南省以建设生态省为目标，生态产业也是亚洲和国际社会所看重的领域，符合世界经济发展潮流。最后，政府重视，会展设施配套完善。1999年10月，中国国家领导人在会见论坛发起人时表示，将为论坛的创建提供支持与合作；海南省政府也为论坛的创建提供多方面支持，并承诺继续为论坛的创建和运作提供高效、优质的服务。博鳌镇配套建设了齐全而又智能化的会议设施，包括动静相宜的高尔夫球场、各种交通车型、游艇、酒店等。仅高端酒店就汇集了2家五星级酒店、3家四星级酒店、2家三星级酒店，其中的索菲特酒店更是特别为论坛及其他高级别会议而建设的具有世界水准的会议度假酒店，共有437间客房，中西、亚洲美食及休闲度假设施一应俱全。海南博鳌已经成为一个专门为论坛设计的集生态、休闲、旅游、智能和会展服务于一体的综合功能区。

论坛可以说是博鳌发展的引擎，使其经济飞速发展。首先，众多项目落户博鳌，短短几年内，游艇码头、生态旅游村、海洋馆、煤气管道加气站、文化公园等17个项目相继落户，价值合计金额高达2.9亿元。其次，旅游、旅馆、饮食、租赁等产业迅速发展，田园风与国际范儿交融的博鳌，每年接待300万游客，旅游业异常繁荣。再次，海南通过博鳌亚洲论坛被世界更多的地方所认知。博鳌亚洲论坛是具有世界影响力的人物云集的会议，与会嘉宾和代表也几乎全都是跨国企业管理者、工商界领袖、知名的学者、富有影响力的媒体人、参与最新经济政策探索和决策的政府官员等，他们共同在海南面前打开了一扇通向世界前沿的窗口。最后，论坛凸显了对海南全省的辐射效应。仅通过论坛这一平台策划海南的主题活动有70多场，包括中国—东盟省市长对话会、21世纪海上丝绸之路岛屿经济分论坛、华商领袖与智库圆桌会议、南海合作分论坛等，打造了一系列参与"一带一路"建设的对外交往平台，搭建起了海南与沿线国家和地区交流合作的新桥梁。另外，积极对外开展合作会展活动，主要有2013年在黑龙江省伊春市举行的以"生态文明与绿色发展"为主题的第三届东北亚论坛、在山东省即墨市（今青岛市即墨区）举行的博鳌亚洲论坛亚洲自贸协定论坛。2018年，博鳌亚洲论坛在北京宣布成立全球健康论坛，该论坛大会响应《阿斯塔纳宣言》及《联合国全民健康覆盖高级别政治宣言》，落实联合国2030可持续发展议程，推进《健康中国2030规划纲要》《健康中国行动（2019—2030年）》等行动方案，集聚全球意愿和共识，继续秉承促进全民健康、造福人类福祉的健康发展理念，追随共同命运、共同进步的世界发展潮流。

博鳌亚洲经济论坛勇于创新，迎合新技术时代的需求，不断制造博鳌宣传新亮点。

近年来,光影水秀、沉浸式展览等视觉技术层出不穷,引领着会展活动科技化。又逢博鳌亚洲论坛20周年之际,为展示、推介、宣传好博鳌亚洲论坛,讲好论坛故事,博鳌亚洲论坛主题公园加入了沉浸式全息投影展示项目,将带来又一波席卷中国的沉浸式观展热潮,给游客带来新的视觉震撼。其中的《Hi游海南》沉浸式地呈现了海南国际旅游消费中心建设愿景、海南岛优质生态资源,为游客展示了海南形象的亮丽名片;《博鳌亚洲论坛2001—2021》采用数据可视化表现,让游客一目了然,全程轻松感受论坛20年历史成就与影响力;《游客中心欢迎礼》是充满艺术气息的海南花海、海底、热带雨林、星空的沉浸式展览。

2. 以会展活动塑造新兴行业名城——乌镇互联网小镇

因小桥流水、白墙黛瓦诠释江南水乡神韵而有着"中国最后的枕水人家"美誉的乌镇,位于浙江省北部的桐乡,交通便捷,与上海、杭州和苏州距离百十千米。方圆67.22平方千米的小镇,建镇历史已有1300年,7000年的文明史源远流长,保存了一大批独具特色的明清时代江南水乡民居建筑,集众多荣誉于一身,如首批中国历史文化名镇,中国十大魅力名镇、全国环境优美乡镇、第二批国家5A级景区……这一方诗意盎然的水乡古镇,吸引了全国各地乃至世界各地的游客。2013年接待到乌镇游览的游客达到569.1万人次,2019年累计接待游客918.26万人次,净利润达8.07亿元。

乌镇凭借得天独厚的水乡风貌,灵活开发特色文化资源,旅游业发展异常繁荣,10年前就将发展目标确定为打造集古镇旅游、休闲养生、文化娱乐、商务会展等多种业态的国际旅游综合体。城镇定位不仅是"中国旅游第一大镇",同时还要建设"国际一流风情小城"。2010年成立了20平方千米规划区域面积的国际旅游区,后续开始全面实施"两区两化"(即镇区景区化、景区全域化),以"大旅游、大产业、大集聚、大提升"为理念,构建产业新格局。另外,乌镇以文化旅游产业作为经济转型升级和加速发展的突破口,以再造一个5A级标准文化主题景区为目标,启动了一系列文化旅游项目。比如,乌镇大剧院建成并成功举办首届戏剧节,木心美术馆对外开放,吴越文化创意园(乌镇)项目、中国艺术文化园等项目陆续启动,积极推动文化与旅游在更大范围、更广领域、更高层次上深度融合,借文化市场的优势进一步提升乌镇古镇的影响力及旅游市场地位。

承办大规模高层次的国际会议是乌镇提升城镇形象的高效路径。2013年11月19日,首届世界互联网大会在浙江乌镇举行。这一中国官方举办的高规格国际会议,盛况空前。来自近100个国家和地区的1000多位参会嘉宾,包含国内外政要、国际组织代表及高通、汤森路透集团、诺基亚、苹果、谷歌等著名企业的高管、网络精英、专家学者等,共同在全球互联网界的"乌镇峰会"上热议互联网相关议题。这是第一次由中国倡导并举办的世界互联网盛会,彰显了我国作为互联网大国的自信和底气。这是中国举办的规模最大、层次最高的互联网大会,也是世界互联网领域的一次高峰会议。大会以"互联互通、共享共治"为主题。外国嘉宾占比达一半。这样一个规模巨大的世界互联网大会还将永久落户乌镇,每年一届,持续举办。

精选的高精尖型会议主题产业,助力乌镇建成全球首个5G智慧小镇,塑造了高水平的城镇形象。2019年,乌镇5G、北斗导航、区块链……这些前沿科技在乌镇新鲜登场,大批智能化项目进驻大会。第六届世界互联网大会智慧化提升新闻吹风会上介绍,本届大会精选40家企业60余个互联网技术项目参与智慧化提升活动,力争做到全流程、全区域、全成员智慧化应用覆盖,将整个乌镇打造成展现互联网最新科技成果的全方位体验场。首先,大会推出和展示了大量新技术。例如,基于物体图像识别技术的智能无人货柜、AR远程试衣、人脸识别广告机、基于大数据的食材溯源系统等。会议还为5G、北斗导航、区块链等新兴技术开设展示专区。其次,网络新技术也创新应用于大会相关环节。智慧安保方面,大会AR智能识别防控平台采用了5G网络连接视频监控、无人船监控、巡逻机器人监控等,在固定区域内,可以智能识别、立体化防控、统一指挥调度。经过民航A级认证的毫米波人体成像安检系统首次在会议中心安检口试点应用,提升了过检的效率和准确性。本届大会首秀的5G远程驾驶和5G微公交,分担了从镇区到会场接驳任务,参会嘉宾可以抢先体验,参会公众也可预约乘车。再次,依托大会,太空舱、宇航服在乌镇航天科技体验馆展出,探索宇宙的航天技术也降临乌镇,中国长城工业集团有限公司与乌镇正共同建设航天北斗应用中心。它是集航天发展历程展示、卫星应用成果转化、产业交流对接、航天科普教育于一体的综合性平台。该中心还建设了航天科技体验馆。双方将共同推进"卫星+智慧"产业发展,通过航天北斗应用中心为浙江及长三角区域智慧农业、智慧城市、智慧物流、智慧医疗、智慧交通、应急保障等提供综合解决方案,共同推动应用项目示范和相关产业项目落户乌镇。大会为更多面向社会公众开放,引入一批趣味性、互动性较强的体验项目,集中在娱乐、体育等领域。最后,大会作为媒介,一批高新技术落地应用于乌镇百姓的生活中。例如,"5G+VR"警务巡逻,实时监控、调度、指挥各种突发状况,时延低至3毫秒。空地一体化消防防控体系可智能全方位地监控消防设备和重点消防场景,实施远程支撑调度,确保把险情化解在萌芽状态。5G远程医疗与人工智能应用的结合实践,促进了分级诊疗制度落地及智慧医疗建设。乌镇个别小区已开始配置智能分类垃圾桶、智能人脸识别单元门门禁系统、基于物联网的智能家电、5G高清机顶盒等设施。乌镇5G未来运营平台将实现小镇精细化治理及数字经济创新发展,为政府在城市运营方面积累有效经验。

不断创新相关活动,保持大会新鲜生命力,赋能乌镇持续发展。包括世界互联网大会组委会《携手构建网络空间命运共同体》概念文件发布会、世界互联网领先科技成果发布活动、重要成果文件《乌镇展望2019》发布会、"互联网之光"博览会等。特别是"直通乌镇"全球互联网大赛,作为世界互联网大会重要板块之一,是一项聚焦数字经济、贯穿全年的国际性赛事。该赛事通过探索互联网发展的新技术、新模式、新业态,搭建国内外互联网项目、技术、人才和资本合作的一个重要平台。大赛致力于推动全球互联网合作创新,激发互联网创业活力,集聚互联网青年人才,在全球范围内高质量推动互联网产业精准对接,为全球互联网共治共荣和数字经济的蓬勃发展贡献大会力量。大赛总决赛于每年的世界互联网大会期间举办,并通过组织投资界闭门会、互联网大咖见面会等活动,促进全球互联网各要素精准对接,为大会注入产业创新动能。

3. 以会展活动塑造特色优势名城——德清地理信息小镇

位于德清县城南部的德清地理信息小镇,以地理信息产业为核心,打造"地理信息"概念的特色小镇,在全国尚属首家,全球地理信息界的"达沃斯小镇"是其建设目标。

德清小镇抢占产业发展先机,集中发展地理信息及相关产业。在"互联网+"时代,"地理信息"与人们的工作与生活息息相关,这个名词已经不再陌生。德清地理信息小镇坐落于湖州莫干山高新技术产业开发区,目前已集聚浙江国遥、千寻位置、长光卫星等地理信息相关企业250余家,形成了涵盖数据获取、处理、应用、服务等完整产业链,成为全国地理信息企业集聚度最高的区域之一。另外,吸引中航通飞研究院浙江分院、浙大先进技术研究院、中科院遥感所德清分所等一批创新载体落户,省级重点实验室中科院微波目标特性测量与遥感实验室投入使用,传感器、无人机制造、数据储存、遥感卫星数据运用等跨界融合产业正在小镇孕育。

德清小镇为确保抢占产业发展先机的效果,努力打造一流发展环境。自2014年启动建设以来,小镇已累计完成投资超50亿元,在1.31平方千米的核心区域,启动建设70幢产业大楼,其中50多幢已竣工,另外配套建设2000套人才公寓,目前也已竣工并投入使用。国内外高层次人才纷至沓来,为小镇发展提供了人才保障。

德清小镇的持续发力,为首届联合国世界地理信息大会的举办奠定了坚实基础。2015年德清地理信息小镇入围首批省级特色小镇创建名单以后,坚持以"产、城、人、文"四位一体有机融合的重要功能平台为目标,集中精力推动特色平台打造。小镇自创建开始,短短的三年中,规模、形象、影响力与日俱增,2016年度获评优秀小镇,2017

年成功创建为全国 3A 级景区。2018 年,地理信息小镇营业收入超过百亿元大关,达到 102 亿元,全年税收超 8 亿元,实现连续 5 年翻番的预期目标。

2018 年 11 月,首届联合国世界地理信息大会在德清举行,大会受到了全球地理信息界的广泛关注和踊跃参与。会上达成并发布了《莫干山宣言》,提出构建数据和地理信息领域的人类命运共同体,弥合地理空间信息鸿沟。另外,还提出支持包括德清在内的地方建立全球地理信息管理与技术交流合作机构,该机构着眼践行联合国 2030 年可持续发展议程,旨在通过地理信息先进技术,协调全球以统一方式与标准获取可持续数据,并在此基础上对各国可持续发展状况进行精准衡量监测,以此提高各国尤其是发展中国家推进可持续发展的能力。

德清县作为大会举办地,第一时间启动释放后续红利相关工作,特别是围绕积极争取和推动联合国全球地理信息管理与技术合作交流机构相关工作机构落地,浙江省委省政府、湖州市委市政府高度重视,全力支持,一直与联合国统计司、自然资源部积极沟通对接联系,此前各方已在联合国总部、荷兰、北京、杭州、德清等地开展过多轮商讨磋商,为最终该机构落户德清奠定了基础。此次合作意向的签署,标志着联合国全球地理信息管理与技术合作交流机构落户德清的相关工作将全面启动,这构成了德清地理信息产业持续发展的重要动力。另外,德清国际会议中心成为联合国世界地理信息大会会址,也进一步加速了高端企业、人才集聚,同时大力拓展人工智能、大数据等新兴领域,带动产业跨界发展,为德清经济转型升级、高质量发展注入新动能。2019 年第一季度,德清地理信息小镇营业收入已达 50.6 亿元,引进人工智能、无人驾驶等"地理信息 +"相关产业项目 20 个。

第三节 会展活动推动城市形象建设的对策

一、推动会展主体市场培育,促进会展市场国际交流

首先,培养和壮大会展行业市场主体。城市政府部门要积极推动现有会展企业向规模化发展,鼓励现有会展企业通过收购、兼并、联合等经济手段实现会展行业的强强联合,向集团化转变,尽快打造有国际竞争力的品牌会展企业。同时,政府需要加大对小型会展企业的扶持,出台相关政策,提供财政方面的支持,给予税收方面的优惠;加强

国内外知名会展企业的引进工作,支持当地会展企业加强与国外、海外、国外知名展览企业的交流与合作,扶持优秀的会展企业"走出去";探索建立集政策、资金、市场支持于一体的市级"参展品牌项目孵化园",鼓励创新本地会展项目成为目标。通过发展会展企业,扩大城市会展行业影响,从而强化城市形象。

其次,促进会展市场的国际交流。支持和鼓励品牌会展企业、会展项目积极加入国际展览组织,如国际展览管理协会(IAEM)、国际展览业协会(UFI)、国际展览与项目协会(IAEE)、国际会议协会(ICCA),进行第三方评价体系认证。对拟申请注册、认证的企业或项目给予必要的行政协助,奖励已成功加入或认可的企业或项目。鼓励本地会展企业积极参与各类国际会展交流活动,加强信息共享与合作。通过加入国际组织、争取国际认证、参加国际交流活动,提高服务质量,增强参展商和专业观众的参与体验,推动会展企业和会展项目品牌塑造工作,增强城市会展行业的知名度和公信力,扩大城市的国际知名度。

二、优化会展场馆建设和配套设施建设

加强会展场馆的建设与改造,提升会展场馆的专业水平,争取更多会展组织者和会展项目长期入驻。不断提高会展场馆的信息化水平,致力于为会展组织者和参展商提供高水平的基础设施和服务。创新场馆的管理和经营理念,提高场馆利用率。加强专业会展场馆的安全监管,最大化减少隐藏的安全问题。提高会展场馆的科技含量,充分利用声光电技术,满足会展组织者和参展商的需要。最终通过在会展业界的口碑效应带动城市形象宣传。

进一步完善会展基础设施和配套设施的建设。重视现有会展场馆附近的基础设施和配套设施的建设工作,尤其是在交通、物流、商务、餐饮、住宿、文化、休闲、娱乐等方面加大改善力度,助力会展场馆核心功能的发挥。同时,突出相关配套设施建设重点和特色,既有利于完善会展场馆的综合功能,形成会展场馆多元化经营态势,提高会展场馆经营效益,又有利于打造城市特色会展综合体,并以此提高会展业及所在城市的综合竞争力。

三、重点培育本土大型会展品牌以增强城市文化影响力

进行会展主题城市科学规划。建立"大中小""高中低"的分层会展主题体系。因

地制宜，大力发展区域性展览，倡导推动发展"一个行业的专业展览"和"一个区（县）"的特色展。另外，准确支持会展项目。根据不同类型、不同风格及不同品牌会展活动的发展程度，有针对性地提出并实施目标扶持政策。特别是对于市场化程度比较高、核心竞争力较强、产业基础明显的高级别大型会展项目，重点保障项目服务进度、场地、公共环境和行政审批等方面的支持。

注重本地大型知名特色会展品牌的培育，加强会展企业及会展品牌规划指导。实施当地特色会展品牌战略，增强特色会展品牌意识。制定适合地方会展品牌发展的针对性规划，分别要从品牌定位、品牌营销、品牌形象建设、品牌增值服务、品牌识别和忠诚度培育五个方面入手，逐步建立地方性特色会展品牌。

正如浙江德清，结合地域特色产业，成功召开首届世界地理信息大会，高调推出了地理信息小镇的城镇形象，也间接地让小镇文化走向更远。

会展项目和品牌的建设，注意避免选题重复、个性缺乏、周期短等缺陷，缺乏特色的低端会展产品不可能被打造成会展品牌项目，也难以发挥会展活动应有的对举办城市的带动效应和影响力。另外，从会展发展规律看，单一会展只能让举办城市名噪一时，无法维持举办城市的长久繁荣。若需要会展持久发挥作用，必须升级为会展产业，这就需要一大批优势产业作为支撑，也依靠包括自然生态环境、社会人文环境、空间环境、生活环境、行政环境、经济环境在内的良好的城市环境作为保障。

第五章 传统节庆活动与城市文化传承

第一节 传统节庆活动概述

一、传统节庆活动的相关概念

1. 节庆

节庆、传统节庆、旅游节庆等概念,相互交叉却又不尽相同。节庆是指在特定地域内,以某种历史文化、体育艺术、民俗风情、特色产业等为特定主题,在固定或不固定日期举办的一种社会活动,通常以庆祝、纪念、宣传推广、引导消费等为目的。

在西方,相关研究通常把节日(Festival)和特殊事件(Special Event)合并到一起,作为一个整体进行论述,简称为FSE(Festivals & Special Event),中文翻译为"节日和特殊事件",简称"节事",也有部分学者称之为"Hallmark Tourist Events",中文翻译为"旅游节事活动"。其中,Hallmark的本义为"标志、特征和本质证明"等。

2. 传统节庆

传统节庆起源于人类社会的精神生产活动。传统的节庆活动在规定的时间和地点进行,不仅渗透到人们的精神生活中,也是人们的精神寄托。在跨越五千年的历史画卷中,不同民族文化之间不断发生冲突与合并,最终形成了博大精深的传统中华文明,是民族精神的结晶。在传统节庆文化不断演变的过程中,节庆活动的功能和价值从以往的娱乐、祭祀、社会活动向文化消费转变,经历了由节庆文化向经济产业发展的过程。

二、传统节庆活动的功能

传统节庆活动的功能较为多样化,可涉及经济、政治、文化、社会等多个领域。但是,作为社会中一种普遍的文化现象,传统节庆活动在文化方面的功能最为突出。

1. 传统节庆活动有助于激发地方居民的自豪感

从中华民族悠久的历史中不难看出,现今的传统节庆文化中所蕴含的内涵都是经历了悠悠数千年,由无数先辈发展更迭并代代相传从而形成的。传统佳节举办的娱乐活动,内容上包罗万象,形式上不拘一格,节日佳肴各具风味,这都是不同地域上生活的居民认识和改造自然的必然结果,是地方祖先多方面创造力的集中表现,更体现了历代先辈对生活的热情和对生命的尊重。因此,传统节庆活动中,地方居民作为传统文化的传承人,自豪感油然而生。

2. 传统节庆活动有助于提高地方居民的认同感

人们的地方认同感并非与生俱来的,而是在后天认知中逐渐形成的。传统节庆活动可以营造浓厚的地方文化氛围,通过一定的价值观激发居民积极的地方情感。以传统节庆活动中的文化认同感进一步体现地方认同感,使居民在情感上形成共通与共鸣。不同的传统节庆活动中蕴藏着多种多样的文化精神和文化内涵,这些地方特有的文化精神和文化内涵,不断浸润着作为活动参与者的居民,不断强化着地方居民的认同感。

3. 传统节庆活动有助于凝聚地方居民的向心力

地方文化是一个地方最重要的凝聚力之一,亦是地方向心力的重要组成部分。不断重复举办的传统节庆活动,最根本的目的及作用就是传承地方文化。它促使地方居民长期地坚守地方文化尊严,形成一个文化原心。有了文化原心,地方向心力便可逐渐扩展,亦可顽强存在,从而实现可持续发展。大到一个国家,小到一个村落,只要有了向心力,在这种精神的感化下,无论何时,地方居民总能够同心同德,共同面对挑战与困难。

4. 传统节庆活动有助于提升地方居民的文化素养

在中华民族数千年繁衍生息的过程中,伟大的中华文明孕育了璀璨的传统节庆文化。全国各地的传统节庆,包含了千千万万的生活习俗、文化观念和宗教信仰,体现出中华民族改造自身和探索世界的坚定信念。参加传统节庆活动,切身感受其蕴含的丰富文化内容,深刻体会其深层精神内涵,有助于促进地方居民的价值观、世界观、人生观、道德观等各方面的发展,也有助于提升地方居民的审美情趣和艺术素养,亦可唤醒后辈尊重历史、缅怀先祖的意识。

三、传统节庆活动的特点

1. 时间性和周期性

传统节庆活动是民俗的重要体现形式,而民俗具有明显的时间性和季节性,特定形式的民俗总是出现在特定的时间和季节。所以,传统节庆活动的时间性与周期性特点异常突出。传统节庆活动的时间性和周期性有利于活动的正常组织和管理,也有利于为人们提供新鲜感和兴奋感。

2. 多样性和独特性

多样性是传统节庆活动的一个普遍特点。我国国土辽阔,地域风情各异,历史文化悠久,传统节庆活动不计其数,内容上丰富多彩,形式上千姿百态。近年来,随着传统文化热度的增加,从城市到村镇,都在开启传统节庆活动的复兴之路,但当前举办的传统节庆活动避免不了携带着时代印记的现象,这增加了传统节庆活动的多样性。独特性是传统节庆活动发展的生存之源,几乎所有的传统节庆活动都具有鲜明主题和独特的形式,体现着不同地域的历史文化、习俗和现象。

3. 参与性和娱乐性

参与性和娱乐性是传统节庆活动的一个突出特点。传统节庆活动中,所有地方居民都是参与者。居民具有多重身份,既是演员又是观众,既是主人又是客人。每一个居民都被包裹在浓浓的节庆氛围中,尽显节庆活动的娱乐特性。随着旅游业的发展和人们跨地域交往的增多,当前的传统节庆活动的参与性和娱乐性得以增强,参加者范围扩大到包括了原住民、旅行者、商人和更多有关人士。广泛的参与、热闹的氛围、旺盛的人气是传统节庆活动长久生存的重要原因之一。

4. 传承性和变异性

既然是传统节庆活动,自身的存在即体现了其传承性。同时,作为一种社会现象,传统节庆活动自然与社会发展变化相适应,具有一定的变异性。随着社会的发展,社会结构、生产方式及人们的生活方式日新月异,民间风俗也不断演变,于是传统节庆活动的举办方式和内容亦随之发生部分变化。

5. 综合性和复杂性

传统节庆活动的综合性和复杂性主要有两方面:一是体现在传统节庆活动的内容和功能上。任何一个传统节庆活动,其内容和功能从来都不具有单一性。一般情况下,传统节庆活动内容上都会涉及多种功能,通常包括庆典功能、经济功能、文化功能、政治功能、形象塑造功能等。但不同的节庆活动,内容和功能又有所侧重。二是现在举办的传统节庆活动，参与者众多，角色各异，活动的组织和运营工作复杂，涉及多个部门及其之间的合作。

第二节 传统节庆活动的发展现状及存在问题

一、传统节庆活动的发展现状

1. 传统节庆的文化功能有所减弱

时代变迁，现代生活观念对传统节庆活动的影响很大，传统节庆活动自身原有的功能有所降低。在快节奏的生活中，传统节庆活动中的很多习俗难以被年轻人接受，部分活动内容与形式被舍弃，进而渐渐被疏远和遗忘，如腊八、七夕、小年等传统节日，日益失去光彩。有些传统节庆活动整体上甚至已经不复存在了。综合来看，传统节庆的气氛呈现出越来越淡薄的趋势，部分传统节庆活动的文化内涵也逐渐被人们忽略了。

2. 传统节庆的旅游功能活力四射

过去一段时期内，在国外文化输出冲击和国内社会生活变化的双重影响下，数量庞大的中国传统节庆活动大多比较落寞，影响范围广、群众参与多的传统节庆活动为数不多。但是，自20世纪90年代开始，在我国经济快速发展和全域旅游兴起的推动下，旅游节庆活动异常繁荣，特别是具有地域特色的传统节庆活动，引发了旅游者强烈的好奇心和参与欲望，成为各地文化活动的点睛之笔，特别是那些具有一定参与性和娱乐性的传统节庆活动，通过有效的市场运作和推广，已形成一定数量的知名节庆活动品牌。

3. 传统节庆的消费功能逐年剧增

从消费视角来看，传统节庆的经济功能并没有减弱，一定程度上也反映了传统节庆的情感传递功能一直深受人们重视。根据2019年盒马鲜生发布的《传统节日消费趋势报告》显示，在过去的一年中，春节、清明节、端午节、中秋节等四大传统节日当天的销售涨幅大于20%，远超圣诞节、万圣节、情人节、母亲节等四大主要外来节日，春节当天的平均消费金额更是高达母亲节的3倍。[1]

---

[1] 数据来源：盒马鲜生《传统节日消费趋势报告》，https://www.bilibili.com/read/cv3555038。

外来节日也得到了大量消费者的青睐。以情人节为例，鲜花、巧克力、项链、打火机、口红等商品的销售异常火爆，并且销售量逐年增长。以2019年京东情人节鲜花销售为例，从鲜花购买销量的环比增速来看，宁夏排名第一（占比98.30%）、甘肃第二（占比84.90%）、贵州第三（占比61.50%），增幅较大的有10个省市，见图5-1。

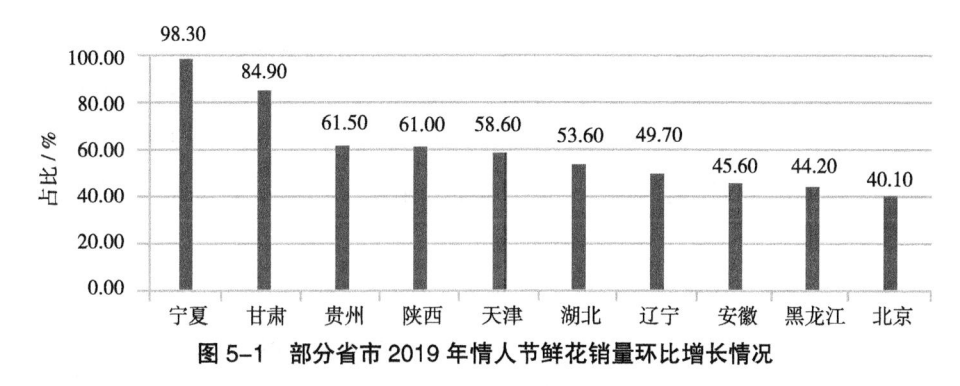

图5-1 部分省市2019年情人节鲜花销量环比增长情况

省市	占比/%
宁夏	98.30
甘肃	84.90
贵州	61.50
陕西	61.00
天津	58.60
湖北	53.60
辽宁	49.70
安徽	45.60
黑龙江	44.20
北京	40.10

数据来源：京东大数据研究院《京东情人节大数据分析报告》，https://www.donews.com/news/detail/1/3036467.html。

二、传统节庆活动发展中存在的问题

1. 年轻人参与传统节庆活动的热度不高

最近几十年，情人节、圣诞节、万圣节等西方节庆活动随西方文化传入我国，潜移默化新一代的年轻人，越来越多的年轻人热衷于过各种"洋节"，反而对我国的传统节庆活动没有热情。在每年2月14日的情人节，鲜花、巧克力等各种礼品热销，在每年的12月24日和25日，很多年轻人会装饰圣诞树，购买并互送苹果、圣诞礼物等，而在我国民间古老的情人节，却难得有情侣月下感受七夕牛郎织女相会的美好，在最具传统节日氛围的春节，很多流传已久的习俗也慢慢淡出人们的视野，贴春联、拜年等仪式感很强的活动内容，目前在农村地区尚有留存，在城市中生活的年轻人大多对此已无认同感。

2. 大部分传统节庆活动的市场开发意识不强

传统节庆的内容古老，产品结构也相对简单，集会、拜访亲属已不能满足人们不断变化的精神和文化需要。到目前为止，中国的节庆产品还没有形成一个完整的体系。这些活动内容表明，相关部门对传统节庆文化还没有足够的认识。相对而言，西方传统节庆注重内容和国民的参与性，是一种特色魅力。比如，慕尼黑啤酒节等都已影响广泛，吸引着众多游客前去观光，而中国的传统节庆活动本身具有的文化特性没能与时代同进步，无法满足当下国人的需求，更难以打造出吸引外国游客的国际品牌。

3.大多数传统节庆活动注重表演形式，缺乏文化内涵

传统节庆活动的文化内涵丰富，意味深长，但也有一些传统节庆活动的开发往往出于追逐经济利益的目的，以旅游项目的形式推向市场，主要迎合旅游者追求新奇的需求及短平快的消费特征，重点强调节庆活动的娱乐性能，关注表演形式等浅层次内容，而传统节庆活动的深层文化意义常常被忽视，甚至被扭曲、改变。传统节庆活动的再发展不应仅限于获取经济利益，不能兼顾传统节庆活动的形式与内涵的开发是不成功的，不能向游客传达传统节日所包含的相关知识和文化内涵，就不能流传更久，也不能产生深远影响。

4.传统节庆活动开发的市场化不够充分

在旅游业强劲的发展势头之下，少数民族特色节庆活动开发热潮出现，但其中的大部分传统节庆活动的开发仍未充分与市场接轨，也没能走上产业化之路。民族节庆文化并未完全产业化，发展相对滞后，缺乏自我生存能力。相对而言，西方节庆则发展迅速，能给商家带来巨大的直接收益，商家发现了其中的盈利契机，纷纷从包装、宣传模式等入手，多方寻找机会进行充分的市场运作，以吸引更多消费者。

三、传统节庆活动存在问题的原因分析

1.缺乏传统节庆文化的政策性法规保护

当前，随着人类社会现代化进程及世界全球化趋势的加速，民间传统文化遗产正面临着各种程度的损害、破坏甚至消失的危机。保护传统文化遗产与整个国家的文化安全及社会发展稳定休戚相关。因此，保护传统节庆文化遗产不能被忽视。最根本、最长期、最有效的保护就是法律保护。但是，目前无形的节庆文化遗产还不包括在法律的保护之中，各地的节庆民俗文化保护也不均衡，尚未形成全面而完整的体系。

2.传统节庆文化相关研究尚不够深入

目前，关于传统节庆文化的相关研究数量不多，也不够深入。传统节庆文化的分类和梳理工作是其开发利用的基础，但此类研究面临的问题较多。一方面，一部分的传统节庆活动没有延续至今，没有有效的书面资料，更多的是老一代人的零星回忆，想要复原原貌是极其困难的。另一方面，在传统节庆文化遗产相关资料的收集整理工作中，对传统节庆文化内涵的挖掘是最大难题，需要历史、文化、艺术、地理等多领域学者和专

家的深入探讨和研究。为进一步推动传统节庆文化遗产的保护及传承，还需寻找传统节庆文化的现代发展方向，形成一种完整的体系制度，这也需要更多领域研究者的加入与合作。

3.传统节庆文化的引导和宣传工作尚不到位

很多年轻人更偏爱西方节庆，主要原因在于传统文化教育与引导工作较为薄弱。家庭教育和学校教育是年轻一代接受传统文化理念的重要途径。但在过去的几十年，家庭教育中要对孩子从小灌输传统文化理念被大部分家长忽略，近年来学校教育中的引导工作才得到重视和加强。另外，相比于国外知名节庆活动，我国的传统节庆文化活动的宣传意识不强，也存在宣传工作不到位的问题。不管是节庆活动的官方网站还是相关新闻，可用的有效信息都极少，在如今信息传播高度发达的年代，这严重影响了传统节庆文化传播的广泛度和深入性。宣传形式单一，内容枯燥，往往不能引起受众对传统节庆活动的关注，更谈不上激发受众的参与兴趣。

4.传统节庆活动开发的投入不足

在传统节庆文化的建设工作中，物力和人力的投入都是必不可少的。物质资源为传统节庆文化活动的发展提供重要的物质基础，而人力资源为传统节庆文化建设提供知识层面的支持。当前传统节庆文化开发利用中的人力和物力投入明显不足。一方面，没有足够的资金支持，很多传统节庆活动的整体策划、细节设计、市场开发等工作没能充分实施，导致目前很多的节庆活动存在粗制滥造、档次不高、知名度低等问题。另一方面，挖掘传统节庆文化的人才短缺，文化人才补给不足，专业人才匮乏，是导致传统节庆活动的内涵挖掘不够及前述各层面的开发问题存在的核心影响因素。

第三节　传统节庆活动案例研究

我国传统节庆活动数量庞大、种类丰富，但真正意义上做到持续举办并传承下去的比较少。自贡灯会是四川省一个成功延续下来的传统节庆活动。本案例研究主要分析自贡灯会的文化内涵、运作模式、品牌建立与宣传方式，总结自贡灯会的创新之处，以期为其他传统节庆活动开发提供借鉴。

一、自贡灯会概况

自贡灯会是一个历史悠久、规模宏大的传统民俗文化活动，发源地在四川省自贡市，它集聚了南国灯文化的精髓。自贡灯会起源于唐代，成形于明清时期，发展到后来形成一种大型民俗文化活动。自贡灯会有相对固定的内涵，在特定的时间举办，且具有一定的传承线路。该灯会目前专指春节期间在自贡市彩灯公园举办的大型娱乐聚会活动，目的是营造元宵佳节的氛围，传承自贡彩灯精神，弘扬自贡传统文化。

1.自贡灯会的悠久历史

中国的元宵节是中华民族的重要习俗节日之一，人们喜欢聚集在一起过节，元宵节闹花灯是我国很多地区的民俗活动。同时，灯会和灯节作为中国灯文化的主要组成部分，能够烘托和活跃节日气氛，因此，也是中国新年过节文化的重要组成部分。

自贡灯会被誉为"天下第一灯会"，已有800多年的历史。据相关记载，早在唐代这里就已经有了新年燃灯的习俗，到清代已出现了灯市等民间活动。进入20世纪之后，便渐渐发展成了灯会，随之出现了闹花灯、放天灯与舞龙灯等更具趣味性的活动。灯会形式和内容的丰富容易吸引大量的群众参与，感受并传承相关传统文化。

当前，自贡灯会将传统的灯会制作与现代技术相结合，完美运用造型、色彩、声音、亮度和动态造型等方法，结合雕刻、绘画、书法和剪纸艺术，有机地融合了知识、乐趣和意识形态。因此，自贡灯会以较高的文化取向和独特的艺术特征成为当地知名的节庆活动。

2.自贡灯会的运作模式

自贡灯会最初的萌芽并非为了经济效益，但它的复兴却源于其经济功能。1987年，自贡市政府提出"以灯为介、广交朋友、振兴经济"的口号，相关部门开始大力引导自贡灯会策划、举办、传播等工作的开展。1988年，自贡灯会在北京市北海公园成功举办，并受到了各地旅游组织的一致好评，自此自贡灯会的运作模式开始由继承守成转为对外开拓。自1990年起，自贡灯会逐步向亚洲地区拓展，并在21世纪初走进欧美地区。一届届灯会的成功举办，不断拓展灯会的市场范围，为灯会走向更为广阔的天地、传播中华传统文化奠定了基础。

近年来，自贡灯会的运营模式逐渐由"政府主办，业主承办"转变为"政府主办，全民参与，市灯贸委组织彩灯企业参展"。前一种模式拉动了当地经济，减小了企业和政府之前的矛盾，但存在灯会规模较小、质量不高等问题。面对新的时代发展形势的变化，自贡市政府创新运营模式，将社会效益放在首位，让全民受益。综合利用彩灯资源，政府宏观调控和发挥市场的基础性作用相结合，共同打造出符合时代潮流、迎合群众需求的灯会活动。

二、自贡灯会节庆品牌的形成和宣传

近年来，自贡灯会已经发展成为一个较为成熟的文化品牌，在宣传方面也逐渐形成了自己的独特风格。近十几年来，得到了国家相关文化部门及行业机构的高度认可，多次获得各种荣誉称号，见表5-1。

表5-1 自贡灯会相关荣誉

年份	对象	荣誉	授予机构
2002	自贡灯会	40大民俗活动精品榜首	国家旅游局
2002	自贡市	（彩灯）民间艺术之乡	文化部
2004	中国彩灯文化发展园区	国家文化产业示范基地	文化部
2005	南国灯城景观照明工程	城市绿色照明示范工程	建设部
2007	自贡灯会	优秀出口文化产品和服务项目	文化部
2008	自贡灯会	第二批国家级非物质文化遗产	国务院
2009	自贡灯会	中国会展业金海豚奖：2008—2009年度中国十大品牌节庆	《中国会展》杂志
2009	自贡恐龙灯会	节庆中华奖：弘扬传统节日奖	中华民族文化促进会、节庆中华协作体理事会
2010	自贡灯会	新世纪十年中国节庆产业大奖·中国最具魅力的节庆活动、新世纪十年中国节庆产业大奖·中国节庆经济贡献奖	中国节庆高峰论坛
2010	自贡灯会	2010年度十佳品牌活动大奖	中国会展业年会暨北京国际会展产业高峰论坛
2011	自贡灯会	2011优秀民族节庆最具魅力节庆城市奖	中国民族节庆峰会
2014	自贡灯会	最具国际影响力节庆	中国民族节庆峰会
2017	自贡灯会	最具国际影响力节庆	中国民族节庆峰会
2018	自贡灯会	纪念改革开放四十周年"中国优秀节事奖"	中国节事与旅游大会
2019	自贡市	2019年会展目的地金手指奖	中国主办者大会暨中国会展财富论坛
2019	自贡灯会	2019年品牌展览会金手指奖	中国主办者大会暨中国会展财富论坛

续表

年份	对象	荣誉	授予机构
2021	自贡国际恐龙灯会	2020年度中国旅游投资艾蒂亚奖：最佳灯会金奖	艾蒂亚
	自贡中华彩灯大世界	2020年度中国旅游投资艾蒂亚奖：最佳夜间旅游项目金奖	

1. 确立了品牌形象和宣传符号

品牌标志设计新颖、独特，对于品牌形象的确立十分重要。自贡丘陵地带勘探发现一个巨大的连续化石脉，挖掘出土的恐龙化石总共有300多个恐龙个体，200多个骨架，4个罕见的头骨，被认为是一个珍贵的化石宝库。为了追求自贡宣传的叠加效应，自贡灯会的品牌标志综合了当地传统文化价值和自然地理价值最高的两个形象，即传统灯图案和恐龙图案。所以，一只红色大宫灯中心处闪耀着一颗星，星的中心处是一只恐龙，成了自贡灯会的品牌标志，见图5-2。品牌标志的形象内容上突出了本土特色，让人一目了然。品牌标志的形式设计上别具一格的造型和对比鲜明的色彩，很容易吸引人们的眼球，使人印象深刻。

图 5-2 自贡灯会的品牌标志

图片来源：自贡灯会官方网站，www.zgdenghui.cn。

2. 开展了多元化宣传工作

在信息传播高度发达的现代社会，宣传工作对服务业的发展的作用尤为重要。首先，根据自贡灯会官方网站的宣传资料发现，灯会采用了多种媒体进行宣传，包括网络宣传、新闻发布、影像宣传、广播报纸宣传、电视宣传等，受到广泛的赞誉。其次，自贡灯会先后在北京、上海、重庆、广州、武汉、南京、西安、兰州、长春、拉萨、乌鲁木齐、哈尔滨、包头及港澳台地区的40多个大中城市展出达70余次，也作为中华民族的文化使者走出国门，先后赴新加坡、泰国、马来西亚、韩国、日本等国家展出达10次，通过外出巡展有效地拓展了宣传范围。最后，积极开拓其他宣传途径，如参加各种相关会议论坛，主动参与国家相关部门组织的活动，变相地宣传了自贡灯会。

3.形成了一定品牌认知度

通过对部分自贡居民的访谈获悉，人们通过多种方式了解自贡灯会，其中大多数靠亲朋好友介绍得知灯会的信息，这说明了有参与经历的观众关于灯会的体验感比较好，形成了较好的口碑效应。而且，大约1/6的访谈对象有过多次参与经历，对自贡灯会的评价较高，他们的宣传提高了灯会的品牌认知度。当然，居民对灯会的了解程度存在较大差异。至今仍有大约1/4的居民完全不了解该灯会，仅听说过但尚未参与过者约占1/3。可见，自贡灯会有待开发的市场空间非常大，可进一步设计更有吸引力的活动内容，加大品牌宣传力度，提高自贡灯会的品牌认知度。

三、自贡灯会的创新表现

近年来，自贡市商务局、自贡市灯贸管理委员会等机构围绕"五个自贡建设"，不断开拓创新，打造自贡彩灯文化出口基地的发展目标应运而生，通过对上争取政策支持、资金扶持等措施，助力当地彩灯企业迈出家门，参与到国际市场之中，同时扩大文化产品和服务出口，提高当地彩灯在国内外的知名度和曝光率，做大做强自贡彩灯产业。经过努力，商务部、中宣部、财政部、文化部、广电总局、新闻出版总署共同认定的国家文化出口重点企业和重点项目中，2009—2010年度自贡市有1户彩灯企业和1个彩灯项目入选，2019—2020年度增加为8户企业2个项目，其中，入选企业数量占全省入选总量的一半左右。

1.紧跟时代发展，变革灯会举办模式

自贡灯会的举办模式经历了三个阶段：一是1964年到1998年的"政府主办、企事业单位做灯参展、灯办具体组织承办"模式，二是1999年到2006年的"政府主办、业主承办"模式，三是2007年至今的"政府主办、全民参与、市灯贸委组织彩灯企业参展"模式。❶ 由此可见，历届自贡灯会能成功举办并延续至今，得益于当地政府在不断摸索与创新管理体制。所以，适应时代发展，探索适合的管理体制对于传统节庆活动的

---

❶ 胥星.浅谈城市民俗文化旅游发展：以自贡灯会为例[J].大众文艺，2019（8）：237-238.

创新发展至关重要。

2.应用科技元素，树立智慧服务理念

自贡灯会为提供给游客更加便捷的服务，深入构建了全方位、更安全、更实用的立体式旅游服务体系。一方面，为便于整合营销，2019年取消纸质购票，只提供网络购票，扫码入园观灯，具体方式包括两种，一是通过携程网等电商网络平台销售门票，二是提供自贡市旅游产品套餐。另一方面，建立大数据信息平台，给游客提供科学可靠的旅游资讯，如自贡交通、住宿、路况、餐饮等信息。由于灯会举办地在自贡老城区，道路狭窄，为避免安全事故的发生，当地政府根据大数据信息平台，预先了解相关数据，合理预判灯会期间的观众人数及道路状况，及时做出调控规划及应急预案。❶

3.融合民俗文化元素，传承地域文化

自贡灯会一直在不断创新，有机结合当地特色的民俗文化元素。一方面，在灯组造型、艺术表达手法上，汲取和利用本地的盐文化和恐龙文化，并与彩灯文化互相融合、相互渗透，共同展现出自贡独特的地域文化魅力。另一方面，灯会期间，增加许多民俗文化展演活动，让游客深入体验自贡地域文化的魅力。❷

4.持续升级灯会活动，推动多维创新

对彩灯进行更新再造，是自贡灯会发展的核心竞争力。自贡灯会历来坚持"形、色、声、光、动"与"高、大、新、奇、美"相结合，源源不断地吸引游客前来观灯，体验璀璨的彩灯艺术大餐。每届灯会都有不同的主题，参展的彩灯文化企业根据主题设计出新颖的灯组，如第二十五届的"大美中华，多彩自贡"、第二十六届的"自贡灯·耀世界"等主题灯组，在造型上不断创新，富有艺术语言渲染力；在制作工艺上结合传统技艺与现代新科技，带来震撼的视觉盛宴；在材料选择上追求绿色环保，实现循环利用。❸为丰富观灯活动，烘托节庆氛围，主城区进行灯景打造，使全城灯光璀璨夺目。

2020年，自贡·中华彩灯大世界首次亮相，历史悠久的自贡灯会开启了"新公园、新灯会、新体验"的新时期。2021年第27届自贡国际恐龙灯会，伴随更多主题元素融入、更多声光电技术运用、更多沉浸式体验落地，将自贡灯会全新升级至"4.0"模式。以新园区为"场景化灯会"的承载空间，突破传统陈式思维，在"用灯会讲故事"的基

---

❶ 胥星.浅谈城市民俗文化旅游发展：以自贡灯会为例[J].大众文艺，2019（8）：237-238.

❷ 同❶.

❸ 同❶.

础上，引入现代科技方式及专业运营，与传统灯会技法结合，全方位打造集观灯游乐、餐饮娱乐、文创演艺等于一体的沉浸式体验主题灯会。

5.宣传推广方式灵活多样，线上线下同步

自贡灯会推广宣传已实现线上线下同步进行，线上宣传方式有微信、微博、官方网站、各大国内外新闻媒体，2019年开通抖音账户，邀请网红在抖音平台进行短视频宣传。线下主要是通过户外海报、宣传手册、新闻媒体发布会、到国内外城市展出等方式进行宣传。自贡彩灯还出现在了2019年春节联欢晚会的荧幕上。通过全方位的宣传推广，自贡灯会的人气得到提升，吸引了更多的游客前来观灯。❶

6.加强研究和规划，科学助力灯会发展

纵观整个发展历程，自贡灯会从最初的自娱自乐型到后来的娱乐经贸型，再到现今的对外开拓型，并进入了产业化阶段。为适应不同阶段的发展需求，自贡市政府联合当地彩灯产业界组织了自贡灯会发展战略研讨会，并成立了当地彩灯艺术协会，以此加强彩灯技术研究、市场开发分析及产业化发展研究，不断吸引更多人才投入传统节庆相关领域开展研究，进而逐步解决传统节庆文化人力资源不足的问题，最终使传统节庆活动得以持续发展和繁荣。

四、研究结论

传统节庆的研究从20世纪就已经开始，国内外对灯会的相关研究也颇多。这显示出人们对传统节庆活动的重视，也说明传统节庆活动的发展和延续面临很多的挑战与困难。

自贡灯会从民间活动进入政府视野，并在政府的支持下，由自娱自乐型走向文化经贸型，并最终走向世界，带来的产业经济效益颇丰。传统的文化活动如何与现代经济发展规律及需求相结合，政府的宏观调控如何与市场的实际运作相结合，是当下所有传统节庆发展需要深入考虑的问题。纵观自贡灯会的内容和形式，在发展不同阶段采用不同的运营模式，融合不同的民俗文化，多样化现代化的宣传方式，先进的服务理念，以及将经济活动与文化学术结合等发展思路可为其他传统节庆活动的开发和运营提供借鉴。

---

❶ 胥星.浅谈城市民俗文化旅游发展：以自贡灯会为例[J].大众文艺，2019（8）：237-238.

第四节 传统节庆活动的创新发展思路和对策

一、汲取现代科技元素，增强传统节庆吸引力

传统节庆活动一般都基于传统节日文化而存在，是传统节庆文化内涵的表现形式。许多本土特色的传统节庆正在面临逐渐消失的困境，这已是不争的现实，相关部门应当积极采取相应的保护措施，同时鼓励相关企业和机构创新开发利用方式，把不同的主题和地域文化整合到具体的传统节庆活动中，在充分结合本土地区特色的基础上增添新的内容，逐渐转换为现代文化旅游节庆，是使传统节庆文化延续下去的一种有效方式。尤其需要注意的是，要紧跟时代脉搏，结合声光电等现代技术，使活动不再枯燥乏味，增强观众的体验感和参与度，更为重要的是通过现代科技元素的魅力，吸引更多年轻人关注和参与传统节庆活动并逐渐认同传统文化的一些形式和内容。

二、深挖传统文化内涵，赋予传统节庆生命力

从 20 世纪 80 年代初期开始，全国各地的节庆活动蓬勃发展，但在中国市场影响力大的节庆活动依然少之又少。很多的节庆活动，即使成功举办了，其内容也脱离了传统文明。如纪念名人名士生日的庆典，虽然带有歌舞形态，却缺乏文化支撑。许多传统节庆活动打着文化的幌子，却少了文化因子，只流于形式，成为传统节庆文化的外壳，毫无生机。应深挖传统节庆活动的文化内涵，赋予传统节庆活动真正的内在生命力。所以，传统节庆活动的举办，需要该节庆活动主题文化相关的研究人员和机构的智力支撑，也需要当地文化部门的沟通协作。

三、灵活引入创新机制，提升传统节庆竞争力

在我国，很多的传统节庆活动都借力旅游业，以旅游节庆的形式呈现于当今社会。一方面，这迎合了当前旅游行业发展的需要和大众文化消费的需求。另一方面，传统节庆活动的特征使其具备了开发为旅游节庆的潜质。旅游是一种综合性的消费模式，传统的节庆活动本身是一项非常具有参与性的旅游内容。不管哪种形式的传统节庆活动，都需要一整套的创新机制才能深入探索和创新中国传统文化的内涵，运用中国特色文化定

制品牌，树立具有中国特性的国家文化象征，提高文化竞争力。

1.主题创新上突出时代发展的价值特点

古时的传统节庆是民族信念的载体，承载了人们对未来的美好希望，往往以家庭为中心。传统节庆活动在现代的需求是实现区域价值，彰显地方个性，吸引大量的人流、物流、资金流，带动整个地方的发展和打造地方专属的名片。传统的主题多为祭祀、纪念、祝愿等，而当代更多的是经济、娱乐需求，因此主题应更大众化，如端午举办的活动可以不用屈原的故事作为引导，换个角度，以包粽子大赛、龙舟比赛、"恶五"传统习俗中的驱蚊荷包手工制作活动等来吸引全民参与。

2.形式创新上强化现代群众的精神诉求

传统节庆活动发展应当顺应时代要求，为观众和游客提供多种多样的休闲娱乐方式。不同于传统的民俗节日，作为旅游节庆活动，它为游客提供的产品和服务，不仅形式上要轻松自在，内容上来说还要求是具有文化内核的精神食粮。在传统节庆活动的项目设计上，以文化内涵为根底，创设调动观众参与且使其得到精神上满足的环节。比如，游戏互动、问答送礼、知识竞赛等能调动现场气氛的活动，其间还增强了人们嬉戏娱乐、拓展文化知识等体验，彼此分享节日的欢乐。

3.推广创新上迎合创新发展的融合特色

以前的传统节庆活动的组织是自发性的，人们往往以家庭为单位参与活动。当下举办的传统节庆活动大不相同，通常利用电视、广播、网络等现代传媒方式引导人流和物流以实现文化交流，带动地区发展，产生广泛的社会、环境、经济及其他影响。市场推广工作成为传统节庆活动组织工作的重中之重，宣传方式不断推陈出新，宣传内容讲究创意。随着纸质媒体的衰落，网络媒体成为新宠，公众号、微博等成为最新的推广方式。而且，大众媒体缺乏趣味性，自媒体走入人们的视野，并得到了迅猛发展，如今的大街小巷已不再是新闻联播的天下，不管是在地铁上、公交上，还是在商场里、饭店里，不管是在家里还是在办公室，所有场所都有人在刷着抖音、快手等小视频。在这种情形下，传统节庆活动也要更新推广观念，灵活利用这种短小而又能很快吸引眼球的传媒方式，对于提升节庆活动的热度大有裨益。另外，当下不再是娱乐方式单一的年代，想要吸引客流，不能单单只靠传统节庆活动的文化内涵和新奇方式，举办城市的形象也很重要，借助城市的包装和推广，增强城市魅力，也可以为传统节庆活动增添不一样的风采。

4.需求指向的创新注重兼顾层次化与多元化

传统节庆满足了人们的某种精神诉求，如龙舟节的起源之说总是以各种各样的方式存在着，但由于屈原的爱国精神和高尚的人品为世人所敬重，这种说法很快取代了其他主张。人们并不探究这种说法的科学性，只是借这个节庆活动，表达对伟大的爱国主义诗人的崇敬之情。随着我国物质文明的不断发展，人民群众的精神需求越来越多，精神需求的内容也越来越多元化，这就为提供满足精神需求产品的机构和企业提供了前所未有的机遇。传统节庆活动能够满足大众的休闲娱乐、提升文化素养等需求。但需要注意的是，在工作压力越来越大、生活节奏越来越快的现代社会中，满足大众精神需求的高品质产品必须兼具浅层次的娱乐性和深层次的愉悦性。所以，传统节庆活动创新必须考虑需求指向，同时满足人民多层次的精神需求。

第六章　会展活动与城市居民认知提升

第一节　会展活动与城市居民的关系

一、会展活动多方面影响城市居民

1. 巩固居民地方情感，增强居民地方认同

文化地理学中的"地方认同"，是个人或群体与地方互动从而实现社会化的过程，包含对特定地方的独特要素所产生的情感、感知与认知等组成部分[1]，是人地关系、人地互动的一种表现。[2] 比如，节庆活动，除了增强居民的节日情感，还逐渐深入人心，演变成为一定地域内居民社会生活中的特殊行为，形成具有象征意义的民俗文化。胶东秧歌、潍坊风筝、自贡彩灯等都已是民俗文化的表征物质，因为当地居民已经把秧歌节、风筝节、彩灯节等当作生活精神的文化表达。可以说，节庆活动就是维系居民地方情感的重要纽带之一，每一次节庆活动的参与，也是居民对地方归属感与民族自豪感的巩固，无形之中强化了居民的地方认同。

很多会展活动，尤其是大型的国际会展活动或者有标志性意义的会展活动，往往承载着地方居民的情感与记忆，如2008年北京奥运会举办期间，举国欢腾，时至今日，

---

[1] 朱竑，刘博. 地方感、地方依恋与地方认同等概念的辨析及研究启示[J]. 华南师范大学学报（自然科学版），2011（1）：1-8.

[2] 李飞，马继刚，刘祥辉. 线性文化遗产居民的感知价值与期望价值：以滇越铁路为例[J]. 热带地理，2021，41（1）：93-103.

人们对开幕式表演、比赛项目中的精彩之处仍津津乐道，追忆时的表情仍显露出激动与自豪。另外，这些会展活动又往往产生了一些具有地方符号意义的景观，如鸟巢、水立方、会展中心、园博园等，这些景观与城市融为一体，居民对这些当地的独特要素的情感和认知，无疑增强了其地方认同。

2. 拓展居民认知视野，提升居民审美水平

参与会展活动，丰富了人们的生活情趣，增强了居民的审美情感。中华民族以偏爱红色闻名于世界，在国外甚至有"中国红"，看到我国传统节庆活动中的红灯笼就会引发浓浓的中国情弥漫在心间。特定习俗中的事物或行为，都代表着人们对美好生活的期盼和无限憧憬，也是人们对现实生活情景的审美和理想追求，同时激发人们对于艺术的追求。地域特色浓厚的会展活动，不仅可以帮助当地人们了解自己的节庆和民俗文化，提升他们的文化素养和对民间艺术的审美，也让他们认识到传承和发展文化的重要性。

3. 增加居民经济收益，改善居民生活环境

知名会展活动往往使举办城市短时间内成为全国或全球的焦点，大大提升举办城市的形象和知名度，为当地企业提供发展机遇。同时，会展活动带来的人流、信息流、资金流为当地经济注入活力，增加居民就业机会和收入提高的可能性。另外，会展活动筹办期间，为提升会展活动效果，举办地政府往往会投入财力、物力进行改造基础设施和公共服务设施。增加经济收益，改善生活环境，通常是城市居民最为关注的会展活动影响。

二、地方居民认知状况影响会展活动效果

人们对会展活动产生的多方面的影响具有不同的主观认知、理解、态度和评价，这些认知状态都将影响居民对会展活动的认同。在人地关系中，地方认同所表达的是个人或社群与特定地方、地点的特殊关联性，这种关联性是人们对于环境的熟悉感及作为"局内人"的感知，带给人们积极的情感并促使人们产生情感偏好，将会影响个人与群体的行动或行为。[1]城市居民对一些大型会展活动的认同，也代表了居民的开放心态、对外交往的愿望及对生活的美好期望。

举办地居民是地方发展的利益主体，同时也是城市环境变化的直接感受者。居民对会展活动的认知现状、对会展活动的重视程度和参与程度及关注水平，都能反映出城市

---

[1] DIXON J, DURRHEIM K. Dislocating Identity: Desegregation and the Transformation of Place[J]. Journal of Environmental Psychology, 2004(24): 455-473.

会展业发展中隐含的行业管理和活动运营的不足和问题。而且，对会展活动价值认知不足将导致会展活动举办地居民的排斥或者不配合，进而形成会展活动效果的不良影响。例如，降低会展活动参与者的参会满意度，破坏参与者对会展举办地的整体印象，减少会展活动的外地参与者数量等。因此，举办地政府和会展场馆越来越关注城市居民的利益诉求、社区发展等问题，城市居民对会展活动的感知和期望对一个城市会展业的持续发展具有重要的现实意义。

三、会展活动的居民认知研究

城市居民关于会展活动认知的测量维度主要有三方面，即居民对会展活动的关注和参与程度、会展活动对城市和个人的影响、会展活动运作状态和水平的认识。测量指标建构和调研问题设计时应该注意两方面：第一，指标必须是居民能够切身体会、直观感受到的内容。通常情况下，居民能够迅速回答而不需要深入思考的问题，更能反映受访者的真实感受；第二，指标要具有共性。为避免受访者仅仅因个人经历或兴趣偏好不同而导致的感知差异，问题设计要突出群体视角。

目前围绕城市居民关于会展活动认知的研究相对较少，对于会展城市的发展来说，关注并了解城市居民的感知与期望，是巩固居民地方情感、寻求或增强地方认同、拓展居民认知视野、提升居民审美水平、增加居民经济收益，改善居民生活环境等方面的关键步骤。因此，拟对南宁市居民进行问卷调查，开展居民对会展活动的认知研究，具体探讨城市居民对中国—东盟博览会的认知，基于调查数据了解居民对特定会展活动所持有的态度与认识，据此判断并分析该会展活动作为地方开发和可持续发展的载体的效果，以期从居民视角提出完善会展活动运营及提高会展活动价值的对策。

第二节　南宁市居民关于中国—东盟博览会的认知分析

中国—东盟博览会是以中国—东盟自由贸易区为主题的经贸交流盛会，对中国与东盟十国及其他区域外国家的影响逐步增强。当然，对举办城市南宁市的影响是最为显著的。为营造和谐和安全的会展环境，政府有关职能部门和博览会事务局共同协作并付出了努力。为更好地开发利用中国—东盟博览会这一会展资源，政府有关职能部门还号召深入探讨中国—东盟博览会的特色展示、成效强化、价值提升等问题。可见，中国—东盟博览会的成功举办，离不开政府部门的重视和支持，也离不开会展机构的管理和运营。但不容忽视的是，社会各界人士特别是举办城市居民的广泛认同和积极参与，对于大型会展活动的成功举办也是十分重要的。因此，关注从南宁市居民的角度认识中国—东盟博览会的问题，对今后中国—东盟博览会的举办有着积极的促进作用。进一步来说，也可以通过提高市民素质和会展活动认知来增强中国—东盟博览会的成效。

为完善中国—东盟博览会管理和运营工作，以便发挥出中国—东盟博览会的最大效应，本节做了南宁市居民关于中国—东盟博览会认知情况调查与分析，了解南宁市居民对中国—东盟博览会的关注、参与情况。调查采用了线上调查问卷的方式，最终回收有效问卷142份。样本选择范围主要是南宁市居民，样本年龄结构分为16～25岁、25～35岁、35～45岁、45岁以上四个阶段，样本职业结构为学生、公司职员、机关及事业单位人员、自由职业者及其他职员五大类。

一、南宁市居民对中国—东盟博览会的关注和参与状况

1. 大多数居民对博览会关注程度一般

南宁市居民对中国—东盟博览会的了解情况能反映出博览会的宣传力度及博览会的举办惠及南宁市居民的程度。如果居民对博览会的了解程度较高，说明关注或参与博览会的积极性较高，反之，则说明关注或参与博览会的积极性较低。从另一个角度来看，南宁市居民对博览会的了解程度，在一定意义上可以反射出中国—东盟博览会的影响力。

本书主要通过居民对博览会的了解程度和了解途径来反映南宁市居民对东盟博览会的关注程度。其中，了解程度方面，调查结果显示，9.15%的人很了解，52.82%的人了解一些，而33.10%的人只是听说过，剩下4.93%的调查对象表示从未听说过。了解途径方面，大部分调查对象通过两种方式了解中国—东盟博览会的相关情况。其中，互联网（微博、微信、抖音等）是被采用最多的途径，73.94%的调查样本选择了该方式。选择了报纸/杂志、电视新闻/广播、朋友/老师/家人等告知、主办方或政府邀请、其他等方式作为了解途径者，分别占样本总量的28.17%、50.70%、39.44%、16.90%、7.04%，见图6-1。

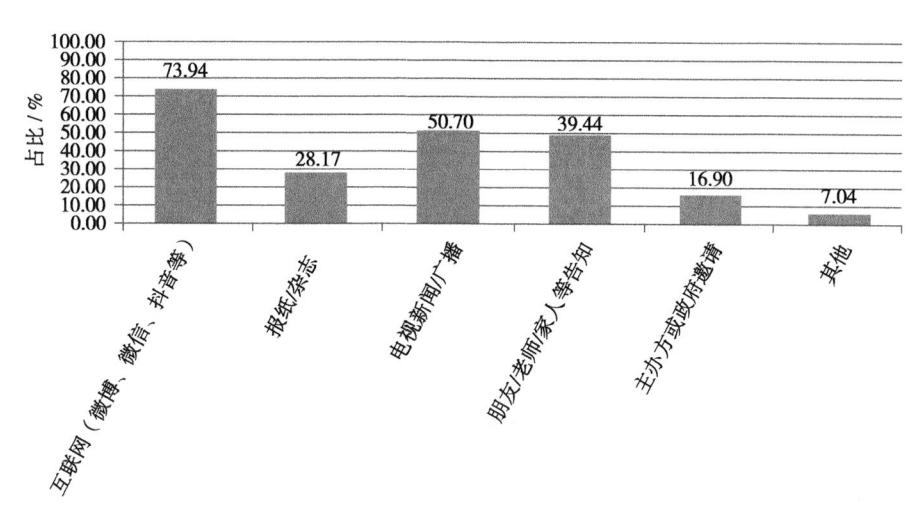

图 6-1 南宁市居民关于中国—东盟博览会的了解途径统计

综合上述调查结果可知，大部分南宁市居民对有关中国—东盟博览会的信息有初步了解。部分居民反映其通过电视新闻知道中国—东盟博览会的举办在整个广西区内是头等大事、中国—东盟博览会在筹备期间就已轰动全城、举办期间十分热闹等概括性信息，也通过手机、电脑等网络途径观看博览会的新闻和视频片段。南宁市政府为了顺利举办中国—东盟博览会，对南宁市市区中未涉及和参与中国—东盟博览会工作的机关、企业事业单位和社会团体给予两天放假时间，中国—东盟博览会放假是继春节、劳动节、国庆节以外的"第四个黄金周"。因此，绝大部分的南宁市居民对中国—东盟博览会具有一般了解程度，但得到的信息比较零散，相关了解并不全面，也不深入，并未意识到个人与博览会的关联关系。

2. 南宁市居民对博览会的参与程度不高

南宁市居民关于中国—东盟博览会的参与程度能更为直观地反映出政府及相关职能部门关于中国—东盟博览会的宣传力度及居民的主人翁意识水平。南宁市居民参与中国—东盟博览会的程度可进一步折射出其对博览会的关注程度，也可间接反映出博览会对其带来的效益大小。因此，调查南宁市居民是否参加过中国—东盟博览会及原因。

调查结果显示，大部分调查对象未参加过中国东盟博览会，占比高达 73.24%，26.76% 的调查对象表示参加过中国—东盟博览会。未参加过中国—东盟博览会的原因情况见图 6-2，其中，10.58% 的调查对象认为自己对该会展活动不感兴趣，50.96% 的调查对象是因时间安排问题无法参加，12.50% 的调查对象是由于没有合适的伙伴一起参加，13.46% 的调查对象是认为该展会门票略贵，12.50% 的调查对象是因其他原因而无法参加。

图中数据:
- 10.58% 对该展会不感兴趣
- 50.96% 因时间安排问题无法参加
- 12.50% 没有合适的伙伴一起参加
- 13.46% 该展会门票略贵
- 12.50% 其他

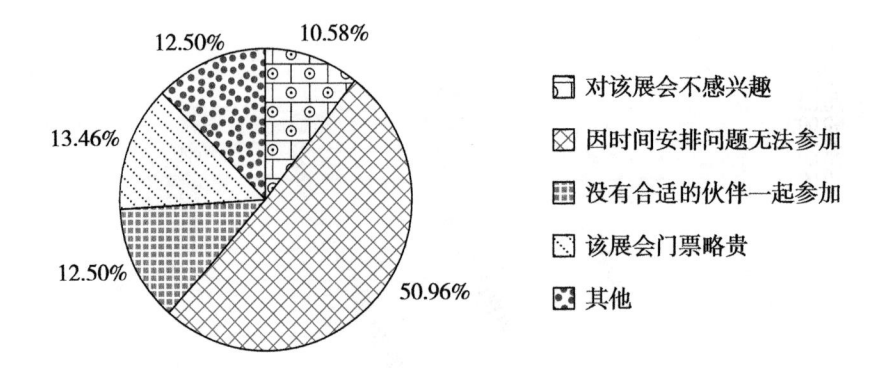

图 6-2　南宁市居民未参加中国—东盟博览会的原因

根据样本调查结果，南宁市居民参加中国—东盟博览会的积极性并不高。虽然中国—东盟博览会至今已举办 17 届，有一次参加经历的调查对象占比却是最高的，为 57.89%，参加过两次的占 23.68%，参加过三次的占 5.26%，参加过四次及以上的占 13.16%。根据相关研究和专家意见，在已参加过中国—东盟博览会的调查对象的参与动机调查中，共设置参观、了解会展活动情况、购买商品、有意向与参展商进行贸易合作和志愿者五个选项。调查结果见图 6-3，以参观为参与动机者占 63.16%，而且接近 1/3 的调查对象的参与动机涉及购买商品，可见，大部分调查对象以游览为参加博览会的主要目的。另外，接近 1/4 的调查对象，其参与动机与交易有关，具有商业目的。显而易见，中国—东盟博览会为南宁市居民带来一定的商业机会。还有小部分调查对象因为做博览会志愿者而参加，可见，中国—东盟博览会对南宁市居民的影响范围比较广，同时说明了南宁市居民具有比较强烈的主人翁意识。为了了解展会情况者超过半数，这部分调查对象大多同时选择其他动机，主要是参观及有意向与参展商进行贸易合作，所以，了解展会情况并非居民的最终参与动机。

图中数据:
- 参观 63.16
- 了解会展活动情况 57.89
- 购买商品 31.58
- 志愿者 26.32
- 有意向与参展商进行贸易合作 23.68

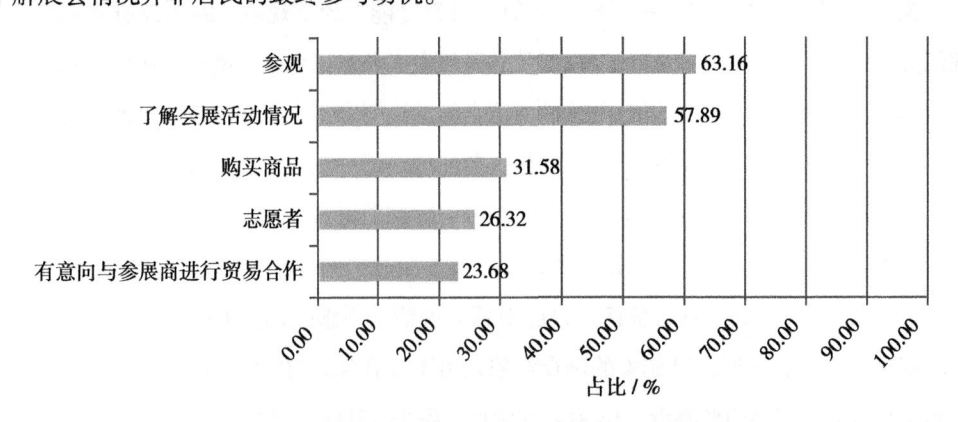

占比 / %

图 6-3　南宁市居民参加中国—东盟博览会的动机

综合看来,参加过东盟博览会的人还是占少数,而且前去参加中国—东盟博览会的南宁市居民主要是因为该会展活动在南宁市有着很高的热度。多次参加博览会的居民占有一定比例,一方面表明了其对中国—东盟博览会的关注度极高,另一方面也说明中国—东盟博览会对其而言有着非常高的价值。由于中国—东盟博览会的专业性较强,普通观众与中国—东盟博览会的内容并无直接联系。另外,中国—东盟博览会门票价格为100元/套,门票价格偏高也形成了限制普通居民参加博览会的门槛,影响了其参与意向。因此,绝大部分南宁市居民对中国—东盟博览会有一定了解但没有参加。

二、南宁市居民关于博览会对南宁市影响力的认知情况

会展服务水平的不断提高,中国与东盟各国的持续友好往来,都给中国—东盟博览会的举办提供了更多有利条件,最终给南宁市带来了更多积极影响。这些影响能否被南宁市居民感知并认同,在一定程度上可以反映出南宁市居民对中国—东盟博览会的认知程度。为此,本书选择中国—东盟博览会对南宁市的经济、城市建设的影响及对南宁市居民个人的影响三个方面进行调查与分析。

1.大多数居民对博览会给南宁市经济带来积极影响持肯定态度

从南宁市居民的角度了解中国—东盟博览会对南宁市经济产生的影响,或者说这些影响能否被南宁市居民所感知到,在一定程度上能反映出中国—东盟博览会对南宁市经济的影响是否惠及大众。通常情况下,大型国际会展活动对举办城市的商贸活动、招商引资及旅游业都会产生非同一般的影响。就中国—东盟博览会对南宁市的商贸活动、招商引资影响方面,调查结果,见图6-4和图6-5。调查对象普遍认为中国—东盟博览会对南宁商贸活动产生了积极影响,主要表现于提高了南宁市本土产品的出口量、引进了各地区及国外更优质的产品、加深了企业之间的交流与合作、为当地企业提供了更多贸易选择,其中南宁市居民更倾向于中国—东盟博览会的举办加深了企业之间的交流与合作的影响功能。中国—东盟博览会对南宁招商引资方面的影响,主要体现在吸引了更多的企业落户南宁、引进外资,发展了本土产业、签约投资项目,增加了当地经济发展机会、为企业境外投资提供了平台、增加了更多的就业机会等几方面。

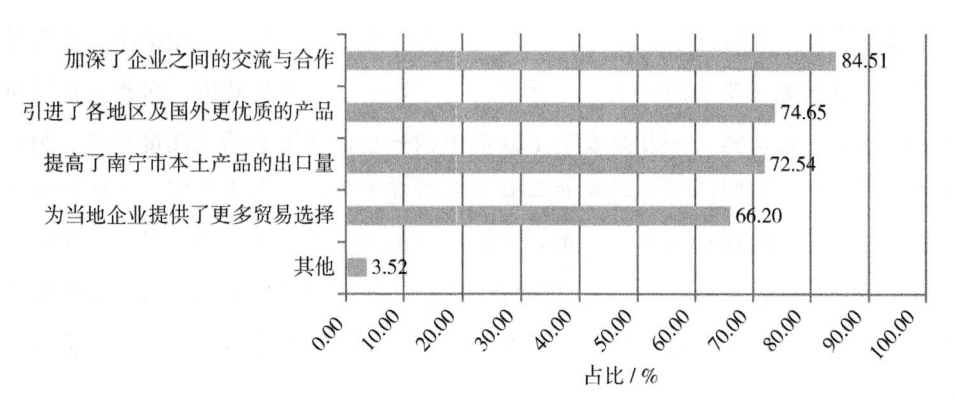

图 6-4　居民关于博览会对南宁市商贸活动的影响认知

- 加深了企业之间的交流与合作　84.51
- 引进了各地区及国外更优质的产品　74.65
- 提高了南宁市本土产品的出口量　72.54
- 为当地企业提供了更多贸易选择　66.20
- 其他　3.52

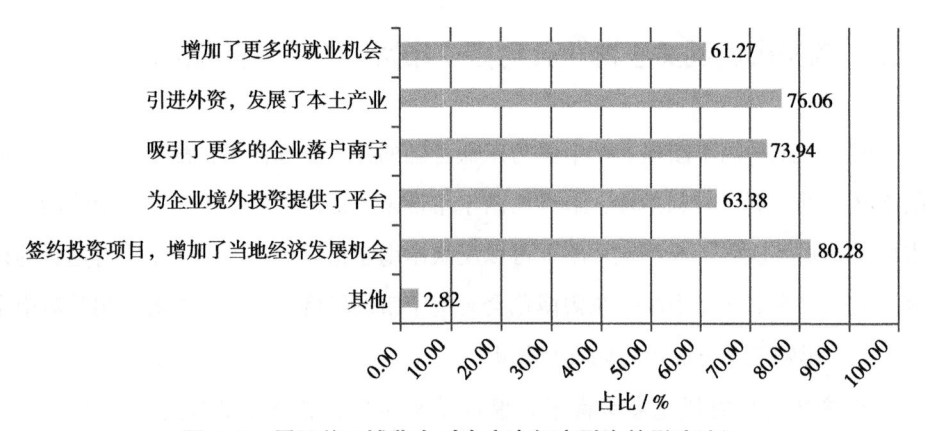

图 6-5　居民关于博览会对南宁市招商引资的影响认知

- 增加了更多的就业机会　61.27
- 引进外资，发展了本土产业　76.06
- 吸引了更多的企业落户南宁　73.94
- 为企业境外投资提供了平台　63.38
- 签约投资项目，增加了当地经济发展机会　80.28
- 其他　2.82

绝大多数调查对象认为博览会的举办为南宁市旅游业的发展提供了新的机遇，南宁市旅游相关行业的服务质量也得到了提高，收入增加明显。中国—东盟博览会对南宁旅游业的影响主要表现在提高城市及旅游景点的知名度、吸引更多国内外游客（增加客流量）、带动旅游服务设施及景点的改造升级、景点/酒店/餐饮/交通等行业收入全面攀升等方面，见图 6-6。

- 景点/酒店/餐饮/交通等行业收入全面攀升　60.56
- 带动旅游服务设施及景点的改造升级　68.31
- 提高城市及旅游景点的知名度　79.58
- 吸引更多国内外游客（增加客流量）　78.87
- 其他　4.23

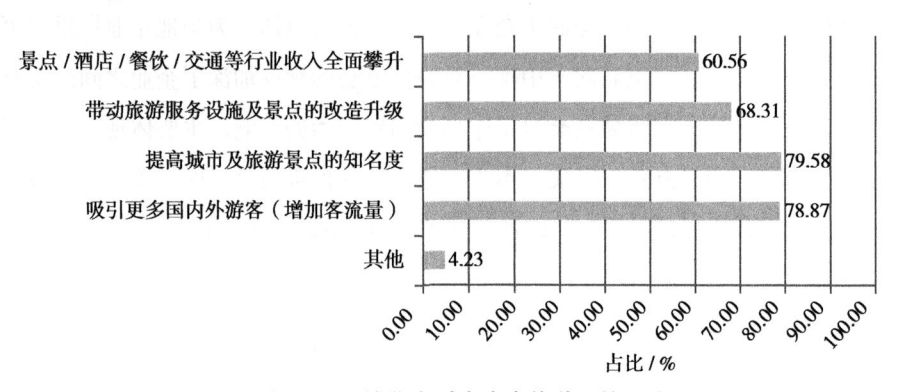

图 6-6　居民关于博览会对南宁市旅游业的影响认知

综合上述调查结果,居民普遍认可中国—东盟博览会对南宁市经济产生了积极影响。根据南宁市居民反映,在中国—东盟博览会举办前后,南宁市市区的各大购物商场人山人海,餐饮业和住宿业更是宾客满座,市区内及周边城市桂林、北海等旅游景点游客暴增,南宁市的"第四个黄金周"为南宁市经济带来了前所未有的突破。因此,南宁市居民对南宁市旅游业发展迅速有很多直观的感知,如中国—东盟博览会期间总是南宁市客流量的高峰时期。值得关注的是,中国—东盟博会对南宁市商贸活动和招商引资方面的影响更多的是对整个地方社会的影响,直接对居民个人产生影响的情况并不具有普遍性,但居民感知明显,这说明南宁市居民对中国—东盟博览会的认识更倾向于其所产生的政治、经济意义,这些积极影响和意义更有利于国家和南宁市的整体利益。

2.大多数居民关于博览会促进了南宁市城市建设持认同态度

中国—东盟博览会的顺利举办需要依托于南宁市的良好形象和完善的城市设施,而中国—东盟博览会成功举办后对南宁市的城市文化建设和城市设施建设又有了进一步的提升和改善。根据南宁市居民关于中国—东盟博览会的举办对南宁市文化建设和城市设施建设是否有益的认知和判断,就能反映出中国—东盟博览会对南宁市城市发展的促进和提升状态。

南宁市居民关于中国—东盟博览会对当地城市文化建设影响的认知状态见图6-7,调查对象认为中国—东盟博览会的举办对南宁树立良好城市形象有着非常重要的作用。具体作用的认可度由高到低依次是"有利于创建全国文明城市""媒体高密度报道,提高城市知名度""规范当地机关、事业单位行为形象,树立良好作风""当地市民素质得到显著提高""弘扬当地民歌文化及多民族文化"。五个选项分别占总调查人数的69.72%、61.97%、70.42%、64.79%、58.45%,都得到了超过半数调查对象的认同。

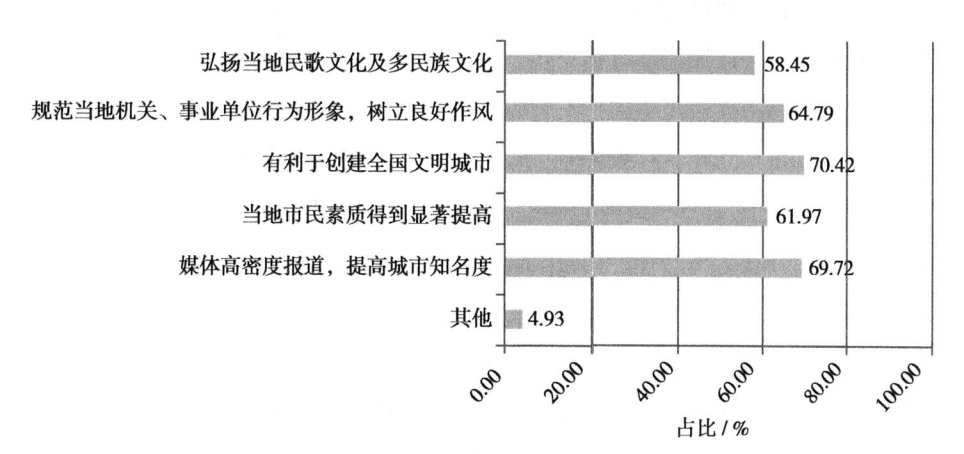

图6-7 居民关于博览会对南宁城市文化建设的影响认知

中国—东盟博览会的举办对南宁城市基础设施建设的影响认知结果见图6-8，绝大多数调查对象肯定了中国—东盟博览会的举办对南宁城市基础设施的建设和完善具有积极的促进作用。其中，"公共设施、公共场所得到升级改造"的效果最为显著，78.17%的调查对象表示认同。其他表现方面，根据人们认可程度由高到低依次是"城市容貌得到进一步改善""政府高度重视城市设施建设""城市道路网络及桥梁建设加大""交通工具种类增多（出行方便）"和"其他"，分别占总调查人数的74.65%、66.90%、66.20%、52.82%、2.82%。

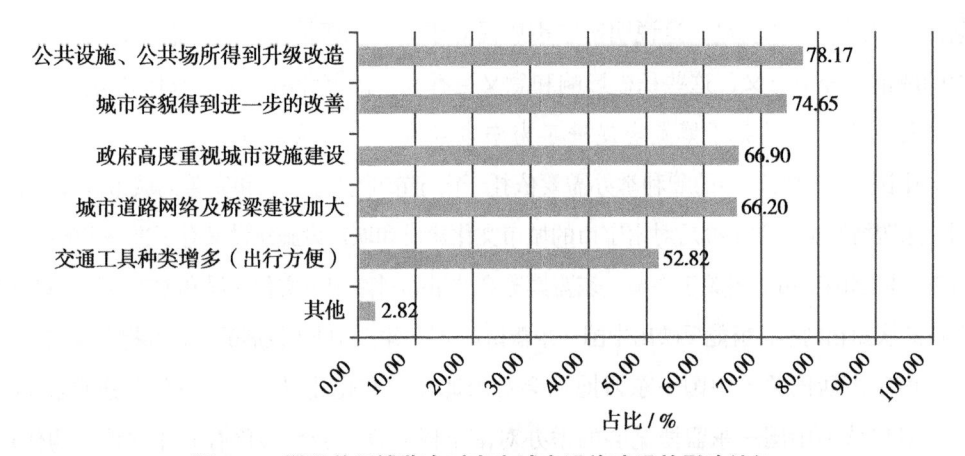

图6-8 居民关于博览会对南宁城市设施建设的影响认知

综合看来，大多数南宁市居民认同中国—东盟博览会对城市文化建设和设施建设等多方面的影响和作用。而相比于南宁市经济方面的影响，中国—东盟博览会对南宁城市文化建设和城市设施建设的影响，南宁市居民具有更多的直观感受。特别是城市基础设施和公共设施方面，居民能够直接受益。很多居民反映，在城市修缮和新建方面，他们亲眼看到南宁的城市面貌因中国—东盟博览会的举办而焕然一新。南宁市作为中国—东盟博览会的"门面"，除了不断修建更多提升博览会服务水平的行业设施，更多惠及南宁市居民的基础设施和公共设施的建设和维护，如大大小小的街巷也褪去了陈旧的外衣，城市的卫生环境大为好转，交通出行更加便利等，无形之中增加了居民对中国—东盟博览会的关注。

3.南宁市居民关于博览会对个人的影响持不同态度

会展活动对举办城市居民个人的影响是会展活动的积极影响中的重要组成部分，也是评价该会展活动对举办地产生经济效应和社会效应的重要指标之一。

中国—东盟博览会对南宁市居民个人的影响结果见图6-9，有21.83%的调查对象认为博览会的举办对自身没有影响,绝大多数调查对象认为博览会的举办对居民自身也有益处。主要的个人影响表现在"拓宽视野,增长知识""增加了市民就业与创业的渠道与机会""增加了市民对国内外局势的了解"。

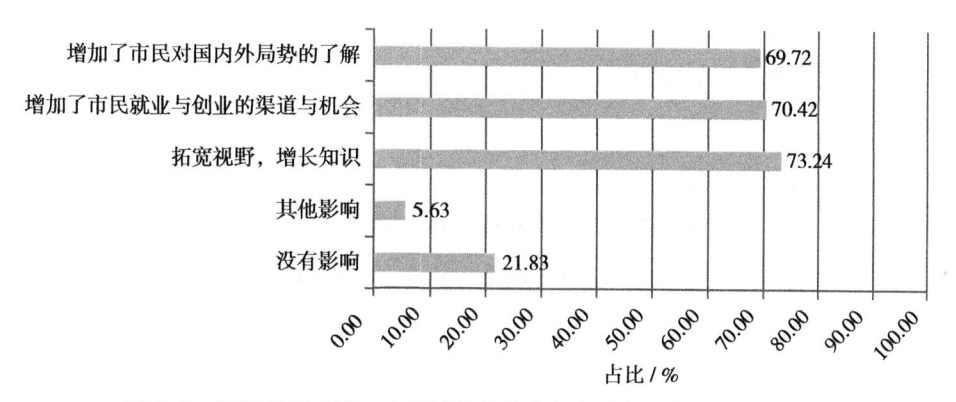

影响类别	占比/%
增加了市民对国内外局势的了解	69.72
增加了市民就业与创业的渠道与机会	70.42
拓宽视野,增长知识	73.24
其他影响	5.63
没有影响	21.83

图 6-9 居民关于中国—东盟博览会落户南宁对市民个人的影响认知

值得一提的是,谈及个人影响时,人们对直接影响的感知更为敏感。但是,中国—东盟博览会作为致力于促进国家之间多方面交流与合作的平台性质的国际性会展活动,对举办城市的直接影响远远大于对居民个人产生的直接影响。而且,限于调查对象的职业、认知水平等个人主观因素,目前超过 1/5 的居民感知不到个人影响,也具有一定的合理性。中国—东盟博览会对于南宁市甚至是整个广西来说,是一个大事件,推动了整个城市的发展,居民必然从中受益。如果中国—东盟博览会在后续举办期间的运作和宣传方面加大力度,让更多居民认识到会展活动对城市影响的最终受益群体是城市居民,居民的个人影响感知度必然会得到进一步提高。

三、南宁市居民对中国—东盟博览会运作的认知情况

从 2004 年到 2020 年,南宁市已筹备了 17 届中国—东盟博览会,这与南宁市政府及博览会运作部门的努力分不开。纵观历届博览会,有许多令人称赞之处,但也能发现存在某些不足之处,需要职能部门不断完善。主办方可通过会展活动评估调查获知不同主体关于活动运营的存在问题及满意状况,有针对性地改进管理和运作方式,最终保障会展活动持续举办并取得预期效果。通常的调查对象是专业观众、参展商、与会嘉宾等会展活动服务对象,有时也选取会展活动运营主体即工作人员开展调查和总结工作。然而,举办地社区居民的观点和意见往往被主办方忽略。了解南宁市居民关于中国—东盟

博览会运作状况的看法，能够得到不同视角的观点，不仅有利于改进博览会的管理和运营工作，也可以更完整地了解南宁市居民对中国—东盟博览会的关注方面，为提高举办地居民对会展活动的支持度奠定基础。

1.南宁市居民关于中国—东盟博览会运作不足的认知

南宁市居民视角下的中国—东盟博览会运作情况主要通过居民对博览会不足之处的认知来反映。调查结果显示，32.39%的调查对象不清楚博览会的不足之处。主要原因应该在于很多居民没有关注博览会，也不会深入思考博览会的运作问题。调查对象反映出来的运作问题，主要有"管理体制和机制不够完善""贩售的商品价格过高""配套设施与支撑服务满足不了需求""馆内参观没有秩序，显得场馆十分混乱"四方面，分别占总调查人数的52.82%、42.25%、41.55%、35.92%，见图6-10。

类别	占比/%
管理体制和机制不够完善	52.82
贩售的商品价格过高	42.25
配套设施与支撑服务满足不了需求	41.55
馆内参观没有秩序，显得场馆十分混乱	35.92
其他	4.23

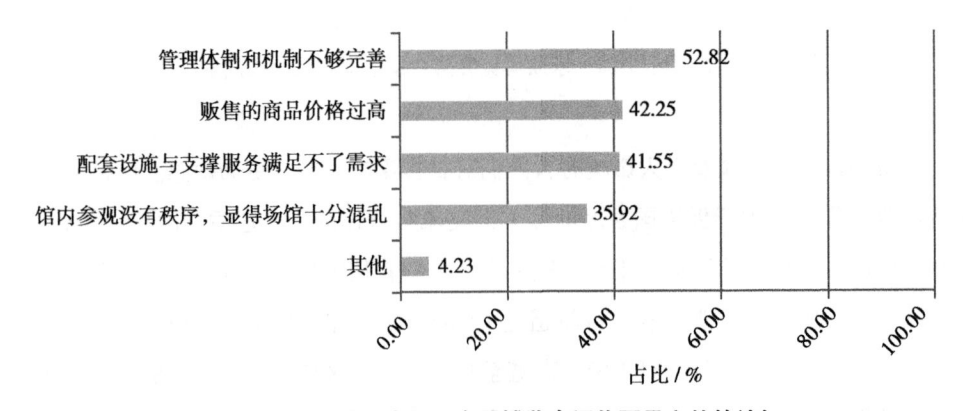

图 6-10　居民关于中国—东盟博览会运作不足之处的认知

2.南宁市居民关于中国—东盟博览会的运作建议

对于中国—东盟博览会运作方面，南宁市居民非常踊跃地提出了自己的建议。主要建议有"门票免费""扩大宣传力度""希望各方面更加亲民，能面向大众""培养更多专业人才""希望多与学校合作，鼓励学生多多关注和参与""增加与各国的文化交流""政府应给予更多优惠政策吸引国内外企业落户南宁"等。

综合看来，根据南宁市居民的认知结果，中国—东盟博览会的运作水平总体比较高，重点需要加强场馆设施及现场管理工作。中国—东盟博览会的主要参与群体是政府部门和企业，并非普通大众，在中国—东盟博览会的新闻报道中，更多是报道有关企业洽谈、交易等情况，所以南宁市居民对中国—东盟博览会运作方面的了解并不深入，但博览会落户南宁已17年，不论是否参加过博览会，部分居民还是感知到了博览会在服务和质量方面存在一定的不足之处。居民提出的建议，虽然视角不同且十分广泛，但都没有离开提升博览会运作水平、扩大博览会影响的核心理念,因此,南宁市居民关于中国—东盟博览会运作的总体认知持肯定态度,也殷切希望中国—东盟博览会持续举办并能惠及自身。

四、研究启示

1. 合理看待居民认知的差异

从南宁市居民关于中国—东盟博览会的多方面认知结果中我们可以看出,中国—东盟博览会是促进中国和东盟各国合作和交流的平台,给南宁市及全区的发展提供了机遇。中国—东盟博览会每年在南宁市举办时都掀起一阵热潮,南宁市居民也能一睹风采,给南宁市居民也带来积极而广泛的影响。绝大部分居民正面肯定了中国—东盟博览会对南宁市的影响。因为举办中国—东盟博览会,南宁市获得了前所未有的发展契机,不断向国际化大都市发展方向迈进。虽然中国—东盟博览会对南宁市经济发展的利好直接影响到南宁市居民个人的情况不多,导致居民对经济方面的影响感知度较低,但博览会对南宁市城市文化建设和设施建设的推进效果却是有目共睹的。居民明显感知到了南宁城市的人文环境的改善和公共设施的完善,认同度很高。当然,调查研究中也发现,总体上居民对中国—东盟博览会的关注度和参与度一般,部分居民不太关注该会展活动,这种差异的存在是客观的,毕竟中国—东盟博览会的国际平台属性决定了它与普通大众的距离,居民的经济状况、文化素养、职业习惯等差异也影响了其对会展活动的关注和参与程度。因此,针对不同类型的会展活动,举办地居民的相关认知也会存在较大差异,应该具体问题具体分析,客观看待认知差异并分析其原因所在,才能为会展活动的运作提供合理性指导意见。

2. 拓展会展活动内容,注重亲民效果

南宁市居民对中国—东盟博览会的举办表现出了较大热情,也希望博览会能够产生更多影响从而惠及自己。所以他们提出减免门票、推出面向大众的相关活动等建议。可见中国—东盟博览会的门票、现有展销品等并不适合普通大众,活动层次和活动内容与普通居民尚有距离。因此,为保持南宁市居民对中国—东盟博览会的热情,强化居民的主人翁意识,提高居民的会展活动关注度和参与度,在博览会举办期间,可考虑增设一些展览、节庆活动,丰富博览会的内容。另外,增强中国—东盟博览会的开放性,组织学校带领学生到现场参观,鼓励广大民众积极参与相关志愿工作。借助国际性会展活动的平台,增加有关国家与举办地各自特色文化的展示机会,增进双方彼此了解,激发进一步交往的兴趣,使国际性会展活动不仅是有利于国家和企业的发展,也能更多地惠及普通大众。亲民效果提升以后,居民对会展活动的关注和支持自然而然地就增加了。

第七章　产业会展活动与乡村产业发展

第一节　产业会展与主题产业

一、产业会展的概念

会展业是具有贸易、宣传等功能的产业，对于促进举办地特色产业的发展发挥着积极作用。反之，特色产业的发展状况对于当地会展业的发展也具有重要影响。随着会展研究的深入与细化，此类会展活动开始得到单独关注。在2015年中国贸易促进委员会主办的中国产业会展高峰对话会议活动中，产业会展的概念由我国会展业研究专家储祥银教授首次提出。他认为，凡是在现实经济生活中存在的实体产品和服务行业，都可以被称为产业，而这些产业所举办的会展活动，都可以称为产业会展。蔡卫民等做了进一步界定，产业会展是以推动某一产业或某一类产业发展为导向的会展活动。[1] 在此，我们将该产业称为主题产业，主题产业往往是对当地经济发展具有较大影响、品牌知名度相对其他产业较大的产业。根据产业会展的定义，主题产业的范畴很广，涵盖三次产业，如山东菏泽牡丹节、威尼斯建筑双年展、青岛国际啤酒节、电子信息博览会等分别是主题产业为农业、建筑业、工业、服务业的产业会展。

---

[1] 蔡卫民，丁梅.产业会展的功能与运营研究述评[J].商业经济，2018（11）：83-85.

二、产业会展与主题产业

会展活动的发展与举办地经济、环境、产业之间具有双向影响的观点得到了学者的一致认可。已有研究中,多着眼于会展对举办地经济发展、城市建设、环境质量等的单向影响,但尚未见关于产业会展促进主题产业发展的系统研究。产业会展与主题产业是紧密联系、相互影响的。一方面,各类产业会展活动以主题产业的发展作为基础,主题产业发达能够衍生诸多产业会展活动,特色主题产业可为会展提供活动设计创意源泉,完善会展服务,提升会展品质。另外,举办地政府制定的有关促进主题产业发展的政策可以给产业会展带来更多的机遇与挑战。另一方面,产业会展活动又反过来促进主题产业的发展,具体表现在其服务市场功能的发挥,可以引进先进技术作为切入点,改善举办地主题产业的基础设施建设,提高相应的配套服务产业的技术水平,强化主题产业规模化和品牌影响力,进而整体上带动举办地经济的发展。

三、农业类产业会展的特点

农业类会展泛指那些以推动农业发展为导向的会展活动。因为农业具有独特的生产特色和需求特点,所以,农业类会展具有区别于其他产业会展的一些特点。

1. 举办地点选择灵活多样

大部分会展活动是在会展场馆举行的,而农业类产业会展举办场地的选择却具有一定的灵活性,可以在种植场区,也可以在城镇;可以一地独办(一个展区),也可以多地联办(多个展会分区)。目前,大部分农业类产业会展活动都是采用室内室外结合的方式。特别是设置在农产品原产地的种植场区或者生产基地的会展活动场地,能够让参与者亲眼所见、亲身体会,将自己置身于特色农产品及其相关文化氛围之中,形成极具冲击性的直观认知和深刻的体验感受。而且,灵活多样的举办场地,通过满足参与者多样化的体验,增强参与者的品牌消费体验效果,最终成功塑造丰富的品牌形象。农业类产业会展举办场地与特色产业的有机结合,实现了参与者与产地、产品的亲密接触,形成独特的参与体验,这也体现了该类会展区别于其他产业会展活动的一大优势。

2. 举办时间选择的针对性强

农业类产业会展活动举办时间的选择不是随机的,其针对性很强,并且体现出一定的规律性。主题产业的产品,若观赏性比较强,其产业会展活动大多选择开花时节,如4—5月的菏泽国际牡丹文化旅游节、5月中旬的中国玫瑰产品博览会暨中国(平阴)玫瑰文化节、4月的油菜花节；若属于果实类，则多选择在产品成熟时节，如10月的沾化冬枣节、5月遍布山东各地的樱桃节、4—5月的金乡大蒜节；也有一些果实类的农产品会选择在花期举办一些节庆活动，如被誉为中国梨乡的山东莱阳的梨花节、全国多地的桃花节。总之，农业类会展活动举办时间的确定需要依据特定农产品的生产周期，选择其资源品质最佳的时期，能够展现最佳产品效果，提升产品形象，促进贸易成交，塑造和强化特色产品品牌形象，并广泛吸引旅游者。

3. *参与对象多元化，旅游者占较大比重*

农业类产业会展活动有别于其他产业会展活动，除了少数采取博览会、交易会等形式，大都以节庆活动的模式举办，而且活动内容丰富，通常有开幕式、博览会、产业合作洽谈会、招商推介会、项目签约仪式、产业高峰论坛或研讨会、产业基金投融资峰会、相关协会会务活动等。产业会展活动也会根据主题产业及产品特点，细分不同的展区，以2019年山东平阴玫瑰节为例，设置了国内玫瑰产品展区、国际玫瑰产品展区、玫瑰加工设备展区、玫瑰花木展区、玫瑰小镇和玫瑰田园综合体旅游产品展区、玫瑰艺术品展区、国内特色林产品展区、平阴特色农产品展区八大展区。不同的会展活动和展区会吸引相关行业的参展商、专业观众、投资人士、学者专家、行业管理者及媒体人员等不同身份的参与者。另外，农业类产业会展活动室内外不同展区的产业展示，通常具有较强的观赏性和参与性，形成了一种独特的旅游吸引力，大量普通旅游者前来参与。所以，从数量上来看，旅游者往往成为农业类产业会展的主要参与者。

4. *活动的娱乐性较强，旅游色彩浓厚*

大部分农业类会展活动的参与性、体验性、娱乐性显著，旅游色彩浓厚。产业会展活动场地和活动内容本身就是重要的旅游资源，吸引旅游者前来观赏、品尝、采摘、体验，直接消费相关农产品。在当前生活和工作压力较大的状态下，农业产业会展活动场地和活动内容给予大众感受回归自然的轻松与惬意的机会，而且农业节庆通常特意制造亮点激发旅游者的探奇和尝新的兴趣。另外，会展组织方还经常围绕该会展活动拓展开发相关旅游产品，如2019年平阴县在玫瑰节期间举办了旅游资源宣传推介活动，开通"济南透明工厂工业旅游直通车"，启用玫瑰花事研学旅游路线，为全球游客提供更走心、更完美的旅游体验。所以，农业产业会展在较短的举办时间段内迅速集聚大量的旅游流，会展和产业的宣传效果也随之大大加强。这是其他产业会展活动难以企及的旅游效果和优势。

四、产业会展对乡村主题产业的影响

1. 提升乡村特色产业品牌影响力

乡村地区举办的产业会展活动，大多依托于区域特色突出的农产品品牌。举办相关会展活动时，围绕该品牌的现有产品，深入挖掘相关历史文化价值，整合当地产品文化、特色风俗等相关的农业资源，精心组织设计各项活动的内容和形式。因此，产业会展活动参与者身处其中，必然大大丰富对该农产品品牌的认知。该地区特色产业及产品品牌的知名度、美誉度、忠诚度则随之提高，品牌的影响力也逐渐扩大。如保加利亚在每年玫瑰收获的季节，即6月的第一个星期天举办玫瑰节，组织各种以玫瑰为主题的活动，包括玫瑰采摘、"玫瑰皇后"评选、玫瑰花车大游行等传统活动。在五六十年的举办过程中，慕名而来的游客越来越多，保加利亚玫瑰及相关产品的品牌影响力越来越大。经过二十多年的发展，依托我国传统农业特色种植区的生产优势，也有很多产业会展应运而生，诸如山东枣庄石榴节、山东沾化冬枣节、山东泰安肥城桃花节、山东济南平阴玫瑰节等。这些产业会展活动的开展，有力地宣传了特色产业及产品，提升了山东乡村特色产业的产品品牌影响力。

2. 优化乡村特色产业发展环境

产业会展活动本身就是人流、物流、信息流的一次短暂集聚，既聚集了人气，也吸引了超常的关注。人们不仅关注会展活动本身及密切关联的主题产业，还会辐射关注到举办地的全貌。一方面，举办地政府必然能够意识到会展活动的举办是一次极好的对外宣传机会。为保障产业会展活动顺利开展，给外来商贸、投资、考察、旅游的相关人员留下最好的印象，必然会重视和完善基础设施建设，提供最佳配套服务。产业会展活动的这些相关举措将间接地优化乡村特色产业的发展环境。另一方面，产业会展活动的高品质就是举办地的产业发展实力的代表。为了打造区域产业品牌，提升区域特色形象，对外建立长久经济联系，举办地管理部门也会策划一些吸引外来合作方的会展活动，制定一些促进特色产业发展的优惠政策，并提供相应的便利条件。这些举措将直接优化乡村特色产业的发展环境。

3. 带动乡村特色产业旅游发展

农业类产业会展活动举办地的主题产业带来周期性的高度集中的大量曝光机会。展会前后召开新闻发布会及展会期间的开幕式、学术研讨会、产品展销会、贸易洽谈会、文艺会演、展会宣传片、旅游者消费体验推送等各种活动及宣传形式，充分展示了该乡村地区及主题产业，引发和增强旅游者对于乡村特色产业产生旅游和消费的兴趣，开拓了旅游市场。很多乡村地区抓住产业会展这一亮点，整合其他产业资源及文化资源，吸引旅游者多次重游，持续推动乡村旅游大发展。

第二节　山东省金乡县大蒜节与大蒜产业

一、金乡大蒜产业发展状况

1. 大蒜特色产业带动金乡县发展

世界大蒜看中国，中国大蒜看金乡。金乡县位于山东省济宁市，雄踞鲁西南平原腹地，土地肥沃，东汉之初已开始种植大蒜。多年以来，全县主要以大蒜种植产业为生，常年种植面积接近 70 万亩❶，这里生产的大蒜在国内外市场上具有很高的知名度。1992年，在首届中国农业博览会上，金乡大蒜获得银质奖，是到目前为止获得的中国白皮蒜类唯一最高奖。在 1996 年，金乡被国家命名为"中国大蒜之乡"。2000 年，在国家工商总局注册了"金乡大蒜"商标。2002 年，金乡县凭借种植面积最大获得了"吉尼斯世界之最"的荣誉称号。2003 年，金乡大蒜被批准使用"无公害农产品标志"。2003 年 3 月，国家质检总局对金乡大蒜原产地证明标记进行了认证。

截至 2017 年，金乡县大蒜年均产量 80 万吨，带动周边种植区域超过 200 万亩，金乡县大蒜冷藏能力达到 230 万吨，拥有 700 多家大蒜储存加工企业，大蒜产品出口 170 多个国家和地区，出口量占全国出口量的 70% 以上。金乡大蒜品牌价值达 202.85 亿元。种植面积、产量、品级、品质、出口量均居全国之首。

金乡县以大蒜产业兴旺为基石，成功探索出一条以特色产业带动乡村振兴的可行路径。使困扰农业农村多年的交易和消费方式发生了巨大改变。特色产品加工、农产品物流、观光旅游、农村电商等新业态蓬勃发展，实现创富增收多元化。生活富裕了，环境美丽了，住在农村同样感到很自豪。美丽金乡、富裕金乡、幸福金乡的品牌越来越响亮。

金乡县依托大蒜产业，取得突破性发展，收获了各项荣誉。过去几年中，获得国家现代农业示范区、中国宜居宜业典范县、国家外贸转型升级基地（大蒜）、首批创建国家现代农业产业园等多项荣誉，被评为全国生态文明先进县、全国首批民生改善示范

---

❶　1 亩 =666.67 平方米，下同。

县、全国食品工业强县、国家级出口食品农产品质量安全示范区。

2.金乡大蒜产业化发展

整体看来，金乡县以大蒜种植为初始点，已形成从种植到生产加工、仓储、交易、出口、追溯体系的全产业链发展格局。金乡县已成为世界大蒜种植培育、储藏加工、贸易流通、信息发布和价格形成中心，有着"大蒜华尔街"的美誉。伴随着城镇化、信息化、工业化、农业现代化的同步发展大潮，金乡同步实施农工科贸一体化发展战略，加速推进农村一二三产业融合发展，推动新六产发展，不断引进和培育农业领域的新技术、新业态、新模式。大力发展特色、生态、旅游农业，持续抢占现代农业发展制高点。全国首批山东省首家获批创建的金乡国家现代农业产业园，构建以优质大蒜产业为基础的大蒜产业簇群（研发、种植、加工、物流、服务、文化），让农民获得更多全产业链增值收益。网络经济兴县战略，以跨境电商产业园为平台，整合线上线下资源，吸引了阿里巴巴、海尔、齐鲁高速、美国喜万年等国内外知名品牌入驻金乡。让农民坐在家里就可以"买全国、卖世界"。网络经济在金乡持续发力，帮助农民打通了大蒜直销渠道，做大品牌，增加收入。

第一，产业标准化发展。金乡创建了50万亩大蒜种植标准园，30万亩无公害示范田和10万亩有机大蒜示范田，以标准化种植提升内在品质，制定了全程技术标准体系，金乡大蒜种植标准被认定为国家标准。

第二，产业精深化发展。大蒜产业不断创新，推动大蒜产业链条化发展。2020年，已有1400多家企业从事大蒜加工业务，年加工能力持续递增，达到120万吨。加工企业制定高标准的有机食品生产标准和技术操作规程，健全"五级包保、档案管理、质量追踪、服务平台、基地监控和宣传推介"六大保证体系，实施从种植到销售终端的全程跟踪监管。使用防伪标识、条形码和产品追溯码，实现质量安全可追溯。多家出口企业建设农产品质量电子追溯平台、取得有机产品认证、食品质量关键控制点认证。并大力发展大蒜精深加工，高标准规划建设济宁市食品工业开发区，研制开发蒜油、蒜粉、蒜素等深加工产品。以科技创新延伸产业链条，将大蒜资源优势转化为经济优势。新加坡奥兰、美国喜万年、北京首农等世界知名企业落户园区。建成国家级科研平台1家、省级20家，研制开发出黑蒜制品、硒蒜胶囊、大蒜多糖等40余种精深加工产品。基本实现了大蒜从调味品、到食品、到保健品、再到医药的全产业链生产，成为全国体量规模最大、科技含量最高、加工门类最全的大蒜精深加工专业园区。

第三，产业升级化发展。对外销售方面，与沃尔玛等20多家大型超市签订直采合作协议，在全国大中城市设立信息点和农产品直销点，在美国、韩国、新加坡、日本、印尼等20余个国家和地区设立大蒜信息点。品牌建设方面，金乡县实施品牌化战略拓展内外市场，通过举办大蒜节、大蒜产业论坛，支援汶川、武汉灾区等公益活动，金乡大蒜先后荣获中国驰名商标、全国名特优新农产品和欧盟地理标志认证等荣誉称号，连续八年荣获中国国际有机食品博览会金奖，2019年品牌价值已达218.19亿元。科技开发方面，为促进大蒜产业健康发展，近年来，金乡县始终突出科技创新引领作用，致力于突破新品种研发和精深加工技术，相继成立了山东省大蒜产业技术创新战略联盟、大蒜工程技术研究中心、大蒜科研院士工作站和中国大蒜研究院，设有中国农业科学院试验基地、航天育种基地，与中国农科院、中国农业大学、山东省农科院等高校院所开展合作，不断推进大蒜产业科技创新、精深发展。先后建成院士工作站5家，市级以上工程技术研究中心37家，国家级高新技术企业14家，研制开发出硒蒜胶囊、大蒜多糖等深加工产品40余种。信息化建设方面，作为集中展示了全县乡村振兴成果的窗口，金乡国际蒜都中心于2020年7月建成运营。该中心集展览展示、信息发布、产品检测、科技研发、创业孵化等功能于一体，是大蒜产业升级化发展的重要表现。紧跟大数据时代的步伐，运用大数据实时分析掌握大蒜市场动态。在大数据中心，包括大蒜种植面积、仓储、出口、行情等大蒜大数据和农产品质量安全、一二三产物联网实景监控等内容可一目了然。值得一提的是，金乡开通大蒜价格指数，采集了六大产区的市场价格、交易量等数据，收集了2004年以来每天的金乡大蒜市场交易价格，对大蒜价格走势进行分析。还可运用传感器和地理信息技术等，对种植基地实施四情监测，实现农业生产精准化、管理智能化。依托5G技术，实现对一二三产业远程、实时、全方位监控，可以实时查看大蒜种植生长情况、大蒜产品加工过程、大蒜市场交易情况等。该中心的全息成像系统可展示大蒜的生长、管理过程，生动形象。金乡大蒜科普体验馆以实物展示、仿真模型展示、多媒体展示、高科技互动体验展示等表现手法来展现大蒜分布和生长过程、精深加工产品、药用价值和文学价值。设置了网红销售平台，展示各种大蒜制品。该中心还可进行大蒜产品检验检测、科技研发和职业农民培训。

二、金乡大蒜产业会展活动及运营状况

1. 首届金乡大蒜节

金乡县大蒜节是金乡县围绕金乡大蒜产业创办的产业会展活动，活动一般在每年的4月中旬至6月中旬之间开展。

2001年4月26日，依托大蒜产业生产和贸易优势，由金乡县委、县政府发起，中国蔬菜流通协会主办，金乡县承办，首届中国大蒜节成功举行，活动内容丰富，活动成果丰硕。首先，注重大蒜产业研讨工作，组织大蒜专题报告会，《加入WTO对我国蔬菜

贸易的影响和对策分析》《我国大蒜系列产品产业化开发发展战略》《大蒜种质资源利用及良种繁育技术》《山东金乡大蒜的品质优势及开发价值》《蒜薹贮藏保鲜技术的研究发展和前景》《对我国大蒜产业发展的思考》等报告的交流，有利于大蒜产品的开发、附加值的提升及大蒜产业的发展。其次，经贸洽谈、产品展示、专题培训、示范基地和加工企业参观、合同签字仪式、新闻发布会等多项活动举办，推广了大蒜科研和种植成果，展示了金乡大蒜产业的优势。最后，增强了对外贸易往来，进一步深入国际市场。本届大蒜节共接待国内客商1万余人，接待外商60余人，交易方分布于美国、日本、巴西等十几个国家和地区。其间签订各种贸易合同、协议、意向总计68项，技术合作合同18项，贸易量高达21万吨。

首届大蒜节，在大蒜产业的理论研讨、贸易拓展、产业示范推广、对外宣传等多方面产生了突破性影响，对金乡大蒜产业发展起到了综合性的推动作用。

2. 2018中国（金乡）国际大蒜节

2018年6月23日，以"科技·创新·发展·共享"为主题的2018年中国（金乡）国际大蒜节在山东省金乡县拉开帷幕。国家有关部委、协会、省市领导，大蒜相关领域专家、学者，全国大蒜主产区县长，国内外大蒜经销商、电商平台负责人及新闻媒体记者2500余人出席盛会。其间各项活动有力地促进了大蒜产业的发展。

在开幕式活动中，金乡县国家外贸转型升级基地、中国大蒜交易中心分别揭牌。金乡县与智利柯陶卡（Coltauco）市结成友好城市，金乡县人民政府与海尔数字科技签订共建工业互联网平台（COSMOPlat）金乡大蒜物联生态诚信体系战略合作协议，金乡县人民政府与阿里巴巴集团签订了合作框架协议。拓展了金乡大蒜产业的合作领域，扩大了金乡大蒜在国内外的影响力。

大蒜节期间的第二届中国（金乡）大蒜产业创新发展高端论坛，组织了中国农业科学院、中国农业大学、暨南大学、山东农业大学、山东省农业科学院等国内知名专家、教授，分享了大蒜保健品及生物医药发展、国际视野下的大蒜加工和贸易需求、大蒜品牌创建及产业发展相关报告、大蒜种质资源选育和连作障碍治理、大蒜精深加工及生物医药研发、大蒜机械创新发展等最新研究成果，探讨产业发展的方向，为大蒜产业发展提供技术支撑。

金乡大蒜"线上线下"产销对接会，聚集了各大蒜主产区政府部门负责人、有影响力的电商平台负责人、国内大型超市、农批市场负责人、国外大蒜经销商400余人，金乡本地电商平台中蒜大数据、蒜通天下、京信云农网备受关注。产销对接会共签订意向大蒜合同56万吨。会上，金乡县表彰了"金乡县大蒜外贸出口十强企业"，中国蔬菜流通协会授予金乡县马庙镇"中国蒜片贸易中心"牌匾。这直接促进了金乡大蒜的销售，提升了营销效果。

全国大蒜主产区政府合作会议。金乡县联合国内其他 13 个大蒜主产区通过了首届大蒜主产区政府合作会议宣言，采取更加有力和持续的共同行动，实现中国大蒜产业资源共享，搭建和运营大蒜信息公共服务平台，提升中国大蒜的全球竞争力与国际话语权。

3. 金乡大蒜产业其他会展活动

金乡大蒜产业会展活动种类丰富，对大蒜产业发展起到了多方面的影响。表 7-1 列举了金乡部分有代表性的大蒜产业会展活动及其影响。值得注意的是，农业类的产业会展活动并不局限于种植地作为举办地点，如山东金乡大蒜产业论坛等部分金乡大蒜产业会展活动选择在北京举办，大大增强了其宣传效应和品牌影响力。

表 7-1　金乡县历年主要大蒜产业会展活动

举办年份	活动名称	主要活动内容及影响
2002	世界贸易组织（WTO）与中国大蒜产业化论坛首届年会暨大蒜科技成果博览会	结合加入 WTO 的时代背景，探讨大蒜产业化发展之路，展示金乡大蒜产业科技成果，突出主题产业的地位
2003	首届中国国际大蒜节	中外嘉宾 500 余人参加开幕式，组织广泛的考察、洽谈活动，签订一系列供销、运输、加工及合资合作的合同、协议。提高了金乡县农产品国际市场竞争力，增加了农产品出口，促进了开放型农业乃至全市经济的发展
2004	第四届国际葱蒜类蔬菜学术研讨会（举办地为北京）	组织中外与会者参观金乡的葱蒜生产基地，进一步扩大了对外宣传，提高了国际影响
2006	山东金乡大蒜产业论坛（举办地为北京）	首次在北京人民大会堂举办，强化了山东金乡大蒜产业在全国的显著地位
2007	首届中国金乡国际大蒜科技博览会	19 个国家、国内 46 个大蒜主产区、130 余家国内外重点企业、1000 余名客商前来展示展览、洽谈合作
2010	山东金乡大蒜产业论坛（举办地为北京）	通过中央和省级新闻媒体对金乡大蒜做了广泛品牌宣传，进一步提升了金乡大蒜在国际上的知名度和美誉度
2016	第二届中国（金乡）国际大蒜节	颁发"金乡大蒜中国驰名商标"和"国家蔬菜加工技术研发分中心"牌匾，金乡县与国内外客商签订了包含招商、大蒜贸易、农超对接等协议 20 个，签约总金额 17.3 亿元
2017	2017 国际大蒜网络经济峰会	"山东省电商物流园区""中国农村电子商务双创示范基地""全国科技农业创新示范基地""国家 316 农业品牌孵化基地""金乡县大蒜产业联盟""金乡县冷链物流协会""济宁国检贸易便利化服务中心""中国 WTO/TBT-SPS 国家通报咨询中心济宁大蒜产品研究评议基地"揭牌。签署"共建济宁大蒜产品研究评议基地合作协议"。现场直采、项目推介等一系列主题活动，为蒜商、蒜农提供交流合作平台，展现了金乡大蒜产业和网络经济发展成果

续表

举办年份	活动名称	主要活动内容及影响
2019	中国大蒜产业博览会	中国大蒜产业博览会产品展示、中国大蒜年会、金乡大蒜"线上线下"产销对接会、大蒜产业科技创新助推乡村振兴发展高端论坛、金融助力金乡大蒜产业健康发展研讨会、"经略海洋 港城联动"青岛—济宁融合发展推介会暨济宁内陆港多式联运启动仪式等系列活动,扩大了金乡大蒜的影响力
2020	金乡大蒜辣椒产业发展高端论坛	"中国大蒜功能食品研究中心""山东省营养与健康食品创新中心"及"山东省电子商务促进会金乡服务中心"的揭牌,聚焦大蒜营养健康食品开发及产业推广,推动大蒜产业转型升级,延伸产业链条,提高产品附加值,深入探讨双循环格局下大蒜辣椒产业高质量发展之路

主题产业越发达,产业会展活动越频繁,二者紧密联系,相互促进。除了上述侧重于宣传和加强对外联系效果的产业会展活动,还有很多侧重于促进产业健康发展的"保健性"产业会展活动。各种有关大蒜产业主题的会议活动,从不同环节、不同层面为区域内大蒜产业持续发展提供了有利条件和良好保障。例如,金乡县大蒜市场规范交易工作会、2020年大蒜目标价格保险工作推进会议、金融助力乡村振兴暨大蒜产业发展政金企合作对接会议等分别从市场交易、保险、金融等方面维护了金乡大蒜产业健康发展,见表7-2。

表7-2 2020年部分金乡大蒜产业会展活动

举办日期	活动名称	活动内容	影响
1月5日	2020年度全国大蒜行情分析研讨会	全国各大蒜产区大蒜种植面积、苗情、产量等情况的汇报讨论	整合全国各大蒜主产区信息资源,巩固全国大蒜行业信息互通平台的基础,提升金乡县大蒜产业信息协会的行业地位,推进全国大蒜产业健康发展
3月6日	金乡县大蒜市场交易规范工作会	规范大蒜市场交易行为,加强企业信用分类监管	维护大蒜市场的健康平稳发展
4月9日	2020年大蒜目标价格保险工作推进会议	承保机构2020年大蒜目标价格保险工作开展情况汇报	推进大蒜目标价格保险工作顺利开展,通过保险的"稳定器"作用给蒜农送去"定心丸"
4月22日	山东省农业科学院(金乡)大蒜装备产业技术研究院授牌仪式	专门设立大蒜装备产业技术研究院,工作计划重点解决大蒜产业装备有效供给不足、农机农艺融合不紧密等问题	加快大蒜机械科技创新和成果转化,推动金乡大蒜产业取得新的更大突破

续表

举办日期	活动名称	活动内容	影响
11月30日	金融助力乡村振兴暨大蒜产业发展政金企合作对接会议	推介了金融支持乡村振兴、大蒜产业相关政策和金融产品。9家银行与24家企业达成了贷款合作意向,贷款额度达3.43亿元。	加强各金融机构与涉农企业的沟通合作,提升金融支持乡村振兴和大蒜产业发展的深度、广度和精准度,增强涉农企业发展信心
12月17日	2020年大蒜目标价格保险工作动员会议	安排部署明年大蒜目标价格保险工作	全力推动承保工作扎实开展,全面落实好这项惠民政策,为金乡大蒜产业持续健康发展、广大蒜农利益保障做出新的更大贡献

4. 金乡大蒜节运营现状

产业会展活动的运营状况直接影响主题产业发展的促进效果。参展商是最为重要的参与人,其评价结果能够反映出会展活动运营中的问题及需要改善的方面。因此,本研究对2018—2019年金乡大蒜节参展商进行匿名抽样调查,得到了相关数据,用以分析金乡大蒜节当前运行效果及存在的问题。

本次调查中的参展商具有多种不同的身份,具体分布情况如下:种植户占25%,商贩或经纪人占47%,投资者占3%,加工企业占16%,行业协会占2%,媒体占2%,其他身份占5%。参展商身份调查既可以说明此次调查范围的广度,也可以让我们了解不同身份的参展商在参加金乡大蒜节的不同感受。这恰好代表了多数参展企业分布情况。因此,样本分布较广,具有代表性。

参展次数调查结果显示,第一次参展者占统计数据的12%,其余均为多年连续参展。可见参展商的忠诚度比较高,该产业会展活动具有较强的吸引力。参展商从多种渠道获取展会信息,其中,由主办单位邀请参加者占统计数据的47%;通过网络媒体获取信息者占11%;通过主办单位官网获取展会信息者占29%;通过微信公众号获取信息者占3%;通过宣传单页获取信息者占9%;通过其他渠道获取信息者占1%。参展主要原因方面,以交易为主要目的者占比为72%;可见参展的诉求主要在于达成交易。其次为寻找合作伙伴者,占比为19%;另外两类参展诉求者分别为6%为了获取信息、3%为了其他原因。

另外,参展商对产业会展活动满意度的问题主要涉及展会现场服务与展会期间食宿设施及环境的评价。展会现场服务的满意度方面的调查结果显示,25%的参展商表示非常满意,20%的参展商表示满意,认为一般者占25%,表示不满意者占比高达30%。而展会期间食宿设施环境的满意度调查结果显示,非常满意者占比45%;满意者占比为

30%；认为一般者占 15%；10% 的参展商表示不满意。综合看来，参展商对食宿设施及环境方面的满意度高于展会现场服务的满意度。也从侧面说明了参展商更重视展会现场的服务与管理工作，对这方面更加挑剔。

三、产业会展活动影响主题产业发展的促进对策

1.加强政府对农业类产业会展活动的引导

政府相关部门应该完善、健全产业会展相关法律法规，引导相关机构自觉遵守行业规则，进行自我约束。第一，梳理现有法律法规，取消或者调整不合理的部分；第二，对于在会展活动过程中出现的新问题进行探讨，有针对性地制定与完善相关法律法规。第三，进一步扩大开放政策，鼓励民间企业积极参与国际相关会展活动。放宽市场准入，吸引优秀参展商来参加特色产业会展活动及参与举办会展活动，加强国际产业会展的交流，提高特色产业会展质量。第四，制定产业会展活动指导总政策。为地方特色产业会展的发展提供引导，鼓励地方政府进行制度创新，制定适合当地特色的相关举措，以针对不同类型会展活动进行相应的扶植，促进当地主题产业和会展业共同进步，均衡发展。

2.培养和吸纳会展优秀人才，提升会展现场服务水平

会展现场的服务水平主要体现在现场人员的安排、协调与执行工作上，但由于会展业兴起至今时间尚短，人才培养体系不完善，会展行业人才短缺，仅有的人才大部分流向大城市，而农业类会展活动大都在小城市或乡镇举办，难以吸引到会展活动中高水平的从业人员，很多现场管理人员和工作人员都是被临时借调而来的举办地政府部门的职工。专业人员缺乏，服务质量难以保障，现场服务满意度必然不尽如人意。目前的金乡大蒜节也存在此现象，因而参展商对于现场服务评价并不高。要改善这种情况，全国范围内应该多方面、多渠道地加强培育适合地域特色产业会展发展的高素质专业性人才的相关工作，农业类产业会展举办方要制定灵活吸纳会展人才的政策，分批次分层次引进专业人才。为解燃眉之急，举办方可以高薪聘请专业人员指导会展现场工作，并安排具有一定会展服务工作基础的人员跟随学习，适时安排其外出参加学习，参加专业培训，逐步提升实战能力和专业素养，最终培养出该会展活动的特色专业人才。

3.加强举办地基础服务设施建设，改善配套服务环境

产业会展的发展对于当地城市的发展具有积极推动作用，但同时也需要举办地各类相关服务行业的支持，尤其是与展会参与者的活动密切相关的餐饮住宿、交通运输等行业。对于大城市而言，这项要求的满足是轻而易举的。但对于大部分农业类产业会展

活动举办地小城市或乡镇而言，基础设施不完善，配套行业缺失或者服务水平层次较低，必然满足不了会展活动参与者的需求水平。然而，一定数量的参展商对于参展期间所居住的食宿设施及环境表示不满意，这自然会影响到其对主题产业及当地经济环境等其他方面的评价。举办地政府部门应积极加强基础服务设施建设，改善配套服务环境。首先，场馆是举办会展活动的重要条件之一，但是对于中小城市而言，场馆利用率并不高，维护费用却很高。对此，管理者可以举办各类文娱等活动的方法来提高场馆利用率，无论如何不能通过降低维护水平来维持运营，场馆的硬件水平是保障活动高效完成的基础条件之一。其次，重视当地配套行业的建设与完善工作，并加强当地展会相关服务行业的联系，着眼于长期合作，提高其服务意识和品质。总之，举办地要从硬件设施、软件服务及整体环境的文化体验等方面提升服务质量和水平，进而提高产业会展活动的美誉度和参与者的重复参展率。

4. 紧密结合主题产业突出品牌特色，提升展会竞争力

进行品牌建设是企业可持续发展的必然之路，对于产业会展亦是如此。产业会展品牌建设，提高产业会展品牌影响力，是提高产业会展竞争力的关键。而产业会展品牌建设的关键在于打造品牌特色，也就是紧密结合举办地的主题产业与地域特色，突出该产业会展的个性。首先，加强金乡大蒜产业会展活动的高水平意识，通过开展会展活动服务、会展形象建设和品牌传播等活动，借鉴国内外优秀的会展运营管理经验，增加与国际知名会展机构的合作，提高产业会展运营的专业化水平，这是打造金乡大蒜产业会展品牌的基本要求。其次，制订长远规划，根据金乡经济发展需求，正确定位，细分市场，积极组织开展具有当地大蒜产业特点的品牌会展活动，也可根据需要打造系列品牌活动。巩固提升已存在的活动，扩大规模，提高质量，创新大蒜产业会展活动形式，以吸引更多国内外优秀客商，形成特色会展活动发展的良性循环。再次，增强会展品牌宣传，紧跟时代潮流，刷新营销方式，通过先进的品牌营销方式，增强招展招商力度，提高国际参与程度。根据参展商获取信息渠道的调研结果，主要依靠主办方邀请和官方网站的新闻资讯，说明当前金乡大蒜产业会展活动的宣传渠道并不丰富，尚未充分开发品牌塑造的有效途径。所以，开拓宣传渠道十分必要，特别是随着科学的进步及网络技术的迅猛发展，网络媒体宣传力量不容忽视，整合创新宣传模式，吸引更多知名品牌企业和机构参加会展活动。整合利用优秀资源，创新性地通过网络新闻媒体、个体平台、自媒体等宣传途径，利用不同宣传方式的优势，实现不同的宣传效果，全面提高大蒜产业会展品牌在国际上的品牌认知度和美誉度。最后，借助互联网技术，举办线上展会，与线下展会进行互补，提高传播效率和品牌影响力。

第八章　农业会展活动与科技示范乡村振兴

第一节　理论基础与研究设计

乡村振兴是关系国计民生的根本性问题,而乡村产业振兴是解决好"三农"问题的关键。农业会展既为农业发展服务,也可视为大农业的组成内容之一,其自身又是会展业的重要构成部分,一直在国内外区域经济发展领域占据重要地位。遗憾的是,农业会展作为会展业和农业一个较细小的分支,尚没有标准性定义。国外的农业会展活动的综合性较强,一般指的是展示农业和畜牧业相关联的器械、动物、运动、休闲娱乐的公共事件。在国内,农业会展是中国境内举办的,以推动农业发展和农产品贸易为主题的各类展览、展销、会议和节事等活动。[1]这一定意义上体现了农业会展所具有的时空聚集性、组织性及最终的经济目的性的内涵,这一点对于科技推广、乡村振兴意义重大。

农民作为乡村经济发展中的重要主体,是农业科技推广的最终受益者,他们对农业会展在科技推广示范效用方面的认知和行为具有重要意义。那么,农民对农业会展活动的乡村产业和区域经济的带动效应有着怎样的认知呢?这些认知又是如何影响他们对待农业会展活动的态度和行为呢?产业实践与产业发展要求我们提出上述科学问题并做出探索性研究。

山东要打造乡村振兴的齐鲁样板,需要充分挖掘并发挥特有的资源和产业优势。山

---

[1] 农莉芹.农业会展对举办地经济发展的影响研究:以中国(寿光)国际蔬菜科技博览会为例[D].泰安:山东农业大学,2018.

东大棚蔬菜产业可谓全国乡村种植业中的发展典范。在大棚蔬菜产业发展过程中，寿光菜博会起到了不可忽视的推波助澜的作用，尤其在推进科技示范方面意义重大。

一、农业会展基础理论

1.农业会展的定义

会展最初兴起于欧洲地区，是会议和展览的总称。美洲经济迅猛发展之后，会展涵盖的范围进一步扩大，包含了公司会议、奖励旅游、协会和社团会议及展览会，因此，MICE成为其较为常用的简称。随着全球化经济的发展，会展范畴上的内容得以不断增加，事件活动也归入国际统计标准口径中会展的范畴。截至目前，MICE中的"E"，是展览会和事件活动的代表。在国内，会展被关注源于节庆活动，尤其是大型活动——北京奥运会、上海世博会相继举办，对政府和业界的影响冲击较大，各地节庆活动为当地经济发展提供的有效平台作用，相关研究随之悄然兴起。国内学者普遍认可国际上大会展的范畴，据此，农业会展既是会展业的构成部分，自身又具有较强的综合性。农业会展包括五类活动，即农业展览、农业大型活动、农业会议、农业节庆活动、其他农业相关特殊活动等。

农业会展综合性较强，在国外，它主要包括牲畜展、涉农交易会、涉农运动比赛及涉农娱乐活动，经常被称为"Agricultural show"或"Livestock Show"，因此，国外的农业会展一般指的是展示农业和畜牧业相关联的器械、动物、运动、休闲娱乐的公共事件。"Agricultural Fair"，是北美的一些地区对农业会展的称谓，也有些地区将其称作地区交易会，如县交易会"County Fair"、州交易会"State Fair"。国内农业会展的界定来源于学者和协会。农业会展是以农业和农产品贸易为主要内容，以会议、展览、展销、节庆活动等为主要形式，以一定的场馆设施和展示基地为基础，专业公司策划组织，各类市场经营主体和消费群体参加的商贸经济文化活动。2009年，中国贸促会农业行业分会发起我国农业会展分类认定工作，将"中国农业会展"界定为，在中国境内举办的，以推动农业发展和农产品贸易为主题的各类展览、展销、会议和节事等活动。

综合国内外农业会展相关研究，截至目前，农业会展的概念仍没有统一界定。根据本项目研究需要，本研究中对农业会展的界定参考中国农业行业协会的定义，并强调农业会展在内涵上具有的时空聚集性、活动组织性、经济目的性这三个表征特点。

2.农业会展活动的经济特征

资源集聚的特性。会展活动的举办就是产品、技术、市场、人才、信息等各种资源的短暂集聚，这是会展活动的突出特点。会展活动的等级和效果就表现在它所集聚资源的丰富程度及所集聚资源的水平高低等方面，所以，会展活动的发展潜力往往取决于它的资源集聚水平及效应。农业会展活动本质上就是农业相关产品、技术、市场、人才、信息等各种资源的集中性的交流方式，集聚产业领域最新的成果、技术、品牌和业态，形成活跃的产品流、技术流、资金流、人才流和信息流。❶企业和机构在大量资源集聚形成的互动环境中，签订买卖合同，达成技术成果转让意向，考察投资项目、拓展了销售市场，塑造和强化了产品品牌形象，了解了专业技术和信息，激发了创新创造的意识。农业会展还具有一定的资源向心力，相关生产要素集聚形成节约成本、效用增加等经济效应。因此，农业会展通过资源集聚，加强了农业产业交流，促进了农业产业链中各环节和资源的整合。

产业集合的形式。会展业是以产业集合的形式存在。会展活动举办过程中，参与经营的企业类型多样，除会展场馆、会展组织者及会展服务商这三类核心企业以外，还有众多相关配套产业。

平台经济的本质。近年来，平台经济快速兴起。平台经济是借助于一定的交易空间或场所，促成双方或多方客户之间的交易，收取一定的费用而获得收益的商业模式。❷在一定程度上，农业会展活动突破了地域上的空间限制，通过提供平台以促成交易而收取参展者的展位费、门票费、招商费等以获得收益。

临近关系的媒介。邻近关系包括地理邻近和关系邻近。农业会展活动为行为主体暂时性接触提供了机会，部分农业经济主体之间形成暂时性邻近关系，而且这种临时的地理临近关系通过进一步交流，适当条件下就转化为关系邻近，加强了农业经济内部的合作与发展。

农业发展的目的。根据农业会展的定义，以农业发展和农业贸易为主的举办目的这一基本特征得以凸显。从内容上看，农业会展的主题涉及农业生产、加工、销售、科学技术、服务、休闲等，由此，农业必须有利于区域农业经济的发展，这是农业会展举办的主要目的，具体表现在促进农业贸易、推动农业技术推广、催生休闲农业、旅游农业、概念农业等新产业形式等。

3. 农业会展活动与乡村振兴战略

乡村一直以来是人们生活的主要场所。在经济快速发展的今天，乡村居民在数量上仍然占据较大比例，但乡村经济与社会状态较为低迷，其振兴不仅是全体乡村居民的诉

---

❶ 王晓文，张玉利，王菁娜. 会展经济效应的作用机制研究：一个以创业活动为传导路径的观点[J]. 旅游科学，2011，25（4）：49-57.

❷ 徐晋. 平台经济学[M]. 上海：上海交通大学出版社，2007：39.

求,也是我国城市居民的需求。乡村居民的生活与城镇互促互进、共生共存,共同构成人类活动的主要空间。我国人民日益增长的美好生活需要和不平衡不充分的发展之间的矛盾在乡村最为突出,我国仍处于并将长期处于社会主义初级阶段的特征很大程度上表现于乡村。全面建成小康社会和全面建设社会主义现代化强国,最艰巨、最繁重的任务在农村。2017年10月18日,党的十九大报告中提出了实施乡村振兴战略,2018年9月,中共中央、国务院印发《国家乡村振兴战略规划(2018—2022年)》。实施乡村振兴战略的重大历史任务,在我国"三农"发展进程中具有划时代的里程碑意义。

实施乡村振兴战略是建设现代化经济体系的重要基础。农业是国民经济的基础,农村经济是现代化经济体系的重要组成部分。乡村振兴,产业兴旺是重点。实施乡村振兴战略,深化农业供给侧结构性改革,构建现代农业产业体系、生产体系、经营体系,实现农村一二三产业深度融合发展,有利于推动农业从增产导向转向提质导向,增强我国农业创新力和竞争力,为建设现代化经济体系奠定坚实基础。

当前我国农业农村基础差、底子薄、发展滞后的状况尚未根本改变,经济社会发展中最明显的短板仍然在"三农",现代化建设中最薄弱的环节仍然是农业农村。主要表现在:农产品阶段性供过于求和供给不足并存,农村一二三产业融合发展深度不够,农业供给质量和效益亟待提高;农民适应生产力发展和市场竞争的能力不足;农村基础设施建设仍然滞后,农村环境和生态问题比较突出,乡村发展整体水平亟待提升;城乡之间要素合理流动机制亟待健全。

农业会展具有的服务于农业经济发展的目的及其自身属于第三产业,而且在举办过程中需要相关第一、第二产业的配合等这些经济特征,充分说明了农业会展在乡村振兴战略规划中的重要意义。农业会展的发展就是农村一二三产业融合发展的表现,农业会展的举办就是农产品供求不均衡的调节,农业会展的存在就是城乡要素合理流动的载体,农业会展的繁荣就是农业农村薄弱现状的改善。值得说明的是,农业会展具有的农业科技信息传递和新技术示范推广效用,直接助力农业相关产业的发展,提高农业生产效率,以科技带动农业发展、农民增收。农业会展在农业科技引领示范乡村振兴中的作用不容小觑,值得重视并开展深入研究。

二、研究现状及研究思路

1.国内外相关研究动态

20世纪90年代初,节事活动学者约翰·艾普(John Ap)在节事活动领域开展感知价值相关研究❶，逐渐形成了国内外节事活动领域感知价值的研究热点。综观国内外相关节事感知研究，目前的研究者均从社会学的研究视角，以理性行为理论和社会交换理论为理论基础，选择了不同参与者进行分析研究，其中以旅游者、场馆或（会展中心）所在地社区（城市）居民、参展者（参展商或专业观众）三类研究对象为主。除了分析对象和节事活动的类型不同，研究者在感知研究的内容方面也有差异，有的研究侧重于大型综合性博览会的社区居民的感知内容与感知维度❷，有的研究针对旅游地居民对旅游业发展的感知态度与支持行为这两个变量之间的关系做了不同的案例研究❸❹，陈晓艳等强调中介变量的作用，以中国花博会为例，探讨了中介变量对旅游地居民关于事件旅游中感知态度与支持行为之间的关系❺，还有的研究内容侧重于对社区居民对大型活动的感知态度的影响因素。❻大部分国内外学者持有较为一致的观点，即旅游领域的感知研究的理论和方法可以转移到在节事活动领域❼❽，所以，本文选择菜博会所在城市寿光的蔬菜种植户为研究对象，感知研究理论和方法上参考了大量国际国内旅游领域、事件旅游、节事活动等领域的感知研究文献。

节事活动的举办对于所在地的区域经济发展具有渐趋深远的辐射作用，一般而言，节事活动的规模越大，其区域经济影响的辐射范围越大，辐射作用越明显，也越容易引起地方政府的重视及研究者的关注。已有节事活动影响的感知研究中，研究案例多数以大型的国际性活动为主。但是，地方性的节事活动也越来越被关注。这些活动具有举办时间固定、地域标志性较强、社区居民积极拥护、被当地政府视为地域经济发展的重要媒介和催化剂等特征，虽然经济辐射范围和辐射作用不及大型国际性节事活动，但对举

---

❶ AP J. Residents' perceptions on tourism impacts[J]. Annals of tourism research, 1992, 19（4）：665-690.

❷ 郭英之，臧胜男，彭兰亚. 社区居民对2010年上海世博会影响感知的实证研究[J]. 旅游科学，2009（3）：36-40.

❸ NUNKOO R, GURSOY D. Residents' support for tourism：An identity perspective[J]. Annals of Tourism Research, 2011, 39（1）：243-268.

❹ GETZ D, PAGE S J. Progress and prospects for event tourism research[J].Tourism management, 2016, 52（2）：593-631.

❺ 陈晓艳等. 基于总体态度中介变量的事件旅游影响居民感知与支持行为研究：以第八届中国花博会为例[J]. 人文地理，2016（5）：106-112.

❻ 王起静. 居民对大型活动支持度的影响因素分析：以北京2008年奥运会为例[J]. 旅游科学，2010（3）：63-74.

❼ HINCH T, JACKSON E L, HUDSON S, et al. Leisure constraint theory and sport tourism[J]. Sport in society, 2005, 8（2）：142-163.

❽ 陶卫宁，张淑珊. 基于休闲限制理论的澳门居民MGP相关休闲行为研究[J]. 旅游学刊，2016, 31（6）：50-59.

办地经济而言却举足轻重。而且，目前行业会展活动的举办地一般具有行业优势或地域优势，主题突出的专业展会对于举办地的行业发展更是意义重大。因此，可以说，农业会展活动对举办地的农业生产者必定产生较大影响。反过来，举办地的农业生产者作为展会活动的参与者，对农业会展活动产生影响的认知状况和态度如何也是农业会展活动效果的重要组成部分。然而，大型节事活动的影响往往是综合性的，学者们关注的不仅是经济影响，也关注到其社会、环境和文化等方面的影响。因此，从国内外研究现状整体上看，研究案例的选择上以大型综合性节事为主，研究内容的选择上多数以居民关于节事活动的综合影响感知为主。截至目前，选择农业会展活动感知为研究内容的研究极为少见，国内仅有乡村居民关于乡村节事旅游的影响感知和社区居民关于中国花博会的影响感知等两项相关研究。[1][2]尚未有专门针对农业生产者关于相关主题农业会展活动影响感知的专门研究。该视角的研究将是节事活动影响感知研究的重要补充。

  该研究第一部分为理论基础及乡村振兴战略下农业会展发展的时代意义。第二部分分析农业会展发展现状及存在问题。第三部分为农业会展活动的科技引领示范乡村振兴的作用路径分析。第四部分从科技示范效用视角进行种植户关于农业会展乡村振兴影响的价值认知假设和调研设计。第五部分从科技示范效用视角做了农民对农业会展活动作用于乡村产业的价值认知结构方程模型分析。第六部分，基于前述理论分析与实证检验结果提出农业会展活动作用于乡村产业振兴的应用指导及发展对策。一方面，基于我省农业会展发展现状及存在的市场结构问题得到的指导与对策启示。另一方面，基于价值认知—态度—行为关联路径关系结果与种植户感知差异及结果得到指导与对策启示。

  理论价值方面，本研究对农业会展业市场结构分析及种植户关于农业会展活动科技示范乡村振兴影响感知理论假设及模型构建两个方面做了较为系统的研究，具有一定的创新性。应用价值方面，本研究结果有助于最大限度地引导山东农业会展活动发展，实现其对乡村产业振兴的效用最大化。第一，研究有助于农业、旅游及相关管理部门和职能部门认识到农业会展发展在当前时代背景下的重要意义，加强重视并积极采取相关措施维护其快速发展。第二，本研究结论将在指导各级政府把深化农业会展发展作为促进乡村产业振兴战略实施的手段时，能够密切结合当前农民认知实际，调整农业会展发展的方向，确定农业会展发展的目标，改善农业会展运行方式，提高农业会展经济效益。第三，作用路径的

---

[1] 戴林琳，盖世杰. 基于结构方程模型的乡村节事及节事旅游影响居民感知研究：以北京长哨营村为例[J]. 北京大学学报（自然科学版），2011, 47（6）：1121-1128.

[2] 陈晓艳等. 基于总体态度中介变量的事件旅游影响居民感知与支持行为研究：以第八届中国花博会为例[J]. 人文地理，2016（5）：106-112.

理论分析结合菜博会实证,将为其他县镇发展乡村产业提供模式借鉴,促进乡村振兴。

2.研究思路与方法

根据研究目的,本研究梳理了研究路线,见图8-1。为了保证研究结果的科学性,研究过程中综合运用了多种研究方法。系统论方法,用于设计研究结构及认知—态度—行为关联分析等部分具体研究。实证研究法,以寿光菜博会举办地农民的感知为例探究农民对农业会展活动作用于乡村产业振兴的认知状态及其对态度及行为的影响。模型分析法,拟用结构方程模型分析农民对农业会展活动的认知差异及对其农业会展活动的态度及行为的影响。问卷调查法,用于调查有农业会展活动参与经历的寿光部分社区及村镇农民的认知状态,参考相关研究成果设计调查问卷并进行实地调查。专家意见法,用于调研分析农民对农业会展活动作用于乡村经济振兴的价值感知维度的确定及其他观点。文献分析法,用于认知及行为选择等理论及应用研究、旅游感知研究、节事感知、农业会展等研究文献整理与分析。

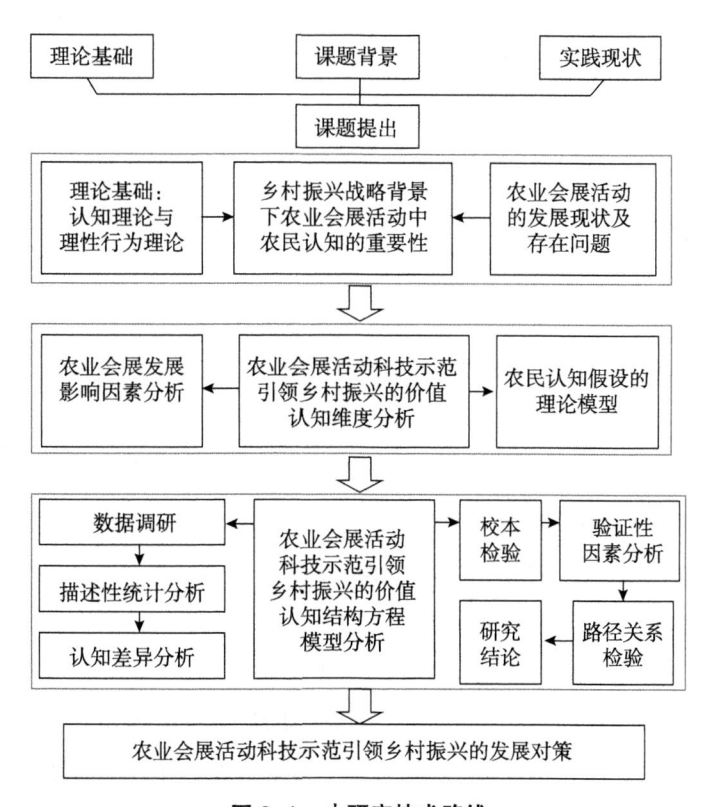

图8-1 本研究技术路线

第二节 我国农业会展活动现状及存在问题

一、我国农业会展活动现状

1. 农业会展活动数量增长较快，但经济效率参差不齐

农业会展业对于农业大国意义重大，但当前我国农业会展业经济效率不高，制约着其自身发展和以科技引领示范功能为主的经济社会效用的发挥。农业会展与其他会展活动的区别在于其以农业企业和消费者为特定服务对象。农业会展的经济作用表现在多个方面，如推进农业的市场化进程，促进农业产业体系的建设和完善，提升农业的国际化水平，扩大农业的影响力，增强农业的竞争力等。新世纪初期，随着农业经济和农产品贸易的迅速增长，我国农业会展出现了爆发式增长。但是，行业整体上的重复办展和资源配置效率低、规模经济效应不明显等行业发展不成熟的弊端也凸显出来，大量的能源会展项目绩效低回。所以，2010年中央一号文件中指出要"发展农业会展经济，支持农产品营销"。

2. 农业会展市场管理加强，产业发展渐趋规范化

农业会展整体市场中市场化行为明显增强。其一，政府主办及参与主办的会展所占比重显著下降。2014年部分新生农业专业展中，协会和公司成为办展主体，政府逐步退出农业会展市场。其二，目前存在的重复办展、产品相似等农业会展活动诟病，部分办展主体已经意识到，并开始采取组织调整行为，全国农机展由原来的三家协会每年各自单独主办，调整为三家协会共同主办春秋两季的两个展会。相似展会逐渐合并，整体上农业会展得到整合优化，规范化发展。

3. 政府作为市场管理者和协调者的角色渐渐增强

2005年，农业部发布《农业部展览工作管理办法》，开始规范管理农业部及所属单位举办的农业会展活动。2009年，中国国际贸促会农业行业分会启动了"中国农业会展分类认定"工作，开始统计和分类认定各类农业会展。2010年、2014年，农业部两次修订了《农业部展览工作管理办法》，进一步规范申办、组织程序及管理原则。2012年党的十八大提出的全面清理规范的要求，农业部确定政府主导型农业会展改革要实现

"五化"和"三效"的目标,即"市场化、专业化、品牌化、国际化、信息化"和提高会展"效率、效果、效益"。因此,现阶段农业会展的办展规范性更强了,发展方向更明确了。

二、我国农业会展活动的市场结构与市场行为

1. 农业会展活动组织者市场结构分析

行业进入障碍方面,2002年之前,我国会展业管理体制一直沿用审批制,2002年11月,国务院取消了关于"全国性非涉外经济贸易展览会"的审批制,改为登记制。2011年,政府、协会和会展公司主办的会展数量分别占总数的47.3%、37.5%和15.2%。从当前我国农业会展组织者市场主体构成来看,农业会展具有准公共产品属性,外部性显著,会展公司缺乏进入部分会展的积极性。另外,行业协会受到会展活动所取得经济收益的激励参与热情度高。显然,农业会展组织者市场上存在自然和技术壁垒,但更重要的是政府的高度参与,实质上给企业设置了一个无形障碍。政府办展的资金优势和宣传优势无可比拟,并由此导致政府主办的展会规模不断扩张,在信息不对称情况下,参展商基于规模偏好一般会放弃企业主办的小规模展会。可见,新供应商难以进入,农业会展的组织者市场的进入障碍高于普通会展。

市场集中度方面。由进入障碍导致了市场集中度的表现具有层面性。在一定区域内,该市场上只有少数供应商,若将农业会展进一步细分,其组织者细分市场结构属于垄断型,所提供产品的替代品少,制定价格不必考虑其他的替代因素。但从全国层面上,各级政府机构繁多,协会方面仅农业部主管的国家级农业类社团有56个,山东省农业厅主管的省级农业类社团有25个,可见组织者市场主体数量较多,各区域间存在较为激烈的竞争。

产品差别化方面。农业会展产品的差异度可表现在会展的类别、规模及级别等方面。由于会展业是典型的需求方规模经济,占据相当的市场份额才会盈利,小规模、小级别的会展在市场竞争中难以存活或终将被淘汰。所以,农业会展产品的差异度的衡量可主要分析产品类别。2011年,我国各地举办中等规模以上(展览总面积2000平方米以上)农业会展有256个,包括食品、饮品综合、农产品加工品及农业生产资料综合、农业生产资料综合3类综合展和茶叶、畜产品、花卉苗木、粮油、农机、果蔬、肥料及农药、水产品、种子及其他10余类专业展。其中综合展占总量的43.4%;专业展中茶叶类展览最多,达27个。可见产品在一定差别化的基础上,集中度也很高。根本原因

在于组织者的构成，政府方面，各地政府追求政绩，加之农业类展会的政府补贴政策，更加淡化了产品绩效。农业行业协会方面，相关性强，导致所提供会展产品内容交叉多，组织的会展项目雷同度较高，需求交叉弹性大。厂商并不能获得垄断利润，资源还被浪费，配置效率低。

2. 农业会展活动服务商市场结构

市场集中度与产品差别化方面。如前所述，本书的会展服务商指的是会展设计、策划、搭建、物流、广告等提供会展服务及产品的相关机构，既包括专门从事会展业务的专业会展组织者，即会展服务公司，也包括只将会展服务作为其分支业务的物流公司、广告公司等。但因为会展服务产品所具有的普适性，会展项目的短期性和农业会展的狭隘，市场上并不存在专门的农业会展公司。因此，对于农业会展服务商市场而言，各业务模块的服务商数量众多，单个厂商的生产规模和市场占有量分别只占总生产规模和市场总量的较小比例，虽然不同厂商提供的产品和服务之间存在一定差别，但是彼此之间的可替代性还是很大的，因此各独立的生产者之间存在激烈竞争。

进入退出壁垒方面。农业会展服务商市场的进入壁垒主要包括网络壁垒、必要资本存量、产品差别化壁垒和技术壁垒。服务商进入有一定壁垒，主要表现在会展业关联性强带来的网络壁垒，即需要和上游企业建立广泛的网络联系，才能顺利开展业务。会展公司的业务和服务是运作会议、展览、节事活动等，但一般其服务需要依托于会议、展览、节事等活动的场所供应机构，如会议中心、酒店、展览中心、博物馆等。其服务还需要餐饮、住宿等产品以满足参会者和参展者的生活需求，也需要物流、交通、装卸等相关服务的辅助，上述服务和产品都需要从其他行业的部门和企业购买。这一业务性质也决定了会展公司极低的资本壁垒，其注册资金和营运成本相对于其他行业来说可谓进入门槛极低，导致大批小型会展公司如雨后春笋般迅速建立。从展会举办的层面来看，规模越大，运营成本就越高，而且至关重要的是，由于展会运营特点导致的前期投入就越多，反之，规模越小，必要资本壁垒就越低。所以我国小型农业展会遍地开花，而大规模农业展会则少之又少，这是目前经营主体发展不均衡的结果之一。对于大型农业会展活动，小型会展公司经营乏力，大型会展公司少，无暇顾及经济收益较低的农业类展会。另外，技术壁垒也不高，主要表现为用工成本和物业成本，除专业会展公司外，其他服务商提供的产品和服务均是其分支业务，与其主营业务有共通性，所以其转换成本并不高。总体看来，新的会展服务商进入市场和退出市场都具有较大的自由。一旦进入者较多，产品供给量超过需求量，进入者的收益必然下降，这时，很多企业就会选择退出市场。因此，该市场的进入退出壁垒不高，总体上竞争较为激烈。

3.农业会展活动场馆市场结构

会议和展览活动的开展必须依托于一定的空间,因此,会展场馆是会展行业发展必需的硬件设施和活动场所。会展场馆的规模和档次,往往对本地会展业发展起到最为关键的支撑作用。反之,缺少一定规模和档次的会展场馆,常常成为制约一个地区会展业发展的唯一要素。但是,任何一个会展场馆的建设,都需要投入大量的资金,意味着这类企业的必要资本非常高。必要资本量高导致会展场馆市场进入的壁垒高。由于会展场馆一旦建成,其空间布局和结构相对固定,改造成本很高,这又意味着会展场馆的资产专用性很强,因此其退出壁垒很高。总体看来,会展场馆的投入大,风险大,维护成本高,收益回收期很长,所以,会展场馆的投资者需要拥有雄厚的资本和极强的抗风险能力,民营资本一般不愿意涉入,导致目前的会展场馆一般都是政府投资或者以政府为主要投资方建设而成的。

4.农业会展活动组织者市场行为分析

歧视性定价行为。近年来,农业会展从区域上来看,其参展的门票价格和展位的租赁收费的差别较大,可视为存在歧视性定价行为。从具体体现上来看,会展业发达地区和农业产业水平高的省市,如北京、上海、广州、深圳及山东等地的会展价格普遍高于中西部地区的中心城市,大城市的会展价格往往高于中小城市。区域内也存在较大差异,以2009年山东省内农业会展比较发达的青岛、济南、潍坊、烟台四个城市农业展览摊位费为例,青岛最高为4500元,潍坊最低为3600元,差距较大。另外,农业会展的价格与产品的知名度和品牌也有很强的关联性,一般而言,具有一定品牌知名度的农业会展项目,参展商和专业观众的规模和层次都优于普通会展,所以其价格往往较高,而且有的出现展位被高价倒卖的现象。

组织调整行为。组织者市场主体中行业协会之间领域具有交叉性,利益驱使下,各主体纷纷牵头举办同类或相似主题的会展项目,产品之间替代性强。参展商和观众为节约成本,只能选择部分会展参加,大大降低了农业会展的规模经济效应,单体会展绩效低回。所以,部分农业会展组织者市场主体逐步展开组织调整行为。2011年,在农业部农业机械化管理司的协调下,中国农业机械流通协会、中国农业机械工业协会、中国农业机械化协会经磋商决定,每年共同主办、承办春、秋两次全国性农机展览会,春季展览会名称为"全国农业机械展览会",由中国农业机械工业协会牵头举办;秋季展览会名称为"中国国际农业机械展览会",由中国农业机械流通协会牵头举办。各协会不再独自主办、协办全国性的农机展览活动。使全国农机会不再被分割,集中资源打造农机产业链、供应链、服务链的完整展示平台,提升全国农机展的影响力、凝聚力和竞争力。

进一步强化类似的合作行为,是解决当前农业会展业中产品相似性过高的根本途径。

5. 农业会展服务商市场行为

农业会展服务商当前市场行为最典型的是掠夺性定价行为。掠夺性定价行为是指一个公司开始时降低价格将竞争对手驱逐出市场并吓退潜在的进入者,当这个公司可以处于限制供给的地位时,再提高价格。❶ 农业会展业竞争中经常出现价格大战现象,尤其表现在中小型农业会展活动中。一些农业会展公司(会展承办方)为了吸引更多的参展商参展,以极低的价格招展,使会展市场处于无序竞争状态。很多为参展商提供设计搭建展台等服务的会展服务商为争夺客源,报价时仅留给自己极小的利润空间。然而,当参展商(客户)成熟后变得理智,便不再将价格作为首要因素,更看重的是服务商的品牌,能否给参展商带来最大化经济效益和宣传推广、提升形象等其他收益。❷ 所以,会展公司实行掠夺性定价不仅不能真正驱走竞争者,还会使自己因为低价位的服务而蒙受损失。

目前我国的会展公司规模较小具有普遍性。山东省内的会展公司分布在各个地市,从数量上来看,济南和青岛相对较多,两个城市各有数十家会展公司。产品和服务涉及会展业务的其他公司的分布更为零散。总体看来,会展公司的集中度很低,垄断势力不强。因此,不太可能发生会展服务商提高价格到竞争价格以上以获取垄断利润的行为。相反,因为会展服务商众多,运作业务过程中常常是尽量压低价格,就更不可能发生上述提及的价格合谋行为,不会出现价格卡塔尔现象。

6. 会展场馆市场行为

因为投入大,会展场馆市场的进入壁垒较高,运营成本也很高,会展场馆数量相对于会展市场其他组织而言是极少的。而且,所有会展活动都是短期性活动,为了尽可能地使会展场馆利用不存在空档期,避免因展馆闲置而损失经营收益,大型会展场馆会接受所有行业的会展活动的场租业务。因此,除了早期各地政府投资建设的农业展览馆,几乎不存在其他单纯以举办农业会展为目的的场馆。因此,本研究中的会展场馆包括两类,一类是举办所有行业会展活动的大型场馆,另一类是专门举办农业会展活动的农业展览馆。对于前者而言,大规模、高水平的农业会展活动必须依托于大型会展场馆,因此大型会展场馆由于供给相对不足,处于卖方市场,就具有一定的垄断势力。在此种情况下,一定地域内的大型会展场馆容易出现价格合谋行为;对于后者而言,大部分农业

---

❶ 杨红.基于市场结构—行为—绩效范式的中国会展产业研究[D].哈尔滨:哈尔滨工业大学,2006.
❷ 同 ❶.

会展活动周期短，举办时间也较为分散，不存在价格卡塔尔现象。另外，会展场馆市场纵向一体化行为越来越多。会展场馆为了保证产品销售、降低交易成本、实现交易内部化等经营目标，常常与仓储物流等上游供应商或会展服务公司等下游客户之间进行纵向合并。这种纵向一体化行为既有利于提高经营收益，也有利于增强对外竞争力。

第三节　山东农业会展活动现状及存在问题

一、山东农业会展活动现状

山东是我国的农业大省，现代化农业的发展是山东经济现代化的重点衡量指标之一。我省农业现代化发展过程中，农业会展活动自身具有的宣传、展示、推介对其实现起到了重要作用。反过来，农业会展业也面临着农业生产发展和贸易增长带来的新要求和新挑战。因此，农业会展与现代农业两者的相互促动，使得农业会展活动要不断地创新会展模式，更好地为现代农业增效服务，促进现代农业持续发展。

1. 农业展览数量持续增加

虽然山东省农业会展业发展的历史十分悠久，但发展比较缓慢，截至20世纪90年代，农业会展活动的技术含量低，大多数为简单的农产品交易与展示。之后，山东省农业快速发展，提供了产业需求的市场环境，山东农业会展业得到持续发展。除了积极组织农业企业和相关单位外出参展，山东省举办和承办农业会展活动的次数明显增多。由1998年的12个增长至2009年的31个，而且国际级和国家级的占比接近1/3，可见展览级别和层次也在逐渐提高。[1]

2. 展览举办以政府投资为主

农业在我国一直具有重要地位，政府部门也重视农业的宣传，所以每年都举办不同级别的农业成果展。后来，市场经济体制逐步建立，不同级别的政府出台有关重点扶持政策，纷纷出资主办农业会展活动。据了解，在山东省农业展览馆举办的农业展览会、交易会等农产品展示推介活动都由政府补贴举办，展览馆只承担相关的展览设计、展台搭建、展会布置等活动。其他场馆举办的农业会展活动多数由政府牵头主办，也有的地

---

[1] 吴林华. 农业会展业的现状及发展趋势：以山东为例 [J]. 中国集体经济，2013（7）：120.

方政府利用政府补贴和民间资本结合的模式举办展览活动。❶

3. 农业会展的数量与区域经济发达程度紧密相关

近几年，山东各市基本上都建造了较大规模的综合性会展中心，也用于举办一些富有地方特色的农业会展，如历史传统性较强的菏泽牡丹节、东阿阿胶节，蔬菜种植方式创新引发的寿光菜博会、青州花卉节，种植规模优势带来的滕州马铃薯节、栖霞苹果节，拓展农业产业体系的济南平阴玫瑰节、烟台张裕葡萄酒节等。由此可见，地方政府积极支持具有农业产业优势和资源丰富的地区举办农业会展活动。反过来，农业会展活动会直接促进当地特色农业产业，因为农业会展活动的关联性也拉动了地方三次全面发展。二者相互促进，走上了正向螺旋式上升的道路。而农业产业欠发达地区，除了消费性比较强的农业会展活动类型，产业类的农业会展活动几乎没有举办过。

4. 农业展览的现代化水平越来越高

在之前的农产品展销会和农业成果展上，一般采用静态的农产品摆放或展示宣传画等形式，展览形式单一，展览内容不丰富。随着会展业逐渐成熟及农业现代化水平逐步提高，农业会展活动的形式多样化和内容丰富化成为农业发展的迫切需求，目前的农业会展活动中，农产品展示趋向直观化和景观化，还辅以声光电等现代技术，增强了展览的立体感和参展者的代入感。为了追求规模效应，农业会展规模越来越大，一般都划分为特装展区和标准展位区域。特装展区域标新立异，凸显了参展企业的实力和创新意识，标准展位区域的参展企业也不甘示弱，采用视频、图像、实物、文字等一体化组合展示。总之，农业会展现代化水平不断提高。

二、山东农业会展活动存在问题

1. 农业展览馆的功能未充分发挥

农业展览馆作为地方大量农业会展活动的固定举办场所，却几乎没有大型农业展会的主办权。现在省内、国内的大型农业展会，一般都由中央部委或省政府部门主办，农展馆仅承担展览策划设计、综合制作、展品陈列，搞一些具体的活动，没有管理的职能。管理上主要依靠临时搭建班子、主管部门监管指导，影响了可持续性和连贯性，农业展会质量和展览会功能不能得到提升和发挥。❷

---

❶ 吴林华. 农业会展业的现状及发展趋势：以山东为例 [J]. 中国集体经济，2013（7）：120.

❷ 同❶.

2.大多数农业展会缺少规模效应

依据相关机构的数据统计,平均展览总体面积能够达到2万平方米之上的数量只占据总体数量的20%,这说明将近八成的关于农业的展览还未取得"规模化"的会展水准。究其原因,农业会展活动仍然未受到足够重视,政府财政支持有限,企业投入有限。经费不足,也限制了项目策划和设计的水平。因此,难以组织大规模、高水平的农业展会,最终吸引来我省参展的参展商和专业观众就少,展会效果一般不太好,经济和社会效益也不高。因此,会展规模和影响力需进一步提升。

3.时间和地域分布的合理性不足

从举办时间的分布上看,山东省的农业会展活动相对集中于下半年,体现出一定的季节性,高峰期和低谷期明显。一年包括3—5月和9—11月这两个办展高峰,仅11月的展会活动就接近全年展会数量的1/5。从举办地域的分布上看,东西部差距较大,东部地区的农业会展活动数量超过全省数量的60%;广大的中西部地区占比却不足40%。由于省内各地市的经济优势和农业基础的差异,以及会展活动举办所需基础设施和专业设施的限制,目前山东省的农业会展活动举办地以青岛、烟台和潍坊等经济相对发达的沿海城市为主,中西部地区的农业会展活动则集中于济南,构成了分布合理性仍待优化的山东省的农业会展业发展格局。

4.农业会展直接收入少,主要靠社会效益驱动

山东是农业大省,目前产业发展较弱,相关的农业会展活动主要依赖于政府投资,农业会展活动的运营过程中,直接的场地租赁、广告、门票等收入很少,仅仅依靠这些直接收入,场馆的维护和运营、会展公司的经营是难以为继的。农业会展活动的主要功能在于举办地农业产业发展的促进、地域经济发展媒介的形成、社会效益的获取。

5.农业展览市场机制弱化

农业基础地位薄弱,大多数农业展览为政府出资主办,一部分为政府资助而企业承办,因此举办过程中政府的干预比较多,展会活动的设计和运营中,市场机制缺乏,在一定程度上流于形式,目标往往跑偏,在招展招商方面力度不足,参展商的质量不够高,所以展会的专业化被弱化,展会效果也不够好。市场化程度需要提高、专业性需要强化、重质量而非数量的农业会展发展观念需要深化的这种状态在全国具有普遍性,不仅是山东省农业会展业独有的。

第四节　农业会展在农业科技引领示范乡村振兴中的作用路径

一、直接作用路径

农业会展具有的下述农业科技示范效果,能够直接提高农业生产效率,带动乡村农业生产和经营企业的经济振兴。

1.农业会展展示并推广使用农业新技术

早期我国举办过的展示性的全国性农业博览会并不具有贸易功能,但是,这些农业会展活动充分展示了当时的特产作物和重大成果,在各地农业科技成果交流和推广方面的宣传效果非常显著。后来,贸易型会展活动兴起,这些展会上集聚了大量先进成果、新技术和新人才,通过交流碰撞,形成了农业新技术在宣传推广和成果转化方面的快速通道。牡丹节、梨花会、樱花节等花卉节庆及草莓节、石榴节、苹果节等水果节庆等活动期间的研讨会、推介会名目繁多,除了增强农业贸易,还推广示范了种植养护技术,世界著名会展城市的发展经验显示,选择和设计各地会展活动类型时,均需要凸显特色竞争优势,大都以本区域的优势产业为着力点,向全球展示本区域优势产业的最新产品、技术及经营理念等。❶

农业会展展示并推广使用农业新技术,主要包括两类具体主体的实施。其一,参展企业之间相互观摩,参展的农业企业加快引进农业新技术。其二,参展的专业观众通过观展吸收科技信息,通过参加示范推广会、观摩新成果,学习农业新科技,推进农业科技手段的广泛使用。

2.农业会展加速农业科技成果转化

节庆、会议、展览等各类农业会展活动,都是宣传农业新技术、促进农业技术成果转化的有效途径。农业会展活动中,农业高等院校、农业科研院所、农业管理部门、农

---

❶ 衣莉芹.农业会展对举办地经济发展的影响研究:以中国(寿光)国际蔬菜科技博览会为例[D].泰安:山东农业大学,2018.

业科技企业等充分展示、宣传了各国和各省市农业科技的新技术、新成果、新产品，推进了农业科技产、学、研结合。从参与主体方来看，参加展会的农业公司等行业主体及行业相关种植者、生产者，在知识大爆炸的当下，学习和创新的意识得到强化，也认识到参加农业会展活动是有效的途径之一，因此参与活动的积极性也越来越高涨。如此一来，相关科技成果的供需双方的利益诉求，通过农业会展活动这一媒介进行接触与交流，极易达成一致，继而实现科技成果的有效转化。当前我国农业小而散的行业特征及大部分农户的专业技术水平较低的行业现状，阻碍了农业科技成果的转化，而农业会展活动得到地区政府支持，参与者也得到政府部门的鼓励，尤其是广大种植户和生产者在展会活动中接触新的行业知识和技术，认可并使用，大大加快了农业科技成果转化的速度。

农业会展相关活动中研发企业对接生产企业，更有利于推进农业科技成果转化。通过参加研讨会、与同行在展览活动中交流，农业科研机构及农业企业的研发机构能够捕捉到各自专业领域的前沿学术思想和尖端技术，对其进一步的深入研究工作提供引导。另外，农业会展活动中，农业企业始终是参与主体中的最主要部分，上述研究机构在活动期间能够与参展的农业企业广泛交流所关注科技信息的使用状况，进而获得已有农业科技成果的应用优势和局限，为进一步改进和改良相关技术提供思路，提高科技成功的利用效率，也增加了发现成果应用新途径的可能性，能够大大提高成果转化效率。菜博会上，雄蜂授粉这一新技术得到了关注和推广，但在后续会展活动中，参展企业和种植户指出，雄蜂授粉提升了蔬菜水果的绿色环保效果，也减少了劳动力投入。但农药的使用限制了雄蜂授粉的时间，减少了蔬菜水果的产量，希望研究人员能够研制新型农药，使两种技术相得益彰。研究机构由此了解了农业科技成果转化的效果并获得加强研究成果转化的新的研究方向。

3. 农业会展通过信息传递，促进农业生产要素的跨区转移和组合

农业会展活动中，以农业技术为载体的产品、人才等农业生产要素信息得到传递，促进了农业生产要素的跨区转移，也增强了跨区优势要素的重新组合，最终带来区域农业产业的持续发展和创新发展。2014年，北京延庆承办了第11届世界葡萄大会，对当地葡萄种植从业者和管理者而言，开阔了视野，激发了创新，转变了思路。促使其改变了延庆葡萄种植结构，由之前的鲜食葡萄品种为主，占比高达90%，酿酒葡萄为辅，仅占10%，改为以酿酒葡萄为主，酿酒产业随之在当地扎根，大量葡萄酒酿制公司和研发公司及销售公司纷至沓来，第二产业得以发展，进而吸引了其他相关行业投资商和大量旅游者，休闲农业迅速繁荣起来。围绕葡萄种植及加工，相关技术推广，规模化生产和

加工得以实现，培育了延庆葡萄这一农业优势产业，形成区域经济增长极效应，提升了当地农业产业的影响。

4.农业会展影响农业技术进步，形成农业产业高级化

任何一个农业机构和企业，都扮演着产品供给者和生产资料需求者这两种角色，农业会展活动为其提供了对接，其间市场需求得到及时反馈的同时，农业及相关生产技术交流过程中，技术需求、技术改进和技术创新的思想得到激发。会展活动结束之后，后续技术改进或创新的实施，必然增加生产成本降低和生产效率提高的可能性。另外，农业会展活动是高新技术市场交易的平台。任何新技术和新成果在展会上的出现都引起参展者的高度关注，参展者既包括同行业的竞争者，也包括农业产业链中上下游环节的企业，对新技术的关注大大强化了技术扩散功能，有利于全行业生产成本方面的普遍降低。新产品新技术的推广和使用使得可替代资源增加，资源消耗弹性下降，加深了产业分工。农业会展通过激励新产品的开发，催生新兴产业，直接实现产业结构高级化发展。寿光菜博会的发展，加强了寿光蔬菜种植、交易、研发的发展，巩固了寿光蔬菜业在全国的地位。通过菜博会这一国内外蔬菜种植技术的交流契机，寿光引进蔬菜良种，并加强自我创新，拥有的自我研发品种不断增多，这是农业会展影响科技进步的力证。❶

5.农业会展为农业企业成长提供资源位支持

我国的农业企业普遍呈现小、散的特点，受制于规模效应的欠缺，发展面临困境。然而，农业会展能够为其创立提供资源，为其发展培育土壤，进而消除农业企业的新进入缺陷。而新进入缺陷的主要表现即为各种资源的缺陷，如物质、技术、人力、财务、社会和组织资源。在新生农业企业中，其经营中人力资源主要从家人及亲朋中取得，具有专业水平的技术人员和管理人员严重短缺，引发诸多影响企业发展的问题。另外，这类企业缺乏技术信息获取渠道，市场需求和技术更新状况难以跟进，最终导致生产效率不高、经营利润水平较低，甚至被迫退出市场。农业会展活动中集聚了农业产业、行业、领域不同层次的最新业态，对农业类企业的生产经营活动提供有力的资源位支持。所以说，农业会展可以通过解决新进入障碍、满足企业成长的资源需求，提高农业企业活动的经济效应，壮大农业企业的科技和资源实力。

---

❶ 衣莉芹.农业会展经济影响路径、机理与效应研究[M].北京：知识产权出版社，2021：55.

二、间接作用路径

1. 农业会展促进区域农业产业内部结构升级

加快转方式调结构促升级,是当前的经济发展战略。对农业而言,农业会展作为具有促进农业经济发展目的特征的一种经济活动,其发展就是当前农村经济中"调结构转方式"的重要手段,也是当前推进农业现代化发展的有效途径,更可作为加快推进农业转型升级的新引擎。因此,举办农业会展活动,是实施国家经济战略的需求。发展农业会展,带动第三产业消费链,促进相关服务行业的发展,对举办地区域三次产业的产业内部及三次产业之间的结构调整、相关行业产品的更换代发挥着积极作用。❶

2. 农业会展促进举办地贸易增长,倒逼企业提升技术

农业会展活动中资源集聚效应显著,活动组织方也尽量选择产业群集聚区和邻近地区进行重点集中推介,为贸易洽谈提供了优质的企业主体资源。通过媒介作用促成更多贸易协议是会展活动的直接收益。其实,农业会展的贸易后续效应也不容忽视。农业会展活动现场的贸易订单及后续补签的大量订单,能够推动双方持续交流,并建立长久的贸易关系。市场开拓之后的贸易增长,必然要求农业相关产品的供给方增大生产量,进而促使生产企业技术引进或技术创新以提高生产量或生产效率,最终引致整个行业的技术水平提升和发展。

3. 农业会展吸引外地投资,带来先进技术

"会展搭桥,经贸唱戏",这是地方政府积极支持会展活动的基本诉求之一。举办会展活动,对于举办地经济而言,最基本的收益是达成贸易协议,更为重要的是借此媒介进行招商引资。会展活动的媒介作用越显著,该活动的政府色彩就越强。由于农业的基础性、薄弱性和公益性特点,农业会展的媒介效应备受重视。农业会展活动既是农业贸易服务的平台和产业信息交流的平台,能够扩大农业在贸易和信息交流等方面的地域范围,拓展农业产业链外延和行业信息网络,又能大大加强对外合作交流及地区经济的开放性,上述功能是农业会展活动的投资增长效应的表现。举办地政府一般选择在农业会展活动举办期间举办投资洽谈会,两种会展活动同时举办起到事半功倍的效果。农业会展活动在吸引投资和技术引进的效果上,并不局限于农业产业领域,还包括第二、第三产业领域。长丰县举办的 2017 年第八次中国草莓大会暨第十三届中国草莓文化节招商推介会,36 个项目签约落户该县,协议总投资额高达 99.56 亿元,签约项目涉及电子商

---

❶ 张翠娟. 会展产业对区域经济发展的影响研究 [J]. 学术交流, 2014 (5): 89-92.

务、农产品深加工及种植养殖业等领域。草莓大会上凸显的旺盛商机,正在为长丰带来生机勃勃的"后经济时代"。

第五节 农业会展活动价值认知假设及调研设计

一、理性行为理论和社会交换理论应用

基于理性行为理论和社会交换理论,国内外节事活动感知研究主要集中于参与者感知内容与感知维度[1][2]、参与者感知与态度、支持行为之间的两个变量关系[3]或三个变量关系[4]等几个方面的研究。本书借鉴上述研究成果,构建本文的"认知—行为""参与—推荐"理论框架。在此研究框架下,本研究拟具体关注和解决下述科学问题:科技引领示范视角下,农业生产者对农业会展活动的乡村振兴影响感知中重点关注影响维度有哪些?各影响维度对乡村振兴影响总体认知的影响力多大?农业生产者对农业会展活动的乡村振兴影响感知是否直接产生支持行为,其参与是否对农业会展活动乡村振兴影响感知形成直接影响?因此本研究选取菜博会作为农业会展活动研究个案进行实证研究。

二、中国(寿光)国际蔬菜科技博览会案例选择

寿光从 1998 年开始对洛城镇洛西村进行规划,并征地建设蔬菜科技示范园,2000 年建设寿光国际会展中心。从此开始每年一届举办中国(寿光)国际蔬菜科技博览会,简称菜博会。每届菜博会举办 40 天,其间交易会、展销会、会议论坛、文化节、蔬菜相

---

[1] 王朝辉,陆林,夏巧云. 国内外重大事件旅游影响研究进展与启示 [J]. 自然资源学报,2012,27(6):1053-1067.

[2] 郭英之,臧胜男,彭兰亚. 社区居民对 2010 年上海世博会影响感知的实证研究 [J]. 旅游科学,2009(3):36-40.

[3] GURSOY D, JUROWSKI C, UYSAL M. Resident attitudes: a structural modeling approach[J]. Annals of tourism research, 2002, 29(1): 79-105.

[4] 陈晓艳等. 基于总体态度中介变量的事件旅游影响居民感知与支持行为研究:以第八届中国花博会为例 [J]. 人文地理,2016(5):106-112.

关农业赛事等诸多活动，集聚了大量的物流、人流、资金流和信息流，菜博会经济影响的辐射效应越来越大，对周边社区及整个寿光农业发展的影响也越来越深远。菜博会所在地农民关于菜博会乡村振兴影响的感知最值得关注，故选其作为研究对象。

另外，大型会展活动因规模大、影响范围广等的特点，得到了相对较多的关注，而对于农业类会展活动却鲜有关注。然而，农业会展活动对于所在地的经济影响及农业发展的促进更具有相对重要性。虽然我国农业不够发达，农业地位较低，但进入21世纪以来，农业生产快速发展，但相对于第二、第三产业，第一产业仍处于弱势地位。农业发展中的产业融合问题、"三农"问题凸显。农业创新和交流对于蔬菜种植效率的提升至关重要，而农业会展活动无疑是一种促进产业融合、激励创新、提高农业信息交流与扩散效率的有效选择。❶

三、农业会展活动作用于科技引领示范乡村振兴的价值认知假设

基于前述理性行为理论和社会交换理论的分析，参照已有应用研究的结论，选择寿光居民作为菜博会参与者的主要代表，其对菜博会的科技引领示范乡村振兴方面的影响感知做出如下理论假设，见表8-1。

表8-1 居民菜博会科技引领示范乡村振兴影响感知假设

假设序号	假设内容
H1	居民感知的技术推广影响对其乡村振兴影响总体认知具有正向效应
H2	居民感知的成果转化影响对其乡村振兴影响总体认知具有正向效应
H3	居民感知的产业发展影响对其乡村振兴影响总体认知具有正向效应
H4	居民感知的衍生效应影响对其乡村振兴影响总体认知具有正向效应
H5	居民菜博会乡村振兴影响总体认知对参与意愿具有正向效应
H6	居民菜博会乡村振兴影响总体认知对推荐意愿具有正向效应

四、测项选择

国内外节事活动感知问卷设计的内容体系方面，约翰·艾普和约翰·L.克朗普顿（John L. Crompton）、戈登·威特（Gordon Waitt）、金贤珠（Kim Hyune-Ju）等设计的感

---

❶ 衣莉芹.农业会展对举办地经济发展的影响研究：以中国（寿光）国际蔬菜科技博览会为例[D].泰安：山东农业大学，2018.

知态度量表具有较高的权威性。[1][2][3] 本研究在此基础上，结合寿光蔬菜种植户这一感知主体及菜博会这一感知对象的特点进行了修订，最终确定了测量指标，其中包括感知测量指标 15 项，支持度测量指标 6 项，见表 8-2。

表 8-2　寿光蔬菜种植户关于菜博会科技示范引领乡村振兴影响感知差异

潜变量	实测项目	项目代码	均值	标准差
技术推广	菜博会的举办使我们发现蔬菜新品种	X1	4.335	0.910
	菜博会的举办让我们接触更多行业新科技	X2	4.680	0.877
	菜博会的举办让我们较早使用新科技	X3	4.474	0.975
成果转化	菜博会的举办为我们提供与专家交流的机会	X4	4.371	0.906
	菜博会的举办提供与种植工具生产厂家交流的机会	X5	4.337	0.940
	菜博会的举办让我注意思考和反映种植中的难题	X6	4.325	0.908
产业发展	菜博会的举办增加了蔬菜种植量，促进农业发展	X7	4.262	0.934
	菜博会的举办扩展了销售区域和销售渠道，提高了销售水平	X8	4.388	0.884
	菜博会的举办促进蔬菜深加工、形成并巩固集散中心	X9	4.471	0.901
衍生效应	菜博会的举办促进采摘、展示等产业多元化，增加就业机会，提高居民收入	X10	4.434	0.869
	菜博会的举办改善基础设施的经济发展环境，利于招商引资	X11	4.449	0.848
	菜博会的举办增强了种植的规模效应，刺激了技术引进和技术创新的需求	X12	4.167	1.002
总体认知	菜博会的举办对寿光乡村振兴是有用的	X13	4.376	0.901
	菜博会的举办对寿光乡村振兴是有帮助的	X14	4.515	0.811
	菜博会的举办对寿光乡村振兴是有意义的	X15	4.483	0.808
再次参与意愿	我会主动再次参加菜博会	X16	4.413	0.889
	亲朋邀约，我会再次参加菜博会	X17	4.495	0.832
	我是菜博会的忠诚参与者	X18	4.396	0.825
推荐意愿	我会口头推荐菜博会	X19	4.425	0.933
	我会通过微信等媒体推荐菜博会	X20	4.410	0.900
	有人咨询菜博会时，我会给出正面评价	X21	4.592	0.800

---

[1] AP J, COMPTON J L. Developing and testing a tourism impact scale [J]. Journal of Travel Research, 1998, 37（2）: 120 -130.

[2] WAITT G. Social impacts of the Sydney Olympics[J]. Annals of tourism research, 2003, 30（1）: 194.

[3] KIM H J, GURSOY D, LEE S B. The impact of the 2002 World Cup on South Korea: comparisons of pre- and post- games [J]. Journal of tourism management, 2006, 27（1）: 86-96.

结合相关研究文献和预调查结果，寿光蔬菜种植户乡村振兴影响感知的内容主要包括菜博会的举办能够使种植户较为直接地发现蔬菜新品种；让种植户接触更多新科技；让种植户较早使用新科技；为种植户提供与专家交流的机会；提供与种植工具生产厂家交流的机会；让种植户注意思考和反映种植中的难题；增加了蔬菜种植量，促进农业发展；扩展了销售区域和销售渠道，提高了销售水平；促进蔬菜深加工、形成并巩固集散中心；促进采摘、展示等产业多元化，增加就业机会，提高居民收入；改善基础设施的经济发展环境，利于招商引资；增强了种植的规模效应，刺激了技术引进和技术创新的需求等。故设计相关测量项12个（X1～X2），组成技术推广、成果转化、产业发展、衍生效应等四个一阶潜变量。乡村振兴影响总体认知为二阶潜变量，由X13～X15，即菜博会通过科技示范效用对寿光乡村振兴是有实际作用的、有帮助的、有意义的等3个测量项反映。

寿光蔬菜种植户拥有多重身份，既是社区居民，更重要的角色是菜博会的专业观众之一，是农业会展参与主体之一，所以是菜博会经济价值的终端受益者和重要信息反馈者，他们通过自身从事蔬菜生产种植及参与相关产业，经历了一定时间阶段的生产经营变化过程及菜博会对寿光乡村振兴方面的各种具体影响，能真实、理性地感知到菜博会在科技示范推广方面的直接和间接经济影响。因此，寿光蔬菜种植户的影响感知调研具有较强的代表性。

农业会展支持度分为两个维度，即再次参与意愿和推荐意愿。再次参与意愿由主动再次参加菜博会、亲朋邀约会参加菜博会、我是菜博会的忠诚参与者三个测项（X16～X18）组成，推荐意愿则由愿意口头推荐、微信等社交媒体推荐、受到咨询时会给出正面评价这3个测项（X19～X21）组成。

五、数据调查

为了深入了解寿光蔬菜种植户对第18届菜博会在乡村振兴方面的影响感知的动态过程，本研究选择了与菜博会场馆所在地空间距离不等的多个村镇，分别实地选择调研对象，然后以半开放式的访谈形式进行深入交流，结合问卷调查的填写，既获得了农户的真实感知状态，也全面了解了其感知原因与背景。调查人员均来自寿光，并在实施调查之前进行了培训，他们极了解当地风土民情，具有选择熟悉的或经人介绍的调查对象的优势，并从专业视角提醒其根据个人真实感受填写问卷。因此，问卷回答基本反映了居民感知的真实现状。

具体调研过程分为预调研和正式调研。2018年8月，本项目研究者实施了预调研，采用调查问卷、观察法、小型座谈会等参与式农村评估工具在寿光进行了影响感知调查。走访了部分村委机构人员和种植户居民，宏观了解菜博会周边不同距离村镇的基本情况并完成少量调查问卷。之后，针对蔬菜种植户在生产方式、产业发展及周边环境变化等不同感知的现实情况，调整和修改了部分调查问卷问题，完善问卷内容，并确定了将洛西村、唐家村、于家尧河村、南马范村、文家村作为调研村镇，分别代表了菜博会场馆所在社区、临近村镇及较远村镇这三个典型样带。2018年9月实施正式调研，在上述样点村分别采取两种方式进行问卷调查，一种方式是随机选择部分蔬菜种植户入户走访，另一种方式是在蔬菜集散点（合作社）蹲点，随机调查前来送卖蔬菜的种植户。由于是采用访谈结合问卷的形式，每一位调查对象的调查问卷都填写完整而有效，共计232份有效调查问卷。据统计，所抽取的受访种植户数量约为各村蔬菜种植农户总数的20%，获得了菜博会对寿光蔬菜种植户在其生产、收入、生活等方面的科技示范乡村振兴方面的影响认知、参与及推荐的态度和意愿等方面的数据信息，完成了种植户对菜博会乡村振兴价值感知的调查研究。

第六节　结构方程模型分析

结构方程模型作为一种综合性建模方法，在西方数理经济学界应用较多，目前也已成为社会科学研究的重要工具之一。由于旅游活动、事件的影响日益受到关注，结构方程模型在国内外旅游与事件研究领域的应用也越来越丰富，但是，相对集中于自变量与因变量之间相互关系的验证上。该模型通过探索性因子分析，验证性因子分析、回归分析、路径分析等方法的整合，反映解释变量对被解释变量的直接或间接的影响程度。[1]具体应用过程即针对现实问题构建初始假设模型，通过数据拟合以检验初始假设模型是否成立，验证和确定假设变量间相互作用的路径指向及其路径系数数值。

本研究拟以寿光蔬菜种植户感知为切入点，尝试测度菜博会对寿光乡村振兴方面的影响。构建蔬菜种植户对菜博会在乡村振兴方面影响的四个维度感知及总体认知、再次参

---

[1] 戴林琳，盖世杰. 基于结构方程模型的乡村节事及节事旅游影响的居民感知研究：以北京长哨营村为例[J]. 北京大学学报（自然科学版），2011，47（6）：1121-1128.

与行为意愿和推荐行为意愿等变量的结构方程模型,明晰各变量之间的相互作用关系。

一、建构结构方程模型

种植户关于农业会展乡村振兴的影响感知、参与度及支持度三者之间具有一定的关联关系。基于理性行为理论,人们的感知影响其行为选择,由此种植户的参与行为和支持行为受到感知的影响。农业会展活动中举办地蔬菜种植户的支持行为可以表现为再次参与意愿和推荐意愿。已有社区居民或游客关于旅游和会展活动影响的研究论证了三者之间的逻辑结构关系,这对本研究具有重要指导意义。本研究在理查德·R.珀杜(Richard R. Perdue)等建立的居民旅游影响感知对旅游开发支持度之间的关联模型基础之上❶,结合菜博会乡村振兴影响效应的具体特征,修正了相关观测变量,尝试建立了农业会展活动科技示范效用视角下种植户对其乡村振兴影响感知结构方程模型,并做了包含7个潜变量和6条路径的假设,见图8-2。潜变量包括4个乡村振兴影响认知的一阶潜变量、1个乡村振兴影响总体认知的二阶潜变量、支持行为的2个潜变量。种植户农业会展乡村振兴影响总体认知、参与意愿、推荐意愿,每个潜变量分别对应相应的观测变量或一阶潜变量。路径系数的正负值表示路径两端潜变量的正负相关性。

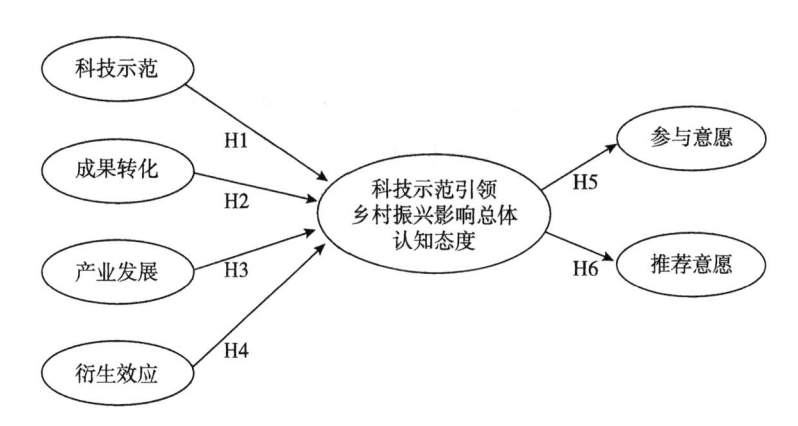

图 8-2 居民对菜博会科技示范引领乡村振兴影响感知结构方程模型

---

❶ PERDUE R R, LONG P T, ALLEN L R. Resident support for tourism development[J]. Annals of tourism research, 1990, 17 (4): 586-599.

二、描述性统计分析

本项目调研选择232个寿光不同村镇的蔬菜种植户作为样本。调查样本中，男性和女性分别为167人和65人，男性在样本总量中占71.98%，女性占28.02%。女性相对较少的原因并非样本选择存在缺陷，主要是农业受中国传统文化思想影响较深的缘故。本次入户调查和蹲点调查的过程中，如果一个家庭中多个成员在场，大家往往推选男性户主进行填写，其他人员在旁补充观点。因此此次样本结构中性别比例差异较大，男性居多。也可由此进一步推断，男性户主对种植户家庭的种植和其他生产、生活行为决策均具有决定性影响。

调查样本中，30岁以下的年轻人极少，仅有8人，在样本总量中占比最低，为3%；31～40岁的中青年数量逐渐增多，在样本总量中占比为19%，人数为45；41～50岁的中年人、51～60岁的中老年人各占样本总量的1/3左右，占比分别为34%和35%，人数分别为80和83；还有一小部分60岁以上的老年人，在样本总量中占比较低，为6%。统计数据显示，目前寿光蔬菜种植者以中老年人为主。41～50岁和51～60岁的中老年人占比合计高达69%，31～40岁的中青年占比位于其次，30岁以下和60岁以上较少。大多数年龄大的种植户表示，虽然孩子已经成家立业，也在经济上支持老人，但这部分老年种菜者一般种植量小一些，他们认为自己种植蔬菜二三十年，经验丰富，"干顺手了""很多种植设施自动化了"，并不觉得多辛苦，既能"有事干，免得闲着无聊"，也能继续保持经济自立。年龄结构特征中最突出的是，40岁以下的年轻人种植户占比相对于其他地区或其他种植业而言比例很高。原因主要在于早期寿光大棚蔬菜种植业具有先发优势，收入较高，该地农村的生活水平较高，引导了一部分年轻人选择从事大棚蔬菜种植。

种植户的受教育程度调研结果统计如下。样本农户中，具有小学及以下、初中、中专或高中、大专及以上等不同文化水平者分别占样本总量的21%、55%、17%、6%，人数分别为49、128、41、14。统计数据显示，初中与小学及以下文化水平的种植户数量最多，占样本总量的一多半，高达55%。其次是小学及以下文化水平的种植户，占比为21%。二者之和高达76%。可见，3/4左右的蔬菜种植户受教育水平为初中及以下普遍偏低的状态。文化水平较低，往往限制农户在学习和接受蔬菜新品种和新技术方面的积极性。

三、蔬菜种植户菜博会乡村振兴影响感知差异性

我们对样本农户关于菜博会乡村振兴影响的 21 个指标的感知结果进行了统计，并计算得到其均值，见表 8-2。所有感知指标均值最低为 4.167，最高为 4.680，标准差数值最低为 0.800，最高为 1.002。农户菜博会乡村振兴影响感知整体上呈显著状态。测项"菜博会的举办让我们接触更多行业新科技"的均值最高，达到 4.680，充分表明了菜博会举办 20 届以来坚持设定"绿色科技发展"这一会展活动主题是契合农户需求的，是有利于寿光蔬菜种植行业发展的，也代表了菜博会充分发挥出其农业科技的推广效果。另外，均值比较高的是，测项"菜博会的举办让我们较早使用新科技"均值为 4.474，测项"菜博会的举办促进蔬菜深加工、形成并巩固集散中心"均值为 4.471。均值相对较低的是，测项"菜博会的举办增加了蔬菜种植量，促进农业发展"均值为 4.262，测项"菜博会的举办让我注意思考和反映种植中的难题"均值为 4.325。均值最低的测项是"菜博会的举办增强了种植的规模效应，刺激了技术引进和技术创新的需求"，为 4.167。值得注意的是，抽样访谈过程中发现，测项"菜博会的举办改善基础设施的经济发展环境，利于招商引资"的感知方面，会展中心所在社区及近距离村镇的种植户对此感知相对明显，而远距离村镇的种植户表示此项感知较弱。另外两个经济环境方面的测项"菜博会的举办促进采摘、展示等产业多元化，增加就业机会，提高居民收入""菜博会的举办改善基础设施的经济发展环境，利于招商引资"的影响感知强度也受地理空间距离的影响。总体上看来，种植户的经济环境影响感知强度随所在村镇与菜博会场馆的地理空间距离远近具有密切关联。地理空间距离越近，经济环境影响感知强度越大，反之，经济环境影响感知强度越小。

通过蔬菜种植户菜博会乡村振兴影响感知指标值的总体情况来看，种植户对菜博会乡村振兴影响感知的测量指标均值大于 4.3，认可度普遍很高。"技术推广""成果转化""产业发展"和"衍生效应"四个维度的平均指标均值分别为 4.496、4.344、4.374、4.350。而农户的乡村振兴影响总体认知、再次参与意愿、推荐意愿等感知测量项的均值更高，分别为 4.458、4.435、4.476，其感知更为强烈。尤其是测项"菜博会的举办对寿光乡村振兴是有帮助的"的单项均值高达 4.515，"有人咨询菜博会时，我会给出正面评价"的单项均值高达 4.592，总体上反映了蔬菜种植户对菜博会乡村振兴影响的认知度非常高，其支持意愿也非常显著。另外也从一定意义上反映了菜博会的成功及举办的必要性。

四、验证性因子分析

首先，对菜博会乡村振兴影响的农民感知数据进行验证性因子分析。以"菜博会的举办使我们发现蔬菜新品种"等 21 个乡村振兴影响相关感知测项作为基础实测变量，其因子荷载在 0.579～0.897，均符合大于 0.5 的标准；对每个测项分别采用主成分分析法并经过方差最大化旋转，提取特征值大于 1 的成分因子。其中，12 个乡村振兴影响感知测项提取 4 个因子"技术推广""成果转化""产业发展"和"衍生效应"，累计贡献率为 81.265%，6 个支持意愿及行为测项提取 2 个因子"再次参与意愿"和"推荐意愿"，累计贡献率为 78.316%，3 个乡村振兴影响总体认知态度测项提取 1 个因子，"乡村振兴影响总体认知态度"累计贡献率为 83.967%，均超过 60% 的方差累计贡献率最低标准。同时，KMO 值分别为 0.906、0.851、0.862，SIG 值均为 0.000，$p < 0.01$，说明研究数据具有良好的收敛效度，所提取的 4 个因子可以接受。将技术推广、成果转化、产业发展、衍生效应等 4 个因子作为实用认知潜变量，将再次参与意愿和推荐意愿这 2 个因子作为支持行为潜变量。

其次，对因子分析的结果进行信度检验，各潜变量的组合信度值为 0.863～0.918，均符合大于 0.7 的标准。研究样本的平均变异数抽取量 AVE 值为 0.627～0.814，均符合大于 0.5 的标准。

验证性因子分析的结果表明基础实测变量具有较好的内部一致性，潜变量指标对其测度变量的平均解释能力较强，同时该潜变量具有很好的信度及收敛效度，样本的各个计量尺度都比较可靠。各潜变量之间的相关系数值范围为 0.763～0.936，不包括 1，说明各潜变量之间具有一定的区别效度。

五、假设模型的验证

通过验证性因子分析，分别得到蔬菜种植户对菜博会乡村振兴影响感知的 4 个因子，将上述 4 个因子作为一阶潜变量，将菜博会乡村振兴影响总体感知、再次参与意愿及推荐意愿作为二阶潜变量，对模型假设进行细化，调整后的种植户感知结构方程模型，见图 8-2。采取 AMOS 21 软件计算所有潜变量及其对应的基础实测变量数据，进行假设模型验证及关联路径分析。

对细化后的结构方程模型进行拟合度分析。本研究采用绝对拟合指数、相对拟合指数和精简拟合指数 3 类拟合指数，包括 χ^2, CMIN/DF, GFI, RMSEA, RMR; AGFI,

NFI、CFI、IFI、AIC、CAIC、PNFI 和 PGFI，并确定了相应的拟合标准。拟合优度显示 CMIN 与 DF 的比值（2.704）小于3，RMSEA（0.091）小于0.10，其余拟合指数也均符合标准。

根据结构方程模型路径图的计算结果，进行各变量之间的关系验证。结果显示，基础实测变量和潜变量之间的关系均通过 t 值检验，并在 $p < 0.001$ 的水平上显著，说明各变量之间具有充分的收敛效度；同时所有潜变量的复平方相关系数均大于0.3，说明各变量通过信度检验。

乡村振兴影响维度的确定上，主要基于蔬菜种植户角色，综合为两方面。其一，直接乡村振兴影响方面，菜博会直接对蔬菜种植和生产技术的影响，归结为蔬菜生产变化这一潜变量；直接对蔬菜销售和收入来源的影响，例如销售区域的开拓，销售渠道的拓展，收入来源的增加，归结为收入提高这一潜变量。其二，衍生乡村振兴影响方面，菜博会对寿光农业产业发展和区域经济环境做出改善。

六、研究结果及分析

对结构方程模型的验证结果进行初步分析可知，7个关联假设均得到验证，标准化路径系数，见图8-3。

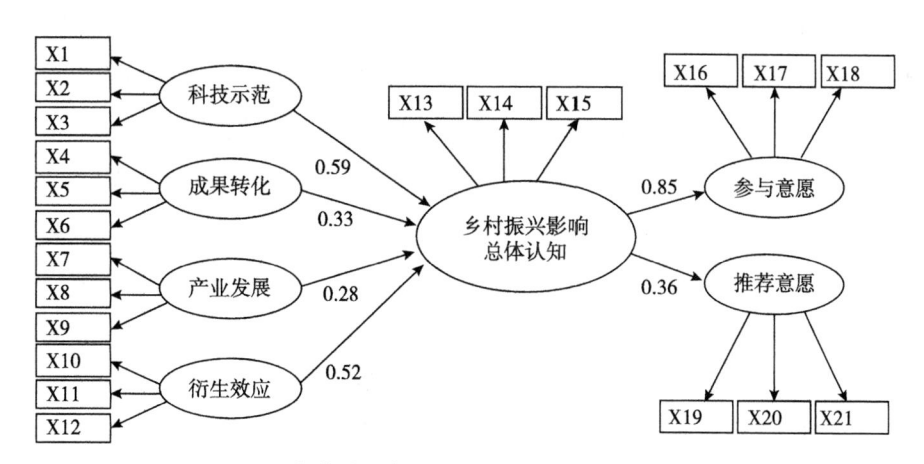

图8-3 蔬菜种植户感知结构方程模型路径关系结果

H1：$\beta = 0.59$，检验总体通过。在所有假设验证的正向影响中，此项相关系数位列最高。这一相关系数表明了此项潜变量贡献突出，即居民感知到的农业会展在技术推广方面的功能对于其乡村振兴影响最为重要。究其原因，作为调查对象的蔬菜种植户，面临菜博会乡村振兴影响的感知问题，自然而然地首先考虑菜博会对自己所从事的蔬菜种植生产的影响。这同时也印证了菜博会在蔬菜种子、种植技术等方面的科技示范和宣传效应十分显著。

在调研问题中，种植户反映菜博会在技术推广方面，认同性比较高的是菜博会有助于他们了解蔬菜品种多样化、更新化和更多蔬菜种植新技术等。可见，菜博会在一定程度上直接影响了举办地居民的种植生产。种植户反映，大部分村镇都建立了相对稳定的产销一体化模式，主要是通过两种销售渠道，其一是乡村合作社，采购方和销售地区比较稳定；其二是蔬菜批发市场。前者占据主要地位，得到大多数居民认可，原因在于销售量不被限制，不用担心滞销，而且一般合作社都设立在就近村落，运送比较便利。由此，这种产销模式及种植惯性使得种植户的蔬菜种植种类变化不大，但几乎全部种植户都参加每年一届的菜博会，了解蔬菜品种变化及相关动态，将一些新品种与已种植品种在种植成本和消费者喜好方的利弊进行对比，一旦形成共识，种植户一般会团体性地更新蔬菜种植品种。种植户郑某表示，自己种植大棚蔬菜三十多年了，只种植过西红柿和茄子两种蔬菜，但茄子和西红柿的品种更换过多次。另外，参加菜博会有助于种植户接触蔬菜种植的新技术，提高种植生产效率。访谈中种植户表示，一旦发现新的生产工具和技术，就会仔细询问相关参展人员，如果较之已有技术大有裨益，就会考虑改用新技术。因为大部分新技术都具有便捷性和科技化的特点，将大大减少人工劳动量。例如，每天耗时耗力人工收放两次的草帘子，现在逐渐被简单的按钮操作的电动卷帘机替代了，很多种植户淘汰了人工喷雾器喷洒农药而采取自动化的弥雾机，部分农户在菜博会上最新了解了电脑控制的新兴水靶一体化技术，观摩了电脑控制水靶浇灌也产生了使用意向。上述调研及分析结果显示，农业会展在技术推广方面种植户感知明显。

H2：$\beta = 0.33$，检验总体通过，说明农户的农业会展活动对成果转化的影响认知与乡村振兴影响总体感知之间存在一定的正相关关系。从一阶潜变量的路径系数来看，种植户对"菜博会为我们提供与专家交流的机会"这一成果转化维度的认知度较高。种植户普遍认为，自己的职业是种植蔬菜，必然关心蔬菜种植相关技术和相关蔬菜行业的前景，而专家不仅掌握专业技术，还对农业产业发展状态有高屋建瓴的认识及未来发展趋势的高水平研判。部分种植户借助菜博会期间专家到场的机会，在展览现场的专家和技术人员讲解活动及相关会议活动中积极参与，争取机会与专家面对面，听报告看演示，积极接受新产品和新技术。部分种植户认为菜博会的举办能够提供与种植工具生产厂家交流的机会，这一点很重要。除了厂家演示和讲解各种工具的使用及技术，也时常有种植户提出某些工具在使用过程中存在的一些缺陷和不足，与厂家形成互动交流。绿色蔬菜是未来的发展趋势，相关技术也在菜博会上成为热点，较早推广的熊蜂授粉技术，部分种植户已经采用，蔬菜价格较高弥补了产量较低的缺陷，因此得到了部分种植户的认可。但是种植户提出使用了熊蜂授粉技术，但影响施药，用药间隔日期长，蔬菜生长和结果都受影响，用药间隔日期短则可能杀死熊蜂，希望专家和技术人员能研制出相关新型农药。部分种植户表示，菜博会的举办开始让他们注意思考和反映种植中的难题。他们不是只关注种菜本身的农民，而是把种菜当成职业，渐渐成为关注职业发展的种植户，对于种植过程中的种植技术、种植技巧、种植难题，用心思考，思路变得开放，乐于接受新技术和新试验。

H3：$\beta = 0.28$，检验总体通过，说明农户的农业会展活动对蔬菜行业及农业产业发展的影响认知与乡村振兴影响总体感知之间存在一定的正相关关系。即种植户感到的菜博会农业产业发展影响越明显，越有助于其乡村振兴影响总体认知度的提高。从一阶潜变量的路径系数来看，菜博会的举办促进蔬菜深加工业发展，对于寿光蔬菜集散中心形成和地位的巩固这一项的路径系数最高。种植户也已经意识到蔬菜种植与蔬菜加工等产业链条化发展的重要性，仅仅关心种植和生产环节的农业发展是不稳固的，制约因素过多，单一环节的发展很脆弱，容易受到外界各因素的冲击。蔬菜不易储存的特点，加剧了单一环节的风险性。反之，如果形成产业链条，生产和加工一体化，种植户的生产将更加稳定。寿光蔬菜大棚种植的历史开创性及规模化，加之菜博会的宣传效应及信息集聚效应，促使寿光蔬菜集散中心形成并得以稳固，并不断在全国及世界上形成较大影响。多数种植户在菜博会具有的交易效应、宣传效应方面的认知度较高，他们认为，菜博会的举办拓展了国内寿光蔬菜的销售区域，在开拓国外销售区域过程中也起到了一定的媒介作用，拓宽了寿光蔬菜的销售渠道。而销售区域及销售渠道的拓展代表了销售水平，销售水平又对销售收益产生直接影响。蔬菜的销售水平进而直接影响种植户的蔬菜收入。关于菜博会的举办增加了蔬菜种植量这一指标，部分种植户的认知存在差异。其一，从时间阶段来看，菜博会举办初期，寿光蔬菜种植面积有所增加，以往种植粮食和果蔬的田地大部分都改种大棚蔬菜。但受限于地区耕地面积的固定性，适宜蔬菜种植的土地几乎全部建设了大棚。其二，从地域空间来看，其间很多寿光居民到外地建设蔬菜大棚或作为技术员指导外地居民进行大棚建造及蔬菜种植，大大增加了外地蔬菜种植面积。因此，就寿光地区的种植户个人而言，菜博会增加蔬菜种植量的感知并不明显，但更多的种植户认为菜博会的宣传导致外地人认可蔬菜大棚进而开始种植大棚蔬菜，蔬菜种植量得以不断增加。

上述研究结果说明，农户的农业会展活动对农业技术推广的影响认知与乡村振兴影响总体感知之间存在显著的正相关关系。需要补充说明的是，技术推广科技示范对乡村振兴影响总体感知的突出贡献其实与调研对象的种植户角色息息相关。以往大量旅游和会展活动感知研究中，感知主体即游客或社区居民的职业，对其关于活动影响感知的影响微弱或者无关，与此相区别，本研究的结论是，农户对农业会展活动的影响感知中，被调研者自身及其家庭成员的职业状况，即是否与蔬菜种植、加工有关，直接影响其乡村振兴影响方面的感知，这是农户能否从农业会展活动中获得经济收益的重要标志。因此，农户对农业会展活动在农业生产方面中的科技示范、成果转化、行业发展的影响认知最为敏感。

H4：$\beta = 0.52$，检验总体通过，说明农户关于菜博会的农业会展活动的衍生效应，即对区域经济环境的影响认知与乡村振兴影响总体感知之间存在显著的正相关关系。种植户关于菜博会乡村振兴影响总体感知中区域经济环境的改善贡献较大。但三个感知因子的系数略有差异。一阶变量的路径系数显示，寿光农户对菜博会的交通条件等基础设施和经济发展环境的改善感知最为强烈，也表明了基础设施及经济发展环境改善给社区居民带来了切身利益，这些经济因素与蔬菜产业发展，尤其是种植户的生活便利等方面关联十分紧密。种植户还意识到，菜博会在寿光市招商引资上贡献突出，招商引资能够激活地区经济发展，为寿光全市相关行业经济注入外部资金，间接地提供就业机会，增加政府收入，最终提高寿光的国民经济水平。

菜博会的举办增强了蔬菜种植的规模效应，也一定程度上刺激了技术引进和技术创新的需求。访谈中多数种植户反映，只有规模种植才能有稳定的销售，所以大部分村镇的种植户都就近抱团，选择一种蔬菜且同一品种，销售有保障。规模种植效应的要求和各自土地有限的限制这两个因素，使得种植户积极参加菜博会并关注相关种植技术。菜博会上种植工具及种植技术云集，竞争激烈，既吸引种植户学习和引进，也刺激相关企业进行技术创新。种植户对此项感知因子的认知相对统一。

调研中种植户谈及，菜博会的举办一定程度上促进了采摘、来访学习交流等旅游活动，也有参与展会打工的机会，增加了社区居民的就业收入。但菜博会的举办促进农业产业多元化、增加就业机会、提高居民收入这一感知因子的路径系数显示，总体感知并不显著。原因可能在于以下几点：菜博会是知名的农业会展活动，本身就是构成农业多元化的一种形式，但采摘、农业观光等旅游活动在时间上、地域上都具有局限性，而且菜博会等农业旅游、会展活动均由政府主办，种植户参与机会缺乏，也无资本自己经营小规模会展、旅游项目、农产品加工等项目。因此表示出来对农业多元化的认知不清晰，也降低了认可度。农户感知比较明显的包括两部分，其中一部分农户，其家庭成员参与菜博会的场馆运营和维护工作、展位的搭建与拆卸工作、菜博会举办期间餐馆和饭店的临时服务工作。但是，由于菜博会举办时间一般为40天，时间相对较短，提供的就业岗位相对有限，所以统计发现仅有6%的样本农户拥有此类就业机会。另一部分农户，其家庭成员打工的公司因菜博会举办时招商引资而建。但从二阶潜变量的路径系数来看，产业多元化、就业机会及家庭收入提升的影响认知对农户关于菜博会乡村振兴影响总体感知的正向效应并不高。究其原因，个别种植户认为，农业会展活动的宣传效应导致其他各省市纷纷建设大棚种植蔬菜，产量变大导致价格变低，影响了寿光蔬菜种植收益。但更多的种植户是理性的，谈到大棚蔬菜越来越多是一种必然趋势，菜博会的举办不是大棚蔬菜广泛种植的根本原因，只是起到推波助澜的推进效果。

值得一提的是，访谈中发现，菜博会场馆即寿光国际会展中心附近具有比较完善的基础设施和休闲设施，但距离会展中心较远的村镇情况不同，其休闲设施相对减少。会展中心附近的种植户家庭成员参与场馆运营和维护、参展商实验田种植和维护、蔬菜加工企业打工等现象较多，距离会展中心较远的村镇居民则相对减少。所以，种植户对这几项感知因子的认知存在明显差异，相比较而言，距离较远的村镇居民较距离较近的村镇居民对此感知较弱。由此可见农业会展活动乡村振兴影响在不同维度和测项上的辐射程度具有一定的地理空间差异性。

H5：$\beta = 0.85$，检验总体通过，说明农户关于菜博会对乡村振兴影响的总体认知与其参与行为之间存在高度的正相关性。即种植户对农业会展活动的乡村振兴影响的认知度越高，就越愿意参加农业会展活动。样本调研结果显示，菜博会这一知名农业会展活动对乡村振兴起到的广泛而重要的影响被当地农户普遍感知。绝大多数种植户均认可菜博会对寿光的蔬菜产业和区域经济的发展是功不可没的，参加菜博会的积极性很高。但也有极少数种植户，即使寿光政府每年在菜博会举办期间组织发放门票，仍极少参加展会。这部分种植户观念狭隘，意识不到知名农业会展活动对举办地的主题产业及区域经济的普遍意义，或囿于认知层次或仅考虑个人得失，有的种植户认为展会活动是政府和企业的行为，与自己无关，没有兴趣参加；有的种植户认为菜博会的举办直接导致蔬菜大棚种植技术扩散、其他地区模仿生产，大棚蔬菜生产过剩，菜价降低，影响了自己的收益，产生反感情绪，因此不去参加。上述种植户对于菜博会的价值认知不充分，未从全局认知菜博会在寿光蔬菜产业化发展和全市整体经济发展的意义。

H6：$\beta = 0.36$，检验总体通过，说明农户的农业会展活动对乡村振兴影响总体认知与其推荐行为之间存在一定的正相关关系。根据研究结果，农户对菜博会的乡村振兴影响认知度越高，就越愿意推荐菜博会。调研结果还显示，在推荐方式上，农户的选择差异与年龄大小有关。年龄越大，选择传统传播方式的倾向越明显，反之，年龄越小，选择社交媒体传播方式的倾向越明显。大多数年龄大的农户偏好于口头推荐菜博会给亲朋好友，而大多数年龄较小的农户偏好于使用 QQ、微信等新媒体进行推荐，这是由年龄大的农户使用手机网络的技术水平不高决定的。尽管推荐方式有所差别，但是所有农户都对菜博会在寿光举办表现出了地域认同感，或因为个人受益，或因为乡土情结的自豪感，或因为寿光全市发展的作用和意义认知，基本上都对菜博会给予了正面评价。

综合 H5、H6，农户的农业会展活动乡村振兴影响感知大大影响着农户对农业会展活动的支持行为，乡村振兴影响感知会直接影响居民的农业会展活动的参与和推荐行为。所以，农业会展活动的举办对于居民而言，是否具有乡村振兴中经济方面的收益是至关重要的。这从根本上影响着居民对农业会展活动的支持度，也进而影响着农业会展活动举办的持续性和意义。

第七节　农业会展作用于科技引领示范乡村振兴的优化对策

一、基于山东农业会展市场结构分析的绩效提升对策

1. 农业会展业整体绩效受三大模块市场绩效约束，协调三大模块市场提高绩效

农业会展组织者市场在市场结构分类中，属于接近完全垄断类型。这种市场结构的特点就是较大可能存在超额利润，然而在经营改进和技术进步等方面往往是消极和被动的，缺乏积极主动性；农业会展公司或者经营农业会展业务的其他会展公司，在市场结构分类中属于垄断竞争的市场结构。这种市场结构的特点就是企业的竞争性较强，服务意识也较强，但往往因为规模较小而无法取得规模效益，为了追求经济利益不可避免地存在骗展现象等；农业展览场馆根据市场现状属于接近寡头垄断的市场结构类型，因为场馆的空间固定性，经营区域局限性非常明显，较近场馆之间可能在协调行为方面缺失或者各种协调成本较高。另外，场馆具有高固定成本特点，建造耗时耗资，一旦建成不易改造，现有场馆的建造和发展规划的超前性不足，大量地区纷纷上马建造场馆，由于财政支出有限或缺乏长远规划，现有场馆大多数规模较小，与当前农业会展发展规模和

水平不相匹配，这已形成当前制约农业会展发展的一大瓶颈。

2.农业会展业各模块市场结构的选择要灵活，不唯竞争效率论，也不唯垄断效率论

鉴于农业会展业的准公共产品属性，公益性的会展，组织者垄断有益于提高资源配置效率。对于经济型会展，可逐步消除制度性障碍，引入专业会展公司增强竞争，提高资源配置效率。

3.模块之间市场结构、行为和绩效交叉影响

由于经济全球化、网络化、知识化的作用，全球产业组织结构的竞争效率正让位于垄断效率。垄断的效率来自规模经济。农业会展业应该首先选择规模化道路，最直接有效的途径就是一体化。中国农业会展业当前处于竞争比较激烈的态势，会展企业应该积极主动开展多方合作，以合作谋共赢。有能力的会展企业可以考虑加强合并的问题，采取联合兼并、收购等方式，扩大经营规模，争取规模效应。这些会展企业包括各经营农业会展业务的同类会展公司和展览场馆，也包括各地区各部门主办农业会展活动的相关单位。农业会展市场上，优胜劣汰逐步实现，一些经营不善，质量水平低下、重复或雷同的项目最终必然惨遭淘汰，被迫退出市场。通过这一过程，农业会展市场的秩序将逐步得到规范。今后的农业会展市场中，从会展项目方面来看，展会总的数量势必会逐渐减少，反之单体展会规模会越来越大，这同时也将增强农业会展的专业化；从组织者市场方面来看，主体数量会越来越少，但实力型大规模农业会展企业将越来越多，品牌会展会逐渐增加。还可采取其他合作方式，如谋取战略联盟以联合预定、促销等以降低运营成本；或与交通餐饮银行等其他行业联合发展共享资源以提供一条龙服务。

二、基于作用路径和感知分析的山东农业会展发展策略

挖掘资源，统筹规划，创建优势，联动发展。结合16地市农业特色挖掘各地农业会展活动，形成山东省农业会展总体优势。在时间、地域、活动特色及项目层次上，合理地管理和营销。优先发展已经具有规模化和特色化的农业会展活动，以大活动带动小活动，形成众星拱月之势，共同发展。各地结合自己的特色产品和基础，积极创建农业会展品牌，如济南的中国（山东）国际农业机械展览会、现代农业成果展示交易会、潍坊的中国（寿光）国际蔬菜科技博览会、中国（青州）花卉交易博览会，既形成了当地的名片效应，也促进了当地农业技术水平的提高和农业特色产业的发展。

总之，山东省各地市既有源于各自农业生产种植特色的传统的农业会展活动，近年

来也兴起了大量现代化营销意义的农业会展活动,农业会展不断发展和繁荣,已经在全省产生较大的影响。在今后的农业农村经济工作中,应借助农业大省自有的资源优势和传统优势,进一步挖掘山东省的农业会展的发展潜力,创新农业会展活动形式,打造全国知名的农业会展品牌,充分发挥其科技示范作用,为乡村振兴贡献力量。

第九章　农业节庆活动与乡村产业融合

第一节　济南市农业节庆发展现状及存在问题

一、济南市农业节庆发展现状

济南农业节庆的内容主要包括传统节日民俗旅游、与传统节日相关联的地方民俗庙会活动和以地方文化为背景的各种新兴农业节庆活动。济南的农业节庆资源比较丰富，有济南明湖荷花节、千佛山山会、平阴玫瑰艺术节、济南泉水文化周等。节庆的内容也比较丰富，如济南民俗风情旅游节，以展示济南传统民俗文化为主，有泉城广场民俗文化表演、大明湖文化旅游庙会和趵突泉迎春灯会等系列民俗活动。中国（济南）国际旅游交易会是促进国内外旅游业交流与合作的盛会，交易会以旅游形象展示旅游产品交易、旅游业发展高峰论坛等内容为主，每年吸引着众多的中外旅游客商参会。仅历城区每年就有几十个农业节庆活动举办，见表9-1。

表 9-1　济南历城区农业节庆活动

名称	时间	地点	责任单位
历城区春季赏花暨蔬菜采摘节	4月	仲宫镇八里峪	仲宫镇政府
历城区西营镇赏花节	4月	西营镇藕池村	西营镇政府
历城区旅游资源推介与招商新闻发布会	4月	—	区文广新局、旅游发展中心
九顶塔山歌节	3月	九顶塔	九顶塔中华民俗欢乐园
红叶谷郁金香节	4—5月	红叶谷景区	红叶谷景区
水帘峡清明文化节	4月	水帘峡风景区	水帘峡风景区
山青世界农耕节	4—5日	山青世界	山青世界
水帘峡自驾车旅游节	4—6月	水帘峡风景区	水帘峡风景区
济南市王家峪大樱桃采摘节	5月	柳埠镇王家峪	柳埠镇政府、区林业局
济南市遥墙荷花文化节	7月	遥墙镇荷柳风情园	遥墙镇政府
济南市果品采摘节	7月	彩石镇玉龙村	彩石镇政府
历城区唐王蔬菜采鲜节	7月	唐王镇井家村	唐王镇政府
红叶谷百合花展	6—8月	红叶谷景区	红叶谷景区
山青户外体验营	7月	山青世界	山青世界
金象山清凉狂欢节	暑期	金象山乐园	金象山乐园
水帘峡嬉水节	7—10月	水帘峡风景区	水帘峡风景区
历城区高而核桃采摘节	8月	高而核桃园村	仲宫镇高而办事处
历城区锦绣川苹果采摘节	9月	锦绣川艾家村	仲宫镇锦绣川办事处
红叶谷红叶节	10—11月	红叶谷景区	红叶谷景区
九如山重阳山会	10月	九如山景区	九如山景区
水帘峡漂流暨金秋采摘节	9月	水帘峡风景区	水帘峡风景区
九顶塔赶秋节	9月	九顶塔景区	九顶塔中华民俗欢乐园
"用你的镜头看历城"旅游摄影大赛	1—11月	—	区文广新局、区旅游发展中心
济南市张而草莓文化节	1月	董家镇张而村	董家镇政府、区农业局
红叶谷梅花节	1—3月	红叶谷景区	红叶谷景区
水帘峡梦幻冰川大世界	1—2月	水帘峡景区	水帘峡景区
济南滑雪文化节	12月	滑雪场	区文广新局、区旅游发展中心、九顶塔中华民俗欢乐园
九顶塔春节民俗小吃文化艺术节	春节期间	九顶塔	

总体看来，济南市农业节庆数量较多，主题鲜明，种类丰富，时间分布广。整体上有了很大发展。

二、济南市农业节庆存在问题

1.主题鲜明，但特色不突出

目前济南农业节庆活动主要依托于境内的自然景观，将体验民俗与观赏自然风光相结合。传统农业节庆有一定的文化底蕴，新兴节庆多依托于当地特色产业，所以其主题鲜明。但是，许多旅游线路大都围绕市内著名景点展开，内容特色不够突出。方式上走马观花的性质突出，体验性并不明显。

2．缺乏文化底蕴，品牌效应不强

由表9-1可以看出，许多农业节庆活动都是近几年才兴起，大部分是为了借助节庆旅游带动当地经济的发展，因此许多农业节庆急功近利，缺乏文化内涵，照搬和模仿其他节庆的成分较多。因此，个性不强，降低了旅游吸引力，缺乏品牌效应，许多农业节庆影响力很小。

3．模式雷同，产业化程度不高

在济南市农业节庆期间，文艺演出、经贸洽谈会等为必定内容，形式雷同。没有标志性的农业节庆活动，相应特色商品开发不足。节庆活动运作上也没有形成产业化模式，甚至存在软件硬件设施不全等问题。由表9-1中农业节庆的责任单位可看出，主办者以景区企业为主，政府的引导和投入不足，大部分主办者的品牌效应和知名度不高，大大影响了农业节庆及旅游的影响力。

4．多数农业节庆规模小，档次低，即时收益少

多数区域性农业节庆因经费有限，加之出发点以自身利益为主，设计水平不高，活动效果一般不太好，农业节庆活动的规模和影响力需进一步提升。目前，济南市农业节庆的摊位费、广告费等招展招商收入很少，仅凭节庆活动的直接收入难以维持农业节庆活动运营，多数依靠地方政府投资举办，农业节庆的收益主要在于促进农村发展、乡村文化传承等后期效益和社会效益。

5．时间、地域上分布不均衡

济南市农业节庆在举办时间上呈现出明显的季节性分布。春季节庆高峰出现在4—5月，以传统文化或果树赏花为主题者居多。7月份的农业节庆活动主题丰富，涉及蔬菜、水果等采摘、赏花等，又恰逢暑期，很多家长喜欢带孩子参与相关活动以接触自然、增长知识，因此，7月份成为全年农业节庆活动数量最多的月份。秋季节庆高峰出现在9月，以采摘为主。农业节庆多数依托于农业产业，因此济南市农业节庆的地域分布很不均衡，位于城市中心的历下区、天桥区、槐荫区、市中区及钢城区，农业生产行业极少，农业节庆活动较少，而城市外围的历城区、长清区、章丘区、莱芜区、济阳区、平阴县及商河县的农业节庆活动相对较多。

第二节　产业融合与济南农业节庆创新发展

一、产业融合促进农业节庆创新提振乡村旅游的意义

作为一种新的产业发展模式，产业融合开始在全球迅速推广，影响着经济社会文化的方方面面，特别在技术、信息、经济等领域广泛运用。产业融合使不同产业及同一产业内部不同行业之间相互交叉、相互渗透，原有的产业边界逐渐模糊，新的产业形态不断出现。❶随着济南市节庆活动迅速增长，其影响也向纵深发展，不仅给济南市经济发展带来巨大的动力，同时也为济南市文化的发展赋予了新的内涵。作为现代服务业的重要组成部分，节庆和旅游有着天然的互动关系。节庆对旅游有明显的推动作用，反之，旅游又促进了节庆的进一步发展。

1. 科学认识两产业融合发展的时代背景

在调整经济结构、转变发展方式的大背景下，节庆和旅游作为第三产业的重要内容，受到前所未有的重视。通过产业融合推动二者快速发展，成为时代呼唤。产业发展进入新阶段。节庆与旅游均由资源驱动、投资驱动进入创意创新驱动新阶段，面临转型升级的挑战，面临加快体制改革、提升产业化水平的历史任务。二者互有需求。产业发展面临新环境。经济文化化、文化经济化、经济文化一体化发展趋势日益明显，后现代消费文化席卷一切，体验经济浪潮覆盖所有产业，跨界发展、融合发展成为新的环境特征。节庆与旅游均具有经济属性与文化属性，产业融合发展可谓产业发展新环境的典型。

2. 农业节庆拓宽旅游需求范畴并增强旅游需求力度

农业节庆对旅游业的带动性非常明显，通过节庆项目的运作，不仅发展了旅游经济，还培育了一大批设计策划、广告传媒、大型演艺、影视制作、会务旅游等节庆的市场主体的发展。济南市是文化资源的富矿区，充分发挥节庆经济的独特功能，对促进济南市文化资源优势向节庆优势转变有着重要的意义。

---

❶ 衣莉芹. 国内旅游产业融合研究述评[J]. 资源开发与市场，2013，29（1）：106-109.

3. 旅游激发农业节庆活力、提升创新能力并延展生命力

以农业节庆为代表的会展业,被誉为地区经济发展的新"引擎",在促进地区经济社会发展和国际交流上的作用不可限量。节事活动对经济的强势拉动,能带动交通、旅游、餐饮、住宿、通信、广告等国民经济相关产业的收入,其大多均为旅游者消费支出。节庆的发展,面临着一个从资源优势到产业优势的转化过程。不论资源怎样丰富,如果缺乏优秀的创意策划和优秀的展示平台将其激活,资源将因缺乏生机而"枯萎",难以转化为产业的"亮点"和"卖点"。济南市举办的节庆活动,与其说是经济交流的平台,不如说是一场场文化大戏,一定程度上反映了旅游者需求的演变。

二、济南市农业节庆融合创新发展的障碍因素

1. 农业节庆产品面临延长生命周期的压力和激烈的市场竞争

济南市农业节庆活动规模不大,没有知名品牌。相关的泉文化、舜文化等节庆活动,因时日已久而对消费者已不再有吸引力,面临着延长生命周期和不断升级的巨大压力,而且各地竞相推出旅游演艺产品模式,不断受到周边地区强有力的挑战。这都对济南农业节庆产品的吸引力形成了极大的威胁。济南急需寻找新的农业节庆旅游融合互动模式,以形成新的区域核心竞争力。

2. 农业节庆和旅游的融合尚处于初级阶段,产品结构单一

从目前来看,农业节庆与旅游的融合仅局限于观赏、采摘等这浅层次上,而更广阔范围内的与参展者文化享受及吃、住、行、游、购、娱等各个环节相关的创意设计、动漫、网络、影视等农业节庆旅游相关产业,则缺乏深层次挖掘和互动。

3. 上下游产业链未得到有效衔接和延伸

目前济南市农业节庆和旅游的互动过程中,仅限于某一层面的互动融合,缺乏对衍生产品市场的再开发和再挖掘,未形成完整的农业节庆旅游产业链条。缺乏进一步发挥农业节庆旅游演艺的资源优势和品牌效应,带动其产业链上的农业节庆旅游演艺作品创作、舞台制作、演艺服装设计、演员队伍建设、影视媒体营销宣传及后期衍生农业节庆旅游商品的开发和销售等相关文产业,构成一个以农业节庆旅游文化演艺为核心的旅游表演产业体系,并以此促进相关产业内部的再分工与合作,这已成为济南市农业节庆和旅游互动发展中面临的新课题。

总之,农业节庆要转型升级以求更好更快的发展,必须走出传统的产业发展模式,突破传统观念,要以人们不断变化的需求为中心大力发展新型农业节庆产品、新型节庆

业态。农业节庆旅游产业融合跨不同产业、市场和区域,将整个自然、社会经济文化都纳入节庆资源的范畴,以创新创意的手法,开发农业节庆旅游吸引物、体验产品、消费产品。产业融合通过产业价值链的延伸和资源的整合,优化了产业结构,提升了产业竞争力,其本质是产业的不断创新,是创新农业节庆旅游业的重要途径和方式。总之,作为产业发展的新模式,农业节庆旅游业融合以资源融合、市场融合、功能融合、技术融合等为路径构建富有个性的节庆旅游产品,开拓节庆旅游市场,创新节庆旅游业态,使农业节庆旅游业更具有现代服务业的特色。

第三节 济南市农业节庆融合创新发展路径与保障对策

一、济南市农业节庆融合创新发展思路

经济发展、收入水平的不断提高,农业节庆市场需求逐渐从较为单一的庆祝、展示向宣传推广、休闲、体验等多元化方向转化,农业节庆需求的这种动态变化及产业综合性特征使它容易与其他产业相互渗透,这也决定了农业节庆旅游业融合的必要性与必然性。从农业节庆旅游业发展本身而言,产业融合是促进农业节庆大众化、社会化及农业节庆旅游业全面发展的重要手段与措施。从市场供求领域来看,农业节庆与相关产业的融合发展,一方面,可促进业态发展,丰富产品体系,增加农业节庆产品供应;另一方面,产品体系的丰富能够给消费者带来更多的选择,一定程度上刺激物质消费需求和精神消费需求,促进农业节庆的大众化与社会化发展。在一定意义上,产业融合是当前我国农业节庆旅游经济持续增长及发展空间不断拓展的重要动力与路径。[1]

1.转变传统的资源观,围绕资源进行融合开发

资源广义上包括了狭义的资源、方法、手段、载体等。产业融合是其他产业中农业节庆资源开发与农业节庆功能的实现,是其他产业以农业节庆资源的形式融入农业节庆产业,形成农业节庆新形式或农业节庆新产品,丰富农业节庆产业供应体系。随着我国国民收入水平的不断提高,人们的参与农业节庆更加积极,这为农业节庆旅游产业的融

---

[1] 李树民.旅游产业融合与旅游产业协整发展[J].旅游学刊,2011,26(6):5-6.

合发展提供了广阔的市场基础。重点推进农业节庆旅游与农业、林业等第一产业融合，利用农村良好的生态环境、优美的田园风光、多彩的民俗地域文化及特色地方产品，积极推进大农业与农业节庆的产业融合，开发农业节庆资源，促进休闲农业、生态农业、观光农业、农业节庆的发展，带动农（渔）家乐、民宿、特色农庄等产业业态发展，农业与农业节庆旅游业的融合丰富了农业节庆产品体系，促进了农业与节庆业的共同发展。❶

2. 积极引进先进技术，创新产业融合发展模式

经济社会的发展及农业节庆旅游需求的多元化促使农业节庆旅游业不断发展，业态在发展中不断变化与创新，而这种发展与创新中，新技术的融入起到了关键作用。❷一方面，农业节庆旅游业积极与新技术融合，或者其他产业以技术优势融入农业节庆旅游业，产生新的农业节庆业态，形成新型的农业节庆产品，如互联网与农业节庆行业融合发展的网络展览、视频会议、网上发布会等，丰富农业节庆产品体系，促进农业节庆市场发育。另一方面，信息技术对农业节庆旅游业的渗透，促进农业节庆行业本身及要素产业之间的融合发展与创新，提升产业在市场培育、质量管理、营销模式、咨询服务等领域的运行效率与效益，推动农业节庆行业增长方式的转变。农业节庆旅游业技术水平的不断提高，又为农业节庆行业融合发展注入新动力，为创新农业节庆旅游业融合发展模式提高技术支持与保障，提高农业节庆行业的整体效率和发展水平。❸

3. 大力推进农业节庆旅游与现代服务业的融合发展

农业节庆旅游业是综合性的产业，涉及产业链条较长，农业节庆需求的多元化与综合性，使农业节庆行业发展建立在相关产业发展的基础之上。促进农业节庆旅游大众化、提升农业节庆旅游发展空间，就必须大力推进农业节庆旅游与信息、金融、物流等现代服务业的融合发展，促进农业节庆物流、农业节庆信息化等基础设施的创新发展。农业节庆行业发展过程中，从农业节庆产品开发到农业节庆区域的产业链建设，所需的资本规模大，而投资回收期相对较长，并且发展初期经济效益不明显。一些经济欠发达地区往往拥有良好的农业节庆资源，但由于开发建设资金筹措困难，从而导致发展缓慢。农业节庆旅游经济发展离不开高起点的规划、高水平的产品开发与包装、高起点农业节庆策划和规模性的市场营销及完善配套的接待产业体系，而这些环节的开发建设都

---

❶ 李树民.旅游产业融合与旅游产业协整发展[J].旅游学刊，2011，26（6）：5-6.

❷ 同❶.

❸ 王朝辉.产业融合拓展旅游发展空间的路径与策略[J].旅游学刊，2011，26（6）：6-7.

需要规模资金投入。因此，促进金融与农业节庆旅游业融合发展，创新农业节庆发展资金筹措方式、拓宽农业节庆发展融资渠道、建立农业节庆发展金融产品和服务，对于农业节庆经济发展至关重要。❶

二、济南市农业节庆融合创新发展路径

农业节庆行业与文化旅游业融合发展拓展农业节庆行业的市场和发展空间。首先，旅游业的发展客观上为农业节庆行业提供了创新源泉。以农业节庆旅游为例，旅游的发展促使了农业节庆文化的大众化。农业节庆文化不只是高雅的艺术，而是来源于民间，走向民众。旅游业的发展为农业节庆旅游的发展提供了创作源泉，同时艺术家在景区获得了巨大的灵感与创意，以景区为舞台，使艺术获得了升华，充实了农业节庆内容。其次，旅游目的地旅游业的发展，扩大了农业节庆产业市场空间。旅游城市每年吸引着数以万计的国内外旅游者到来，这在客观上给农业节庆活动的发展提供了受众。因为仅靠本地的观众难以创造出规模巨大的客源市场，而旅游者中很大一部分有文化消费的需求。这一庞大的消费群体的需求，是拉动文化类农业节庆发展的重要力量。最后，旅游业的发展促进了农业节庆项目的技术升级。旅游小镇、农业科技园、农业生态景区等也不断打造集知识性、娱乐性、参与性、历史性、趣味性及购物、美食、旅游、娱乐等多种功能于一体的包含一些民俗及农业节庆活动和项目在内的旅游区。可见，它们正是由于游客的需求而诞生并不断升级的农业节庆项目。

1. 大型农业节庆与城市旅游融合

（1）促进旅游与大型农业节庆的整体促销。在市场营销上应促进旅游与农业节庆的进一步协作，在开展促销活动，进行外地营销时要注重与济南城市旅游的整体形象相结合。另外，政府与企业的联系应得到深化，没有政府的引导作用，光靠企业来操作办不好大型农业节庆；没有相应旅游资源的宣传，大型农业节庆不能吸引众多客源。

（2）两大行业进一步分工协作，提供更优质、更专业的配套服务。农业节庆成功举办的关键是农业节庆公司是否专业化，对于现有的农业节庆相关公司应该以高标准严格要求其经营水准和范围。促进旅游企业与农业节庆企业的全面合作，让优秀的旅游企业及其专家介入大型农业节庆的前、中、后期的全程运作。旅行社应积极为农业节庆主办方和消费者提供"食、宿、行、游、购、娱"等一系列服务，并尽量将丰富多彩的旅游

---

❶ 王朝辉. 产业融合拓展旅游发展空间的路径与策略 [J]. 旅游学刊，2011，26（6）：6-7.

活动与大型农业节庆结合起来，充分利用其行业优势和网络优势，为农业节庆与旅游的对接架起一座桥梁。

（3）深度细分客源市场，升级改造农业节庆旅游产品。农业节庆旅游的客源层身份较多的是城市居民，需要的是一个整体的休闲、购物、娱乐的大环境。客源市场庞大，需要分析消费需求差异，细分市场，满足其特殊要求并实施"定制"营销。推出相关产业的旅游产品，鼓励各类企业参与城市旅游产品的开发；改变传统旅游路线，以往按部就班的线路和服务已很难满足大型农业节庆游客的需要，因此，必须为他们提供超常规的旅游产品和超常的服务。

（4）重视大型节庆活动后续效应的发挥，打造大型农业节庆品牌的旅游资源。国际上以科学为主的"科学之国""自然之国"和"文化之国"的"三国"公园服务于社会，节会之后产生长远影响。大型农业节庆同样具有此效应。活动场所可以作为旅游景观景点继续发挥作用。

2. 知名农业节庆与专题旅游融合

农业节庆是会展业与旅游业的产业交叉领域，丰富的农业节庆资源能够促进两产业的共同繁荣。据统计，2012年济南市全年共举办各类农业节庆活动200余个。济南市有着悠久的历史和丰富的民俗旅游文化资源，为济南市农业节庆旅游的发展奠定了坚实基础。但是农业节庆旅游的发展是一个系统工程，需要在理解农业节庆旅游概念的基础上，针对济南市当前农业节庆旅游发展现状提出有效对策，其关键是充分利用济南市大型知名农业节庆资源，实现与专题旅游的对接，而其实质即为农业节庆旅游的深入发展。

农业节庆旅游是以农业节庆的形式对地区产业特色、传统文化、民俗风情进行策划和包装，在开展农业节庆旅游时，农业节庆旅游组织者要贯彻现代市场营销理念，以市场需求为导向，突出农业节庆的主题性、体验性和品牌性，开展农业节庆旅游，要构建多元化的促销方式，完备农业节庆旅游网络营销，以此来增强对客源市场的吸引力。❶

（1）整合区域农业节庆旅游资源，树立品牌观念，发挥品牌效应。区域农业节庆资源的整合包括旅游资源的类型、民族风情的特点及空间结构的整合。这就要对区域间的农业节庆资源进行高度的开发，在全市层面对农业节庆资源进行调查、重新评价及构建层次分明的农业节庆资源等级体系。同时还应对区域农业节庆资源的空间分布特点和各目的地的农业节庆资源开发情况进行重新划分，对于近距离雷同性、非合作性的资源开发现象，应该打破行政区域限制，重新归整进行合并，构建以主导农业节庆文化为中心

---

❶ 肖红艳. 我国节庆旅游发展现状及对策探讨[J]. 未来与发展, 2011, 34（9）：24-27.

的区域旅游资源整合性开发体系。❶

现今社会品牌极为重要，农业节庆旅游活动更应注重品牌化的开发。只有树立品牌，提高知名度才能使农业节庆旅游得到长远的发展。济南市各区县都有特色民俗风情，包含曲艺、土特产、民间工艺、饮食、历史文化等，内容丰富多彩，这些都是旅游农业节庆活动走向品牌化的基础。特色农业节庆需要深挖内涵，外拓延展，紧密结合当前人们的文化需求倾向，提高农业节庆产品的档次，最终走向国际。

（2）提升农业节庆的文化品位，加大当地群众的参与性。文化是农业节庆活动的灵魂，一个成功的农业节庆活动是当地特色文化成果的展示，没有文化的农业节庆是空洞的，一个地方要办好农业节庆不是由政府决定的，也不是由当地的经济决定的，而是由当地深层的文化内涵和历史渊源决定的。办农业节庆要充分考虑到济南市的特色文化，如历史文化、地域文化、民俗文化、宗教文化及商业文化等因素，要找到现代农业节庆活动与当地特色文化（旅游资源）的契合之处，这样才可以把农业节庆的文化发挥到位，而不是只为追求经济利益，应处理好二者之间的关系。❷

良好旅游目的地的农业节庆活动以人民大众为主体，主要的参与者就是当地的老百姓，为此在农业节庆活动中应该增加一些适合百姓的项目，调动群众的积极性，如可以在农业节庆筹办和举办的过程中广泛征求当地居民的意见，把他们好的设想加入活动当中，这样可以极大地丰富农业节庆活动的内容，也可以吸引更多的居民来参与。❸

（3）加强农业节庆旅游纪念品的开发。旅游纪念品是农业节庆旅游活动的产物，它是当地特色和文化内涵的精华，它可以随着旅游者的足迹遍布四面八方，可以更好地宣传农业节庆旅游和举办地的文化。农业节庆旅游纪念品在设计上要本着文化性、特色性、艺术性、实用性、品牌性、便携性、纪念性的特点，充分体现农业节庆旅游的主旨。纪念品的材料最好是当地特有的，要加强纪念品制作过程中的管理，杜绝粗制滥造。精美独特的农业节庆旅游纪念品可以提升农业节庆旅游和举办地的知名度。

3.产业活动与农业节庆旅游融合

产业旅游近年来备受关注，产业旅游示范点也逐渐增多。2005年，济南普利思矿泉水公司水厂成为济南市首家工业旅游示范点，2008年，济南高新区的青岛啤酒济南梦工厂和佳宝乳业成功申报省级工业旅游示范点。创建相关产业农业节庆活动，设计旅游专

---

❶ 肖红艳.我国节庆旅游发展现状及对策探讨[J].未来与发展，2011，34（9）：24-27.

❷ 同❶.

❸ 同❶.

线，让游客参与到农产品的种植及加工过程中。目前还远没有挖掘出农业旅游资源的价值。因此，我们需要加强多产业对接工作，将工业、农业、矿业与农业节庆业、旅游业深度融合，开发模式多元化。

高度发展的社会中的人们工作节奏日益紧张，这就愈加激发了他们亲近自然的需求，近郊农业旅游风靡全国，济南周围也布满农家乐、农家饭庄、草莓采摘基地、樱桃节等旅游项目、景点与设施。工作劳累之余，人们在周末纷纷奔向城市周边的大自然，形成了如火如荼的农业旅游。当然，旅游者收获更多的还是参加农业节庆活动。例如，寿光蔬菜博览会创办于2000年，蔬菜文化内涵深厚，可以让广大游客分享文化盛宴。采用蔬菜、果实、种子，利用多种艺术展示手法融合传统历史文化，精心制作了210多个融入了文化内涵和现代农业科技的文化景点。举办了一系列探讨蔬菜产业未来发展的高峰论坛、农圣文化研讨会、科技大讲堂等活动，对植物工厂、无种育苗等100多项世界前沿技术进行优化展示，还举办了"魅力菜乡·放歌寿光"大型文艺晚会。整个菜博会成为高雅艺术和通俗文艺有机结合的大舞台。最大亮点是新设立了现代农业体验馆，共有4个种植区，每个种植区设4个独立采摘区，总面积2万平方米，集观光、采摘、品尝、购买于一体，让游客领略了菜乡风情，体验到了采摘收获的乐趣。以农业高科技示范园区游、农业龙头企业游、特色乡村游及水利和林业游，形成了菜乡"一日游""二日游"旅游线路。菜博会的发展充分代表了农业产业发展与农业旅游紧密结合的成功范例。

开拓产业园区旅游发展模式，节事活动长期化。园区化是当前产业发展的一个重要特征和趋势。所谓产业园，是指在政府整体规划和引导下，以区域资源为载体，以优惠的产业政策吸引多种某产业领域生产要素聚集的园区，如创意产业园、文化产业园、科技产业园等。以山东省文化产业园为例，可以发现产业园发展势头猛，数量增加快，如济南齐鲁文化产业园、曲阜新区文化产业园、淄博齐文化生态产业园、聊城的水浒文化产业园、潍坊青州文化产业园、青岛创意100产业园等。发展产业园无疑是地方加快产业发展、提高本地区产业竞争力的一个捷径；但是，若想获得更强的生命力、更高的综合效益和更持久的发展，将产业园与农业节庆业、旅游业紧密结合成为一条有效的路径。

三、济南农业节庆融合创新发展的保障对策

1.政府在农业节庆行业发展中合理定位，积极引导

农业节庆具有公益产品属性，在农业节庆行业发展过程中，政府的角色比较特殊。

政府找准定位，我国各地的农业节庆行业才能健康、规范、迅速地发展起来。政府的合理定位体现在以下四个方面。其一，进一步加强对全市农业节庆行业发展的科学规划以及农业节庆类型、规模、布局方面的宏观指导。参考国外农业节庆发展经历，制定济南市的农业节庆行业发展规划。科学的规划是行业发展的保障。遵从农业节庆行业特有规律，突出本市农业发展特点，统筹发展目标，分层次分类别确定规划重点和发展方向。其二，完善政府在农业节庆行业发展中的公共服务职责，保障市场公平秩序，鼓励特色优势产品开发，坚决打击恶性竞争，避免低水平重复建设。另外，根据国际国内形势适时调整工作重点，有效维护农业节庆市场健康发展。其三，对于部分公益性较强的农业节庆活动，从政策上持续支持，保持或加大财政资助。此类农业节庆活动公共产品属性突出，一般具有显著的外部性效果，结合不同活动公益性效果的重要层次，探索多样化的支持方式，积极追求农业节庆活动公共性最大化。其四，政府逐步退出农业节庆市场，引导农业节庆活动市场商业化发展。

2. 加强节庆研究和人才培养工作，促进发展

人才是任何一个地区、任何一个产业发展的关键。因此，加强我市节庆经济与管理专业领域中技术人才、项目人才和营销人才的培养工作，是农业节庆行业健康发展的基础需求，也是构成行业持续繁荣的人才支撑。农业节庆行业发展起步较晚，相关研究较少，实践发展和行业研究都处于探索阶段。尤其在研究领域，对行业发展规律的透视和业界实践问题的透析，都非常具有现实意义。行业的快速发展迫切需要理论的指导。只有更多的人才和研究人员对行业现实问题进行理论上的解释和验证，才能形成科学理论，进而指导行业实践，引领行业实践。目前，节庆研究工作和业界实践人才都是行业所急需的，节庆人才培养的迫切性显而易见。节庆人才供给渠道主要有三个：会展（节庆）教育培训、企业自我培养和外地引进。应该根据我市农业节庆发展实际，合理利用三种人才培养方式。以行业发展需求为培养导向，对我市会展教育进一步细化分层，并且在教育过程中，不同院校应充分利用各校资源优势和地区产业特色，培养集策划能力和操作能力、大会展专业的意识和节庆相关设计、营销、管理以及兼具农业行业知识的综合型人才，为农业节庆的发展和繁荣奠定核心基础。

四、研究小结

我国农业节庆文化底蕴深厚，资源优势突出，但农业节庆产业的发展水平还不够高、创新活力还不够强，促进乡村振兴的作用和效果尚不显著。产业融合是目前产业领

域的价值主要增长点和经济增长最具活力的源泉与动力。所以，产业融合成为农业节庆创新发展的必然选择，农业节庆须加大与其他产业融合的力度，寻求创新激励。作为山东省的省会城市，济南市的农业节庆发展同样面临着上述产业特征与共性问题，其融合创新相关分析对其他地域而言同样具有适用性。农业节庆自身即是多个产业的综合性活动，这一特点也决定了它的产业边界交叉点较多，更易于与其他产业融合形成新的经济增长点，并拓展其提振乡村经济的作用范畴。产业融合视角下农业节庆活动促进乡村产业振兴的发展思路主要有：转变传统的资源观，围绕资源进行融合开发；积极引进先进技术，创新产业融合发展模式；大力推进节庆旅游业与现代服务业的融合发展。大型农业节庆与都市旅游融合、知名农业节庆与专题旅游融合、产业活动与农业节庆旅游融合为主要的融合创新发展路径。配套的政府、人才保障机制是实现融合创新发展的有力保证。

第十章 民俗节庆活动与乡村文化传承

第一节 乡村民俗节庆相关概念及理论

一、乡村民俗节庆的定义与特点

1. 乡村民俗节庆的定义

节庆一般是具有较大规模的、定期举办的地域性的庆祝活动，往往需要凭借特定资源，包括历史文化、特色物产、文学艺术、民俗风情、大型体育活动、地理条件等。比如，国际孔子文化节、青岛国际啤酒节、哈尔滨国际冰雕节、内蒙古那达慕大会、汨罗江国际龙舟节、吉林雾凇节。我国传统节庆的民俗特性突出，所以，传统节庆也被称为民俗节庆，是一定地域的特定人群在生产、生活和生存发展中形成的行为和理想的习惯性事项。[1] 民俗节庆归属于文化事件的一种类型，是一种特色鲜明的旅游吸引物，日益成为促进旅游发展和繁荣地方经济的一种手段。[2] 根据上述相关界定，乡村民俗节庆是指在乡村地域中经过长期的生产实践和社会生活中逐渐形成，以特定主题活动方式，约定俗成、世代相传、较为稳定的民俗意义较强的社会文化活动。

---

[1] 苏丽春，李艳. 云南民俗风情与旅游[M]. 昆明：云南大学出版社，2005：5.
[2] 汪舟. 日本民俗节庆及其对中国节庆旅游发展的启示[J]. 特区经济，2012（1）：139-142.

2. 乡村民俗节庆的特点

乡村民俗节庆是具有传统性和传承性的活动。我国历史悠久，文化源远流长，民俗节庆是经过漫长的文化习俗的积淀而逐渐形成的，历届民俗节庆活动的形式和内容都是对往届的沿袭和承继。

乡村民俗节庆具有明显的环境依托性和差异性。而且，节庆活动的环境依托性衍生了其差异性。我国地域广，东西南北各方水土环境差异大，人文风貌各异。民俗多种多样，传统节庆活动繁多。具体而言，即使有相同的节庆活动，因为自然环境不同，南方和北方也具有不同的特色，如端午节，南方产稻、有水域的地区有包粽子、赛龙舟等习俗与活动，而北方不产水稻、没有水域的一些地区会举行在门口插艾枝条、制作驱虫香包等活动。

乡村民俗节庆具有集体性和参与性特点。节庆活动在产生和传承过程中为该地域的民众所普遍接受和广泛参与。虽然节庆活动影响的空间范围上大小不同，有些节庆活动影响几个省份、有的节庆活动只影响一个村落，但这个地域范围内的民众都会认可并参与。

乡村民俗节庆是兼具文化性和娱乐性的活动。传统社会有着浓厚的伦理观念和家族观念及人们自始至终保有的对美好生活的向往。因此，传统节日中的诸多礼俗深刻地体现了其文化性。各种节日祝祭活动，是民众的尊老爱幼、礼尚往来等优良文化传统的呈现，这些节庆活动也不断强化着上述文化精神和价值观念。很多节日除了气氛严肃的祝祭活动，还有丰富的文艺赛演和趣味活动，如猜灯谜、杂耍、舞狮等兼具文化性和娱乐性的活动，大大增强了乡村民俗节庆的趣味性。

另外，大多数乡村民俗节庆活动的周期性比较显著。重复举办、反复演示的乡村民俗节庆活动必然增强地域认同，强化地域精神，塑造地域群体的品格，这是地域民俗得以形成和强化的重要形式。

二、乡村民俗节庆与乡村振兴

1. 乡村振兴战略为乡村民俗节庆发展带来机遇

物质层面富足是精神层面繁荣的基本保障，乡村振兴的全面实现是以乡村经济发展为前提条件的。因此，乡村振兴战略的根本在于提高乡村的经济水平。我国在乡村经济的提升方面做了很大的努力，提出了坚决打好精准脱贫攻坚战、分类推进乡村发展等具体策略。在分类推进乡村发展的策略中，具体又将村庄分为聚集提升类村庄、城郊融合类村庄、特色保护类村庄及搬迁撤并类村庄四类，特色保护类村庄其中一部分就得益于其乡村民俗节庆活动的历史及相关文化资源。各级政府实施乡村振兴战略，各地有代表性的乡村民俗节庆必将得到传承和发展所需要的资金支持和科学规划。

另外，乡村文化振兴是乡村振兴战略的重要组成部分。乡村民俗节庆作为一种传统民俗文化的重要表现形式，是乡村文化的重要组成内容。乡村振兴战略在弘扬中华优秀的传统文化与加强乡村的文化生活等方面有很详细、系统的阐述。因此在乡村振兴战略背景下，乡村民俗节庆拥有极为有利的发展机遇。

2.发展乡村民俗节庆对于乡村振兴战略的意义

从经济效益的角度来看，围绕乡村民俗节庆开发乡村旅游，可以直接增加农民收入，推动乡村振兴战略的实施进程。从社会发展的角度来看，乡村振兴的目标是实现农民增收、农业发展、农村稳定。农民生活水平提高的同时，精神需求变得越来越强烈。二者均衡，才能实现农村社会安定。发展乡村民俗节庆，人们参与的民俗节庆活动越多，受到地方传统文化的熏陶和乡土情怀的感染就越强烈，其地方认同感和凝聚力得到强化，这有利于农村社会稳定发展。

第二节　山东乡村民俗节庆概况及发展问题

一、山东乡村民俗节庆概况

我国地域宽广，乡村聚落广布，而各地自然人文生态迥异，造就了异彩纷呈的民俗节庆活动，因此我国乡村民俗节庆资源较多，内容丰富。山东省各地市拥有众多的乡村民俗节庆活动，见表10-1。虽然目前网络信息发达，但很多乡村民俗节庆在网上仍然无法搜索到。表中的乡村民俗节庆活动信息并不完整，但具有一定的代表性，也能反映乡村民俗节庆的一些共有特征。另外，根据问卷调查结果，可总结出目前山东乡村民俗节庆的客源市场特征，这些特征对全国范围而言应该也具有普遍性。

表10-1　山东省部分乡村民俗节庆

所在地区	节庆	所在地区	节庆
济南市商河县	鼓子秧歌汇演	潍坊市昌邑区	下营祭海节
济南市章丘区	三德范春节扮玩	潍坊市寒亭区	杨家埠年画之乡过大年
济南市济阳县	鼓子秧歌	聊城市东昌府区	葫芦之乡过大年

续表

所在地区	节庆	所在地区	节庆
济南市莱芜区	贾家洼村傀儡戏演出	聊城市阳谷县	民俗文化艺术节
烟台市长岛县	"长岛庙会"节会活动	东营市东营区	牛庄村闹花灯
青岛市即墨区	东京山山会	淄博市淄川区	西关一村打铁花表演
德州市齐河县	祝阿镇官庄村绣球灯舞演出	威海市环翠区	孙家疃街道龙王庙会
枣庄市薛城区	沙沟镇人灯舞演出	枣庄市台儿庄区	黄林庄村渔灯秧歌会
菏泽市东明县	大屯镇撅老四表演	日照市东港区	五洞府乡村庙会
临沂市费县	上白石屋过大年	日照市莒县	潍河源年俗节
临沂市河东区	三官庙村龙灯扛阁	济宁市邹城市	上九山村庙会
泰安市泰山区	农家过大年节会活动	滨州市惠民县	胡集书会

数据来源：根据收集资料整理所得。

1. 山东乡村民俗节庆特点

首先，乡村民俗节庆所在地区历史悠久，相关活动都是长期发展过程中的文化传承形式之一。其次，这些活动规模都比较大，具有浓厚的文化氛围。再次，举办时间比较集中，但也有一定的特殊性。大部分节庆在春节前后举办，小部分则选择对当地有特殊意义的日子或者是在特殊的节气，如潍坊市昌邑市下营祭海节在谷雨当天举行，在这一天祈求能够五谷丰登、收获更多的海产品及出海后能够平安回来。

2. 山东乡村民俗节庆客源市场特征

首先，参与者越来越多，客源市场仍有待开发。近年来，传统文化保护的意识逐渐增强，乡村旅游热潮兴起，促成了乡村民俗节庆良好的发展环境，越来越多的人开始关注乡村民俗节庆活动并选择参与体验。本研究的调查结果见图10-1，参加过山东乡村民俗节庆活动的人占总样本数量的3/4，其中参加过3次以上的仅占19.27%，从未参加过的占25.68%，这意味着尚未开发的游客市场是巨大的。

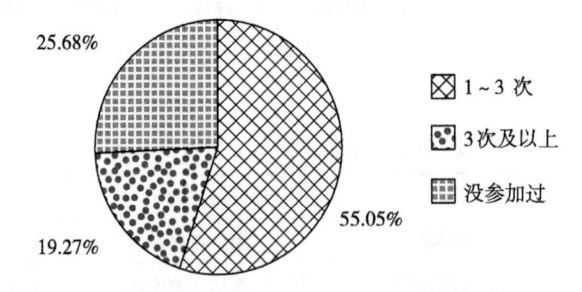

图10-1 调查样本关于山东乡村民俗节庆参加次数的统计

其次，客源市场群体的参加次数与其职业有一定关联性。如图 10-2 所示，从职业与参加次数两个变量的分析中，可以明显地看出公务员、事业单位职工及农民有乡村民俗节庆参加经历者所占比例很大，其可能原因主要是前两类职业从业者的余暇时间相对有规律且受教育水平较高、农民身处农村受当地文化熏陶有民俗节庆情结并有参与的便利条件。值得注意的是，学生群体中未参加过乡村民俗节庆活动者占比最高。学生喜欢到处游玩探索新奇事物，却有 1/3 以上从未参与，这说明他们对乡村民俗节庆的关注度不够，或者说乡村民俗节庆没有引起他们的兴趣。

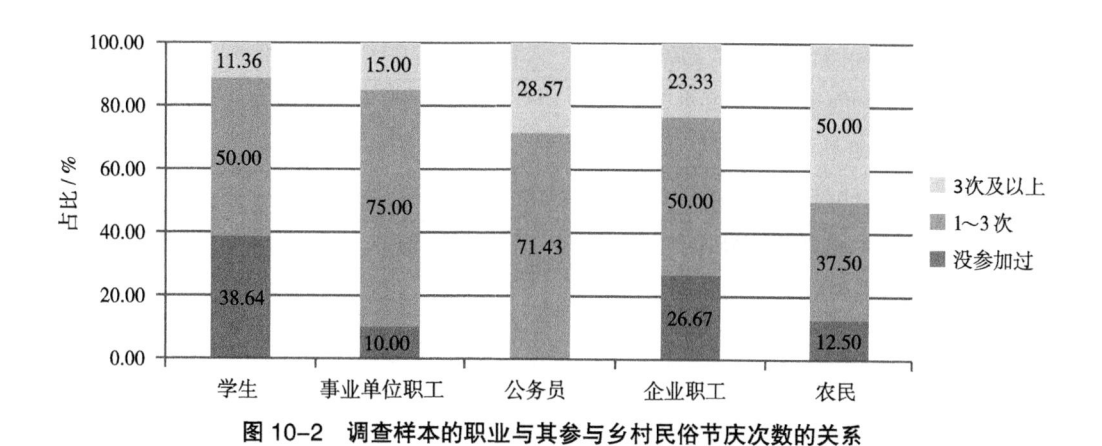

图 10-2 调查样本的职业与其参与乡村民俗节庆次数的关系

最后，民俗节庆知晓度不高，宣传力度有待加强。人们相对比较了解目前所在地市或者家乡举办的乡村民俗节庆，而对于外地的民俗节庆，调查对象反映仅听说过一些，几乎没有参加过。表 10-1 所列均为当地比较知名的乡村民俗节庆活动，但能够通过网络搜索了解相关概况的节庆仍然为数不多，这在当前的网络时代中是难以累积关注度的。如表 10-2 所示，人们对山东乡村民俗节庆的知晓度较低，说明山东乡村民俗节庆的影响范围较小，也间接表明了乡村民俗节庆的宣传力度还远远不够。所以，当前山东民俗节庆活动客源市场中外来旅游者很少，仍以本地人为主。

表 10-2 调查样本关于山东各乡村民俗节庆的知晓度统计

节庆名称	知晓比例
济南商河县鼓子秧歌会演	37.61%
济南章丘区三德范春节扮玩	31.19%
济南济阳县鼓子秧歌	33.94%
潍坊市昌邑市下营祭海节	16.51%

续表

节庆名称	知晓比例
潍坊市杨家埠年画之乡过大年	30.28%
临沂市费县上白石屋过大年	10.09%
临沂市河东区三官庙村龙灯扛阁	15.60%
聊城市葫芦之乡过大年	11.93%
聊城市阳谷县民俗文化艺术节	14.68%
烟台市"长岛庙会"节会活动	17.43%
莱芜市贾家洼村傀儡戏演出	11.93%
泰安市泰山农家过大年节会活动	13.76%
青岛市即墨市东京山山会	13.76%
东营市牛庄村闹花灯	11.01%
滨州市惠民胡集书会	8.26%
德州齐河祝阿镇官庄村绣球灯舞演出	11.93%
枣庄市薛城区沙沟镇人灯舞演出	5.50%
枣庄市黄林庄村渔灯秧歌会	7.34%
淄川区西关一村打铁花表演	13.76%
日照五洞府乡村庙会	9.17%
日照莒县潍河源年俗节	8.26%
菏泽市东明县大屯镇撅老四表演	10.09%
济宁市邹城市上九山村庙会	11.01%

二、山东乡村民俗节庆发展的制约因素

1. 乡村"空心化"严重，乡村民俗节庆难以传承

乡村民俗节庆的地域性决定了各节庆活动都是由当地的村民进行表演或展示的，这是乡村民俗节庆的原真性体现，也是参观者追求的最佳体验效果。但是随着城镇化进程的加快，当地的很多村民涌入城镇，留下的只有老人和小孩，能够参加演出的人越来越少。即便有很多乡村民俗节庆是在春节前后举办，此时间段内大部分进城务工者会返乡，也有可能参与表演，但毕竟没有进行过充足的练习，表演显得不熟练、不纯正。乡村的空心化问题必然会导致乡村民俗节庆活动的人才短缺，这是制约乡村民俗节庆可持续发展的主要难题之一。

2.宣传力度不够，知名度低

大部分乡村民俗节庆活动由乡民们自发组织举行，有着浓厚的历史传统氛围，仅仅是为了传承与娱乐而举办，不受太多的利益因素影响，因此也不会有意识地大肆宣传本村的民俗节庆活动以吸引外来游客，平时的观众均来自本村和附近村庄。调查结果显示，69.72%的人认为乡村民俗节庆宣传力度不够、知名度低。在所列举的乡村民俗节庆发展制约因素中，这一项所占的比重最大，也直接说明大众对乡村民俗节庆宣传不足、知名度有待提高的认同度很高。宣传工作缺失的原因，除了主观上宣传意识不够，还有宣传能力的欠缺。节庆活动组织者和管理者的营销宣传意识薄弱和营销宣传工作能力不足等一系列原因导致乡村民俗节庆活动宣传力度不够，进而影响了其知名度。

3.活动形式、内容相对单一，开发不充分

传统的乡村民俗节庆活动大多都经过了数百年乃至上千年的传承，带有浓烈的地方文化特色，并且其节目形式、内容都相对固定化。因此，虽然各地节庆活动的节目内容蕴含着当地特色的历史文化和艺术成分，但每次举办的节庆活动内容都一样，这对于仅仅作为观众的游客来说，再次参加的可能性微乎其微。乡村民俗节庆需要创新和深度开发，但又缺少开发创新的人才和资金。上述提及的乡村空心化导致节庆活动中年富力强者流失，大大减弱了创新和开发的人力资源基础。大部分的乡村民俗节庆活动是由村民自发组织举行的，村民每家每户捐一些钱款供本年度民俗节庆活动使用，另外很少一部分节庆能够获得政府或企业的资金支持。资金不足，就不具备新节目的开发条件，诸如开发人员的劳务成本、为新节目购置合适的服装和道具等。活动形式、内容相对单一，缺少开发资金和人才，这是制约乡村民俗节庆发展的重要因素。

4.缺少管理意识和创新意识，活动参与性不强

由村民自发组织的乡村民俗节庆的带头人大多都没有较高的文化水平，虽然具备一定的组织能力，但是缺乏系统管理乡村民俗节庆活动的知识和策略，无法运用先进的管理方法促进乡村民俗节庆的持续发展。缺少了有效的管理和不断的创新，节庆活动没有新意，也没有观众参与的传统，减弱了对游客的吸引力。即便游客们第一次前来参观游览，非常愿意再次参加者寥寥无几。关于山东乡村民俗节庆的认识与观点的问卷调查结果显示，非常愿意和愿意再次参加者只占样本总数的28.44%，认为乡村民俗节庆活动存在管理意识和创新意识缺失问题的人数占了29.36%。这一结果验证了该制约因素的存在及重要影响。

5.缺少参与乡村民俗节庆的便利性

与其他商品不同，民俗节庆具有空间不可转移性，举办地点仅限于乡村，影响了人

们参与的便利性。举办地点为大城市的民俗节庆和比较著名的民俗节庆尚能受到社会大众的关注,在乡村举行的民俗节庆活动很难吸引现代人的目光。即便有些乡村民俗节庆活动能够通过网络被人们了解到,但也有可能因为缺少参与的便利性而导致其不能去参加。比如,节庆举办的乡村位置偏僻,交通不便,或者距离遥远,没有合适的配套酒店可供住宿停留。

6.受到外来文化和新兴娱乐形式的冲击,传统民俗节庆吸引力减弱

科学技术高速发展的21世纪,也是一个越来越开放的时代。随着社会及科学技术的发展,新兴的娱乐方式层出不穷,越来越多的人尤其是年轻人更多地关注新兴的娱乐形式,较少关注我国传统的文化形式。互联网络的发展使得越来越多的人沉浸在网络之中,也让越来越多的人十分便捷地接触到更多外来文化,因而比较容易地接受并认可外来文化。再者,人们的对外交流的机会日渐增多,交往对象和关注区域日益广泛,外出旅游活动也日趋频繁,对我国传统民俗节庆的关注就相对减少了。仅2018年上半年,中国公民出境旅游人数达7131万人次,比上年同期增长15%。节假日期间选择去往国外度假旅游的人数呈持续增长趋势。尤其在乡村民俗节庆活动普遍举行的春节期间,选择国内和乡村游的人相对减少了,这间接或直接地影响了乡村民俗节庆的发展。

三、节庆参与者视角的山东乡村民俗节庆问题分析

本次调查问卷是通过网络和线下两种调研方式完成,共有457人参与,其中有效问卷436份。调查样本情况如下:在所有调查对象中,女性占60.55%,男性占39.45%;从年龄阶段分布看,19~30岁的人占55.05%,31~45岁的人占32.11%,18岁以下及46~60岁共占12.84%,61岁以上的人占比为0;从所从事的职业分布来看,主要涉及学生(以大学生为主)、事业单位职工、公务员、企业职工和农民五大类,其中学生占20.64%,事业单位职工占19.50%,公务员占了13.76%,企业职工与农民分别占了33.49%和12.61%。据调研期间了解,农民的工作与闲暇时间很不规律,极少以外出旅游的形式参加,主要是参加居住地附近举办的乡村民俗节庆活动。另外,从调查对象的现居地来看,以山东省内居住者及城市居住者为主,具体占比为省内城市占49.54%、省内农村占15.60%、省外城市占30.28%、省外农村占4.58%。据悉,部分企业职工是居住在农村的,而问卷中选择农民为职业的主要包括从事农业生产以及无固定工作单位的人。

值得一提的是,多种主客观因素的存在,可能一定程度上会影响到本研究关于调查

问卷所反映问题的分析结果的客观性。首先，样本调查数量有限，无法统计和反映所有人关于乡村民俗节庆的观点。其次，调查对象的配合程度不同也一定程度上制约了调查数据结果的获取。比如，网络调查问卷中，无 61 岁以上者填写，而线下调查过程中，随机选择的老年人认为民俗节庆活动期间较为拥挤不便参加、不了解当前民俗节庆状况等原因导致无法获取相关有效问卷。但是，排除上述干扰以后，所得数据的客观性能够保证本研究结果的有效性和代表性。

1. 参与方式

人们参与民俗节庆活动方式选择结果，见图 10-3。与亲朋好友一起参与者占比最为突出，高达 68.81%，单独前往的仅占 10.09%，这个结果可以启发我们，一个人可以带动一家人甚至更多的人前来参加乡村民俗节庆活动。17.43% 的人通过旅行社的宣传来了解山东的乡村民俗节庆，但最终通过旅行社参加的仅占 10.09%，可能的原因在于基础设施不完善、交通不便、组织者忽视宣传工作或者资金不足等。此结果直接显示了山东乡村民俗节庆活动的对外宣传工作并不得力，也暗示了节庆旅游项目开发和市场开拓两方面的工作均需要加强。通过单位组织参加节庆活动者占比最低，为 2.75%，据悉，大部分乡村民俗节庆的举办时间和内容难以适配企业奖励旅游和员工活动的需求。

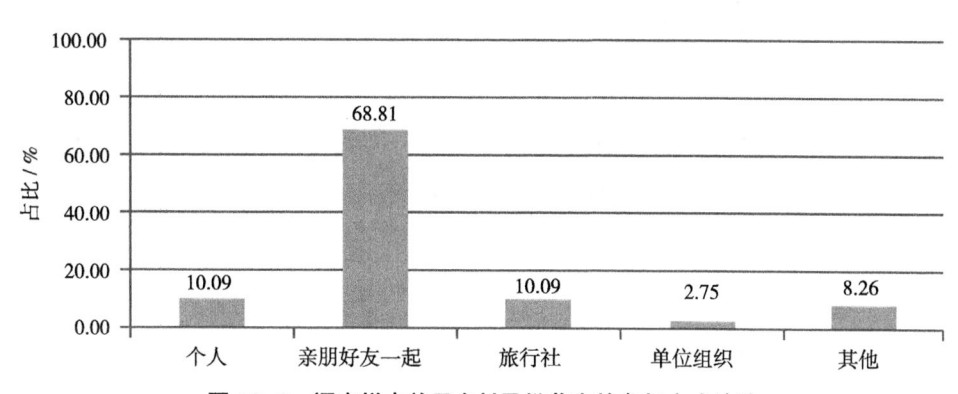

图 10-3 调查样本关于乡村民俗节庆的参与方式统计

进一步考察不同参与方式选择者的年龄分布特征可以发现，选择与亲朋好友一起参加活动者的年龄阶段分布最广，见图 10-4。这与我国向来重视家族亲情和亲友纽带的传统观念息息相关。也可以说，对所有潜在游客而言，乡村民俗节庆的吸引力一旦形成，其群体带动性就能凸显出来。这从侧面表明乡村民俗节庆因其活动特点和文化魅力适合开发具有情感纽带的团体旅游市场。由此，乡村需要考虑提供能满足这类群体所有成员的其他需求的完整配套设施和机构。

通过单位组织参加节庆者的年龄主要集中在 46～60 岁。有些单位活动组织者会顾及年龄较大的员工对传统文化的喜爱，另外，带有文化属性和色彩的单位会主动组织员工参加乡村民俗节庆活动。

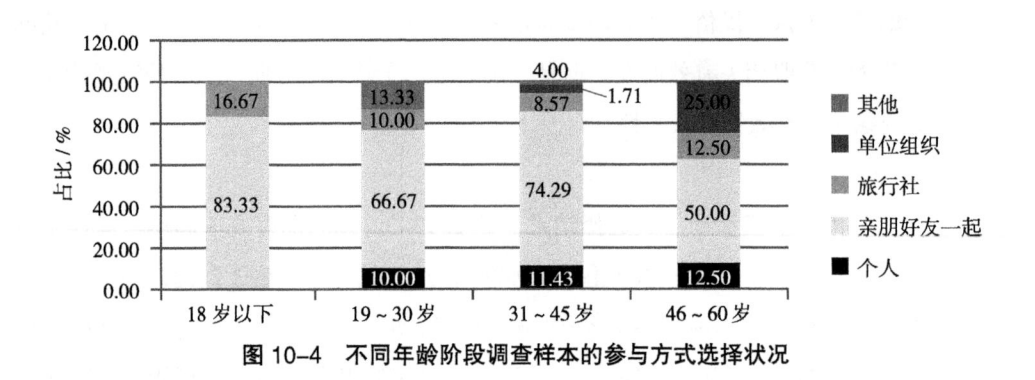

图 10-4　不同年龄阶段调查样本的参与方式选择状况

2. 节庆选择

节庆参与地点选择的统计结果见图 10-5，42.20% 的人是在现在的居住地参与乡村民俗节庆，可见人们倾向于选择参与空间距离较近的乡村民俗节庆活动。在以前的居住地参加者与参与其他地区民俗节庆者占比接近，分别占样本总量的 29.36% 和 28.44%。对于山东乡村民俗节庆活动来说，外地专门前来参加者仍属少数，市场消费群体主要由目前山东各地市的居民及外地居住的山东人构成。若将这两类群体合计，占比超过 70.00%，说明大多数人会选择比较熟悉的文化氛围中的民俗节庆及能够重温回忆时光和体验故乡情结的民俗节庆。打情感牌，强调文化认同感和文化归属感，应该成为乡村民俗节庆的发展利器。

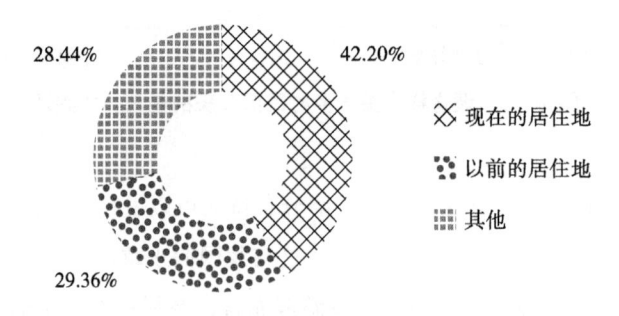

图 10-5　调查样本关于乡村民俗节庆参与地点选择的统计

3. 信息渠道

目前，人们获取乡村民俗节庆信息的渠道主要有网络、旅行社宣传、亲人朋友推荐、电视/广播、书刊/报纸/杂志及其他。调查发现，每种渠道都有人选择，而且大部分人都会通过两种以上渠道获取山东乡村民俗节庆的信息。其中，使用最多的是网络和亲人朋友推荐这两个渠道，分别有一半左右的人做此选择。电视/广播与书刊/报纸/杂志等传统媒体也是人们了解乡村民俗节庆的重要信息渠道，分别有1/3左右的人做此选择，见图10-6。

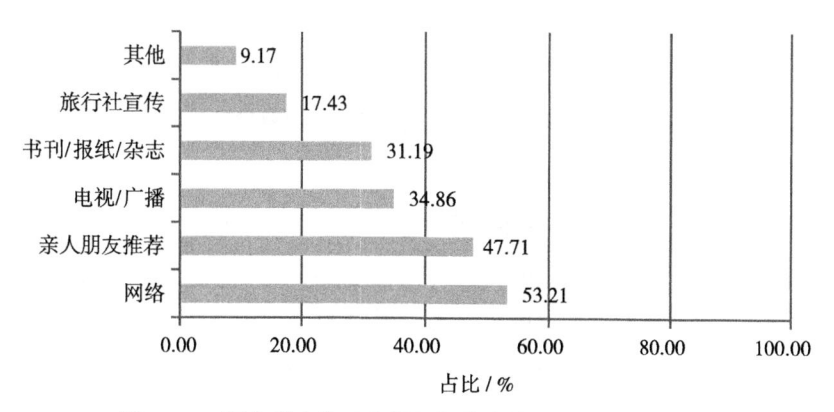

渠道	占比/%
其他	9.17
旅行社宣传	17.43
书刊/报纸/杂志	31.19
电视/广播	34.86
亲人朋友推荐	47.71
网络	53.21

图10-6　调查样本关于乡村民俗节庆的信息了解渠道统计

如图10-7所示，从整体来看，所有信息渠道在各年龄阶段都有分布，但通过网络和亲朋好友推荐这两个渠道来了解山东民俗节庆的相关情况，在每个年龄阶段都具有普遍性，其中30岁以下的两个群体表现最为突出，分别有一半以上的人选择这两种渠道。但是46～60岁的群体中仅有1/4的人会选择网络信息渠道，这说明部分中老年人不习惯或没能力使用手机和电脑。在19～30岁、31～45岁、46～60岁这三个年龄阶段中，有1/3左右的人分别选择电视/广播和书刊/报纸/杂志等媒体方式来获取信息，可见传统媒体渠道仍有较大的影响范围和影响作用。这也说明山东的乡村民俗节庆活动正在通过多种多样的方式进入大众的视野中，让更多的人了解其相关信息。

各年龄阶段群体选择通过旅行社的宣传来了解山东乡村民俗节庆的占比都不高，这说明了目前旅行社存在关于乡村民俗节庆的相关线路产品不多及宣传推介工作不到位等诸多问题。旅行社要充分发挥旅游产品开发设计及营销经验丰富、目标市场比较集中且针对性强等优势，推动山东乡村民俗节庆活动"走出去"。

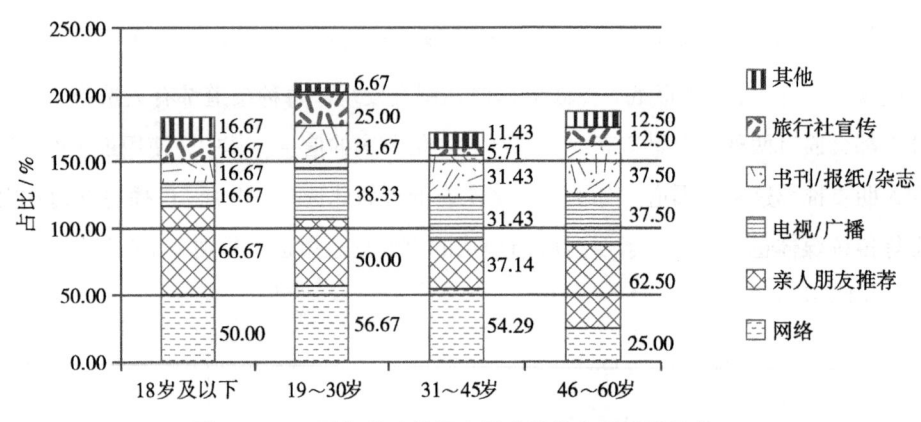

图 10-7 不同年龄阶段调查样本的信息渠道选择状况

从职业角度来看，学生、事业单位职工、公务员和企业职工获取信息的渠道比较丰富多样，而农民获取信息的渠道相对较少，主要通过网络、亲人朋友推荐及其他渠道来获取信息，其中 50% 的农民选择网络渠道，见图 10-8。这得益于我国信息网络的快速普及，互联网已覆盖大部分农村地区。另外，除公务员这一职业群体以外，其他群体中均有一半左右的人选择网络渠道。总体来看，不同职业的人获取信息的渠道选择也具有明显特征，因此，针对不同职业的人群，可以侧重选择不同的宣传推广方式，既能避免资金浪费，又能有效地强化宣传效果。

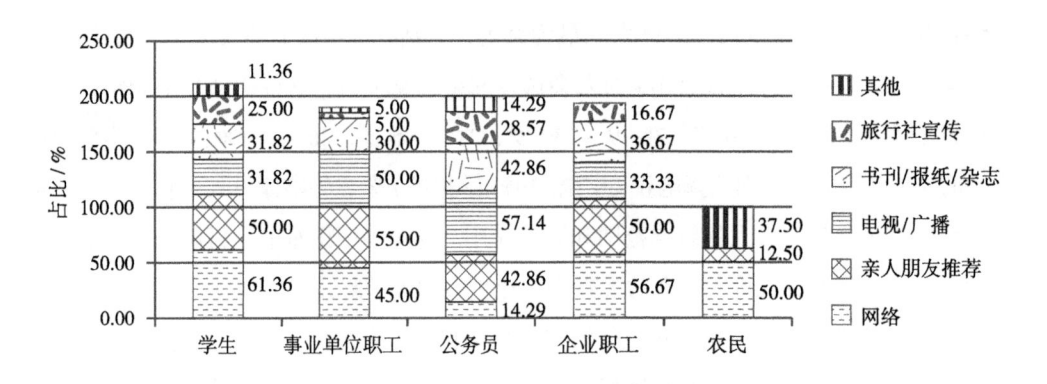

图 10-8 不同职业调查样本的信息渠道选择状况

4. 吸引力

乡村民俗节庆的吸引力主要表现在有文化意义、有教育意义、放松身心、好玩有趣、满足好奇心及其他方面，见图10-9。调研结果显示，人们十分认同前五个方面的吸引力，而且最为突出的是有文化意义这一项，占比高达70.64%，毕竟乡村民俗节庆活动也是传统民俗文化的重要载体形式，具有反映当地特色传统文化及发展历史的独特价值。

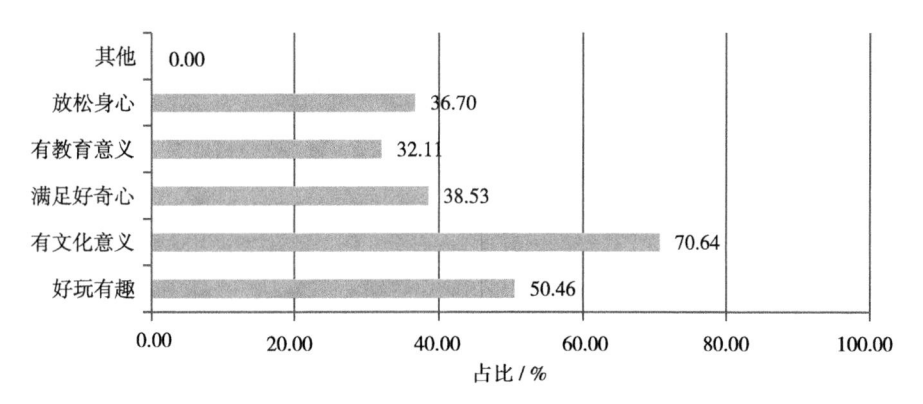

图 10-9　调查样本关于乡村民俗节庆吸引力选择的统计

不同职业的人群对于乡村民俗节庆吸引力的感知存在一定的差异，企业职工、学生、事业单位职工等群体对于五个方面的吸引力都有普遍认可，见图10-10。公务员职业的群体的观点相对一致，大部分都认可民俗节庆的教育意义、文化意义及满足好奇心等三个方面的吸引力。农民职业的群体认为乡村民俗节庆的吸引力集中表现在三个方面，即有文化意义、放松身心和好玩有趣。相对简单的选择，可能也是他们比较容易获得满足感和幸福感原因之一。由此可以根据上述乡村民俗节庆吸引力观点在职业方面的差异特性，采取有针对性的产品改造创新措施和宣传方案，以吸引更多到访者。

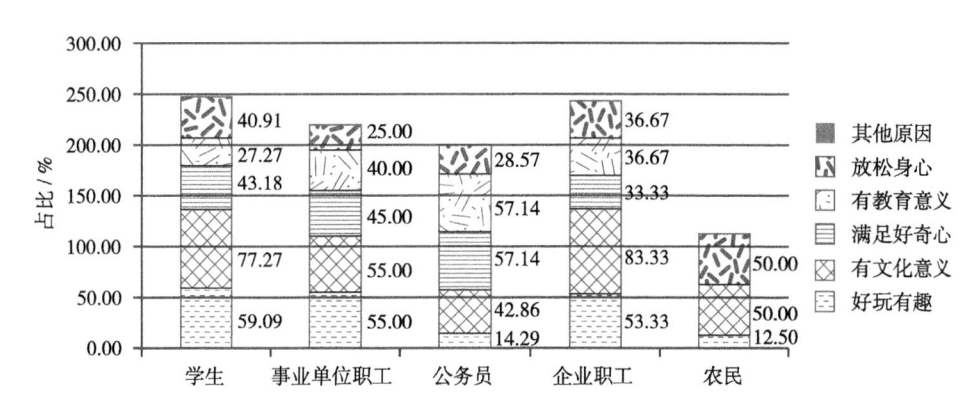

图 10-10　不同职业调查样本的吸引力选择状况

· 175 ·

5. 满意度及再次参与意愿

对于山东乡村民俗节庆的总体评价结果中，比较满意者占样本总量的55.05%，完全满意者占比为21.10%，二者合计为76.15%，没有非常不满意者，见图10-11。总体上来看，参与者对目前乡村民俗节庆活动的满意度比较高。但不能忽略的是，完全满意者占比相对较低，也存在一定比例的评价态度不确定者和不满意者。更为重要的是，整体上人们的乡村民俗节庆活动的知晓率和参与率是比较低的。这两方面表明山东乡村民俗节庆的开发运营管理工作仍面临很大的发展压力。

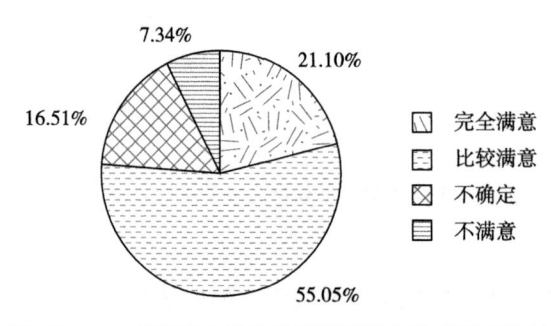

图 10-11 调查样本关于乡村民俗节庆的满意度统计

调查者满意度评价的年龄阶段分布状况见图10-12，各年龄阶段处于山东乡村民俗节庆活动比较满意层面者均占一半左右，且都没有出现非常不满意的情况。另外，随着年龄的增长，做出比较不满意评价者的占比有所提高。但是，18岁以下这个年龄阶段中不存在不满意评价者，据访谈了解，中小学生群体平时学习任务重，关注民俗文化不多，参与相关活动也少，所以参加乡村民俗节庆时感觉新鲜好玩，评价较高。

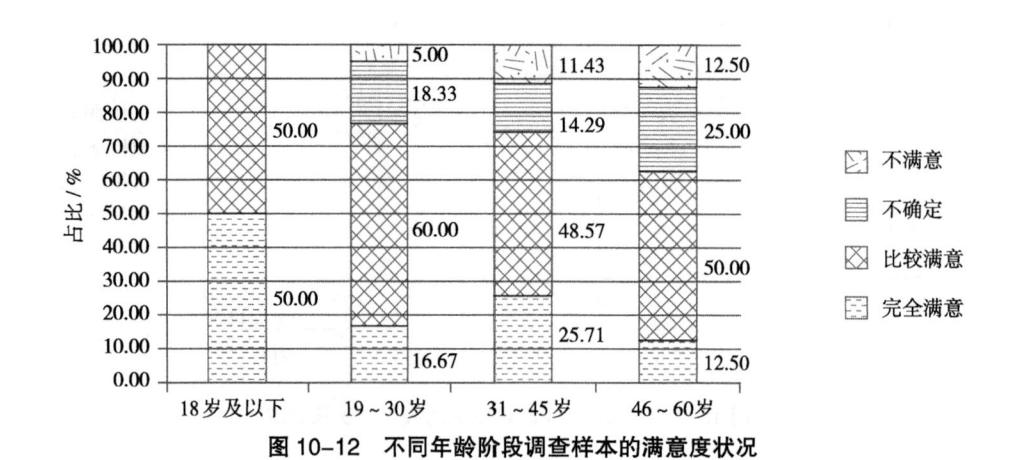

图 10-12 不同年龄阶段调查样本的满意度状况

绝大部分调查对象愿意再次参与乡村民俗活动,见图 10-13。其中,完全愿意再次参加类似节庆活动者占 28.44%,比较愿意参加类似活动者占 50.46%,这表明很多人对乡村民俗节庆的兴趣浓厚,高度认可其文化价值,即使目前活动运营情况无法使其完全满意,还是具有极强的再次参与意愿。但也存在不愿意再次体验者,分别有 2.75% 和 0.92% 的调查对象选择了不愿意和非常不愿意再次参与。

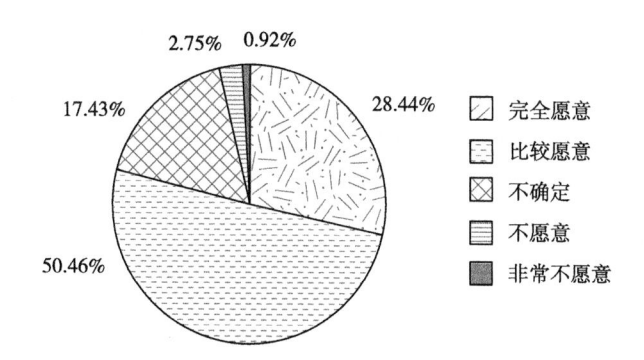

图 10-13　调查样本关于乡村民俗节庆再次参与意愿的统计

6. 乡村民俗节庆对乡村振兴的价值

乡村民俗节庆活动作为乡村文化的一种形式或展示方式,可以作为乡村振兴战略的实施手段,直接带动乡村文化振兴,人们对其价值贡献已达成较为普遍的共识,见图 10-14。43.12% 的人认为乡村民俗节庆在乡村振兴战略中非常重要,43.12% 的人认为比较重要,没有人认为其一点也不重要。

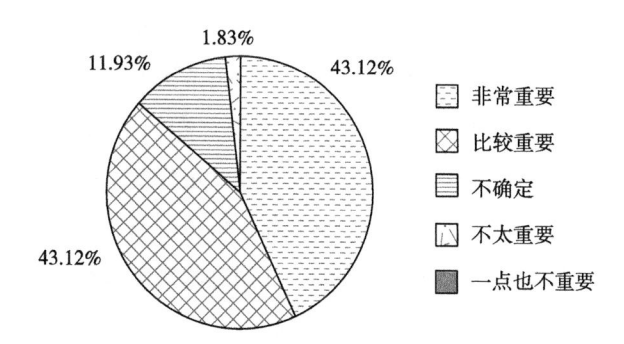

图 10-14　调查样本关于乡村民俗节庆对乡村振兴价值认识的统计

7. 乡村民俗节庆开发意义认知

开发乡村民俗节庆，对乡村的经济、社会、文化等多个方面的发展都具有重要意义。本次调研中，70.64%的被调查者认为开发乡村民俗节庆有利于弘扬我国传统文化，72.48%的被调查者认为乡村民俗节庆活动丰富了居民文化生活，54.13%的被调查者认为乡村民俗节庆的开发可以提供当地经济发展机会，52.29%的被调查者认为乡村民俗节庆活动能够增强居民的自豪感，见图10-15。由此可见，乡村民俗节庆活动的文化意义更为显著。乡村民俗节庆活动一直是各地居民文化生活的重要构成部分。与城市生活相比，农村的文化设施和场所很少，居民的文化活动并不丰富，这就凸显了乡村民俗节庆在丰富居民文化生活方面的重要地位。

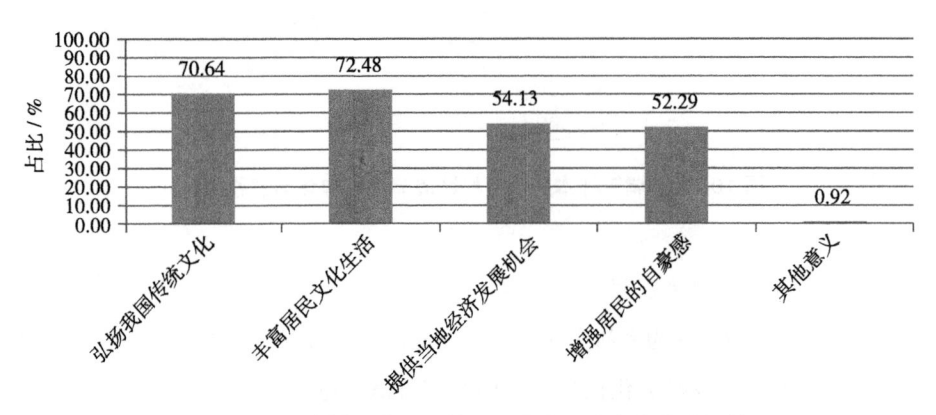

图 10-15　调查样本关于乡村民俗节庆开发意义的认知状况

8. 乡村民俗节庆发展建议

汇总调查结果，主要得到五方面的发展建议，见表10-3。其一，节目形式要多元化，避免雷同；其二，加强宣传力度，提高乡村民俗节庆的知名度；其三，定期举办乡村民俗节庆活动；其四，提高当地政府的重视程度，积极组织，并提供一定资金支持；其五，设立专门的组织机构统一管理。这些建议在一定程度上反映了人们对乡村民俗节庆得到充分发展的殷切希望，同时也揭示了当前乡村民俗节庆活动组织与运营中存在的一些不足与问题。这些不足与问题彼此影响，共同制约着山东乡村民俗节庆的发展。比如，缺少统一的组织与管理工作，加之运营资金不足，就不可能进行计划性、规范性宣传，难以提高知名度。同时，部分节庆活动重复或雷同，节目形式不够新颖，难以广泛吸引游客，举办的积极性越来越小，增加了文化传承的难度。上述难题的解决，还需考虑乡村民俗节庆作为文化产品的公共性，因此部分调研对象提出了政府参与的相关建议，需要政府重视并统一发展规划，提供资金和技术支持，繁荣地域文化。

表10-3　乡村民俗节庆发展建议调查统计

序号	主要发展建议	提及次数
1	节目形式要多元化，避免雷同	12
2	节庆活动增加新内容	31
3	保留乡村民俗节庆，继承中国传统文化	28
4	加强乡村民俗节庆的宣传力度，提高知名度	19
5	定期举办，增加举办次数	9
6	当地政府要重视，积极组织与指导	36
7	政府提供一定资助	52

资料来源：根据调查问卷结果汇总整理所得。

四、乡村振兴战略下山东乡村民俗节庆的发展对策

1.尽快制定乡村民俗节庆保护性发展规划

文化性和脆弱性是地域民俗节庆的基本属性和重要特性，乡村民俗节庆既需要科学的发展规划，又具有被保护的需求，只有制定保护性发展规划，才能实现乡村民俗节庆可持续发展。制定的保护性发展规划要符合该区域内乡村民俗节庆的实际情况。每一个节庆活动的形式和内容都是独特的地域背景和文化底蕴的映照，沿袭过程中的相关开发不能脱离现实环境随意改造或创造节目，进而失去地域文化本色。适当的保护性开发要具有科学性和可行性，可以邀请专业机构或专家及代表乡村民俗节庆传承角色的部分村民研讨制定发展规划。

2.统筹安排乡村民俗节庆，合力打造地域文化品牌

乡村民俗节庆大都由村民自发组织与管理，但近年来受市场经济大潮冲击，现代化的快节奏生活方式走进了农村，过度的物质需求使得保留传统文化节庆、做传统文化传承人等观念被逐渐淡化，依靠自发组织来举办乡村民俗节庆活动已难以为继。即使有些民俗节庆活动依旧举办，也显得势单力薄，无法实现规模性发展。所以，全区域内部要整合所有乡村民俗节庆资源，并突出区域内乡村民俗节庆的代表性。可根据重点村镇的特色与价值，为各村镇的节庆确定一个主题进行发展定位。统筹安排时既注重体系完整又强调层次清晰，各个细分区域明确其节庆保护和发展的重点，共同塑造有特色的本地乡村民俗节庆形象。另外，各细分区域和节庆力争与其他区域合作或者与其他民俗文化

融合，形成一体化发展格局，合力打造区域文化品牌。

3. 及时采用新型信息渠道，充分发挥网络宣传效应

通过前期的调查能够发现，山东乡村民俗节庆的大部分游客来自省内外的城市，而且通过网络了解节庆相关信息者占比高达53.12%。这些游客关注信息的渠道和方式，也就是乡村节庆对外推广宣传的最有效的手段。在互联网中推广传递信息的方式多种多样，如搜索引擎、社会化媒体、展示广告、联盟广告及网络公关等。选择的网络信息传递方式不同，成本费用也千差万别。针对大多数没有足够融资能力的乡村民俗节庆来说，可选择微信、微博及抖音、火山小视频等成本较低的热门网络传播方式。如果能结合受众的职业特点，使用多样化营销宣传手段，收效更佳。比如，对于学生，可以侧重于通过流行的社交软件和短视频软件等进行宣传，如微博、抖音等，同时也可以在学校附近及校园内设置一些宣传海报、易拉宝及横幅等。

4. 多途径寻求发展资金，培养乡村民俗节庆表演人才

资金是一切节庆活动举办的经济基础，也是山东乡村民俗节庆活动保持活力的重要保障。有了充足的资金，才能顺利举办节庆活动，才能扩大表演人才的储备与培养，有效应对传承人或将断层这个乡村民俗节庆所面临的共同难题。

山东乡村民俗节庆的发展离不开政府的主导和资金的支持。在当前乡村振兴战略实施过程中，各级政府的扶持力度大，优惠政策多，文化价值突出、发展潜力较大的乡村民俗节庆应积极争取。但仅仅依靠政府的有限支持，只能临时性输血，并不能持续性造血。因此，需要多途径寻求发展资金，大力招商，探索商机灵活开展商业合作，维持乡村民俗节庆的持久生命力。

5. 重视乡村民俗节庆活动体验性，增强文化认同感与归属感

随着经济全球化程度不断加深，世界各国文化的影响随之扩散。在这样的背景下，山东乡村民俗节庆的发展面临着挑战与契机。外来文化的冲击下，大部分年轻人对新鲜事物充满好奇与兴趣，热衷于过很多洋节，归根结底，这种现象的出现得益于部分国外节庆活动重视了个体情感体验和个体情感表达，如拆礼物的惊喜、独特心意的表达。理性对待外来文化的冲击，逐渐减弱其影响，乡村民俗节庆要顺应时代发展要求，勇于改革，不断探索，打造思想阵地。首先，形式上创新发展乡村民俗节庆，增强相关活动的体验性，突出人们表达情感的仪式感，重燃人们参与乡村民俗节庆的热情。其次，做好弘扬传统文化宣传工作，深挖乡村民俗节庆的宝贵价值理念和文化精髓，引导人们重视传统文化价值及其传承的重大意义，形成地域文化认同感与归属感。

6.加大政府扶持力度，制定相应的管理规定

民俗节庆活动具有公益性，可归类于公共产品，其发展都离不开政府的主导与支持。对于在乡村举办的民俗节庆来说，更需要政府的扶持。当前正在实施乡村振兴战略，这为乡村民俗节庆的发展提供了良好的政策环境。另外，高层设计和资金支持等工作也应跟进。各级政府的扶持工作还可以包括组织建立人才储备库，以应对乡村空心化、继承人断层等危机，出台更加完善的运营管理制度，引导乡村民俗节庆商业化运作等。

第三节　章丘三德范"扮玩"节案例分析

一、三德范村及"扮玩"节庆概况

1.三德范村的概况

三德范村位于山东省济南市章丘区的文祖镇中部，据说始建于夏商时代，周朝为通衢要塞，目前村内"于家庄""小寨"等均为汉代遗迹，表明了三德范村是一个具有悠久历史的村庄。三德范村现有2100户人家，共7000余人，是章丘区屈指可数的大村之一。村里现有3处市级文物保护单位，16处被列入章丘市文物保护名录。国家级非物质文化遗产"扛芯子"远近闻名。三德范村设立了全省首家乡村儒学讲堂，崇德向善，乡风文明。

三德范村是国家级传统村落、国家级美丽宜居村庄示范村、全国美丽乡村示范村、全国改善农村人居环境示范村庄，四个国家级荣誉集于一村；《记住乡愁·立规守德》《齐鲁家风·诗书传家》和《还看今朝·山东篇》三次被央视报道，可谓硕果累累。

2.三德范村"扮玩"活动的历史

明初，三德范村大部分人口从河北迁徙而来，把原住地的一些民间习俗，如芯子、秧歌、五音戏等民间艺术带到了三德范村，经过数代人的传承与革新，在明末形成了融合多种民间艺术形式的大"扮玩"活动。20世纪80年代以来，"三德范大扮玩"十分繁荣，每年正月初七前后，三德范村以"一街十巷"的村落布局，组织十支队伍参与"扮玩"活动，十巷道自发动员，筹措资金，整修道具，选拔演员，排练节目。

"扮玩"活动的主要表现形式是走街串巷，最后合流到村庄中心的公共场合集中会演。"扮玩"活动分为政府组织和自发组织两种，表演以巷道为主，十条古巷道，各个巷道均有一人具体关联，统一组织和安排。

大"扮玩"艺术气息浓厚，除了最为有名的明末清初流传下来的芯子表演，舞龙舞狮、舞扇、旱船、秧歌、武术、高跷、撅嗒拐、花灯、蝴蝶灯、咕噜担、傻小子扑蝴蝶等多种民间艺术也异彩纷呈。节庆活动期间，村内大多数人员常常同时出演多个节目的不同角色，承担化装、指导、道具维护等演出相关工作任务，老幼妇孺皆有参与机会，有的巷道几乎是全员出动。"扮玩"每年参演人数均在1200人左右，每年观看人数均达2万人以上，所有节目的精神倡导积极向上，劝人向善，而且极具地方韵味，有力地弘扬了我国的传统民间艺术，丰富了村民的生活。一年一度的大"扮玩"是父老乡亲的节日狂欢活动，更重要的是它蕴含着劳动人民的民俗智慧，也展现了人们对生活的热爱及对这方水土的爱恋。

3. 三德范村"扮玩"活动的发展成就

三德范"扮玩"活动成为知名的民间文化艺术形式。近几年，文祖街道按照"一轴两片区"的发展框架和文祖锦屏文旅小镇的发展定位，发挥文化资源优势，全力保护并传承"芯子""五音戏"等非物质文化遗产，用于服务辖区及周边群众的精神文化生活。2017年，第五批"山东省民间文化艺术之乡"评选命名结果公布，三德范"扮玩"中的"芯子"作为非物质文化遗产项目而名列其中，文祖街道也成为2017年章丘区唯一获"山东省民间文化艺术之乡"荣誉称号的镇街。如今，三德范村的春节"扮玩"已是地方文化认同的载体，仍然在组织、运作、延续着，该乡村民俗节庆活动已经深深扎根在这一方百姓的内心深处。

三德范"扮玩"活动的核心技艺实现了创新性传承。芯子是处于"扮玩"节主角地位的艺术形式，也被称为抬杆，此名称缘于其独特的表演形式。表演过程中，负责抬杆的人随着锣鼓乐谱迈着花步，身着戏装的演员站在长杆中段，颤颤悠悠，衣袖翩然。芯子巧妙地融合了秧歌的情韵、舞蹈的美感和杂技的惊险，艺压群芳。芯子传统经典剧目较多，如《青蛇白蛇》《哪吒闹海》《孙安动本》《海瑞罢官》《王小赶脚》等，都是由人民群众耳熟能详的历史故事和神话传说改编而成。在当今这个创新主导的时代，三德范芯子也勇于探索，利用轴承发明了"转芯子"和"桌芯子"，让表演剧目更加亮眼。

三德范"扮玩"活动积极"走出去"，影响范围越来越广。随着多层次、多种类媒体的积极宣传，外来旅游者纷至沓来，"扮玩"节庆活动使得三德范的年味传至千里之外。芯子作为三德范民俗艺术的代表，逐渐融入其他节庆活动之中，扩展了三德范民俗文化的影响。例如，"三德范芯子"代表团参与了中国非物质文化遗产巡演活动，2019年4月20日，张家巷的《王小赶脚》和单家巷的《三打白骨精》节目受邀参加潍坊国际风筝会开幕式,将芯子的艺术魅力展示于国际舞台,得到世界各地的游客的高度评价,使他们感受到了国家级传统村落三德范丰厚的文化底蕴。可见,民俗节庆活动积极进行多样化合作,汇聚一定地域内不同民俗节庆活动中的精华要素进行集中展示,能有效地提高中华文化软实力。

二、三德范村"扮玩"节发展问题

1."扮玩"活动参与者减少,出现断层现象

春节扮玩民俗活动需要一定数量的志愿参与者,而且,每次举办活动之前,参与者都需要经过一定时间的训练。然而,近一二十年以来,全国各地的农民都在接受着市场经济的洗礼,进城打工热潮持续,繁忙的春运中,不乏三德范村的外出务工人员和外地求学就业者。他们只能利用短暂的春节假期回老家过年,这已是我国各地村落时间制度的常态,三德范村也不例外。因此,需要大量青壮年人手参与却不能带来经济收入的"扮玩"活动与其他地区的乡村民俗节庆活动一样难以为继,甚至开始萎缩。三德范村的"扮玩"活动于每年初七前后举行,很多在外工作的人员此时已离村返城工作,尤其是大部分青壮年,村子里只剩下老人和小孩,小孩可以作为"芯子"的表演者,但毕竟老人的精力有限,无力组织活动及参加表演。显而易见,这种断层式的发展对三德范"扮玩"活动的传承很不利。

2."扮玩"活动组织管理不力,巷道内部"不团结"

三德范村的"扮玩"以巷道为单位,每个巷道独立排练节目、准备所需要的道具及筹集资金等,然而,近年来十个巷道中最大的张家巷出现了分裂,表演队伍由一支分裂成了两支。分裂之前,巷道组织形成一支表演队伍,存在数量过大影响表演效果的问题。分裂之后,两支表演队伍则出现了人员数量不足的限制。据了解,导致其分裂的主要原因是表演后所得物品分配不均。这说明巷道内部存在着不和谐的因素,导致内部人员不团结。可见,活动相关组织者管理工作不到位,内部协调工作不力甚至缺失。

3.青少年很少关注及参与"扮玩"活动,缺乏继承人

根据走访调研得知,年龄阶段在18~30岁的三德范村村民目前很少参与"扮玩"活动,除了离村工作者,留在村内的大部分青年,即使在"扮玩"活动举办当天有空闲时间,也不愿去观看、参与"扮玩"活动,他们更愿意待在家里或与朋友相聚甚至外出旅游。学生群体的表现更为严重,他们对传统民俗活动的兴趣不大,取而代之的是动漫游戏、综艺节目及手机视频等。所以,以往浓厚的传统民俗节庆气氛明显地减弱了。作

为"扮玩"活动未来继承发展者的青少年，虽然小时候耳濡目染，但长大后却更热衷于新兴休闲项目，对传统民俗活动表现出了消极的一面。因此，代代相传的"扮玩"活动面临着承继危机。

三、三德范村"扮玩"节发展建议

1. 调整节庆活动举办时间，提高"扮玩"活动参与度

参与乡村民俗节庆活动是人们故乡情结和家国情怀的表达，这是在外求学务工者春节回家除了重温亲情之外的重要情感诉求。他们往往迫于假期短暂而无暇顾及参加传统民俗节庆活动。若将"扮玩"活动适当提前举行，参演者和观看者数量必然大大增加，群众参与度提高了，传承性的保障度就会随之提高。

2. 培育青少年的民俗情感，多途径培养传承人

面对当前"扮玩"活动的承继危机，三德范村落及区镇管理者要采取积极应对措施。组织开办传承小课堂，积极对外交流和展演。比如，针对参与"扮玩"活动的儿童，在寒暑假开办民俗艺术表演课堂，组织有经验有时间的中老年资深"扮玩"组织者传授表演经验，创新节目表演形式，编排新的表演曲目。重视对外宣传，与其他地区民俗相关机构多交流，争取展示表演的机会。青少年通过长期的接触、学习、训练、表演，民俗情感得到强化，从而奠定传承的专业和情感基础。

3. 完善村级治理体系，打造和谐团结的村庄氛围

党的十九大报告关于乡村治理体系的论述，凸显了乡村民俗文化在推进自治与德治相结合过程中的重要作用。乡村民俗节庆作为特色的乡村文化发挥着积极的作用。因此，传承并创新乡村民俗文化，应从完善村级治理体系、加强农村基层组织建设入手，抓好农村文化建设的领头雁，使社会主义先进文化在农村真正扎根，使社会主义核心价值观在农村真正落实。[1]为此，应提高农村党支部书记、村委会主任的文化知识素养和意识，使他们善于从文化着手抓好基层组织建设，打造更加和谐团结的乡村氛围。针对节庆活动的组织和运营特点，设计管理制度，协调利益相关者的权益，使全村人民能够团结一致，更有利于乡村民俗节庆的持续健康发展。

4. 与乡村旅游相结合，打造更有吸引力的民俗节庆

目前，乡村民俗节庆活动的群众参与性普遍降低，三德范村的"扮玩"也不例外。

---

[1] 陶维兵. 新时代乡村民俗文化的变迁、传承与创新路径[J]. 学习与实践, 2018（1）: 8-11.

只有增强节庆活动的吸引力,才能吸引越来越多的人参与进来,增加社会的关注度,进而有效地保护、传承乡村民俗节庆的发展。因此,"扮玩"活动除了自身主动创新和改造以提升民俗艺术魅力,还可以与其他活动结合以增强影响力。近几年来,乡村旅游成为许多人选择的休闲方式,"扮玩"活动要积极融入乡村旅游发展热潮之中,借力其他旅游元素,汲取现代热点元素,打造更有吸引力的三德范"扮玩"节庆活动,创新发展成为特色旅游项目。

本章小结

综合上述分析,乡村振兴战略的实施为乡村地区带来了许多的发展机会,也为乡村民俗节庆带来了振兴机遇,但是,乡村民俗在新时代也面临着许多的挑战。地方管理者要充分利用这一难得而又有利的时机,增强乡村民俗节庆的保护、传承与发展的意识,制定相应的发展规划,有计划地实施各种发展策略;统筹乡村民俗节庆资源和发展体系;在现代外来文化的冲击下,勇于改革创新,在保留不同节庆特色的基础上,增强体验性,吸引人们回归传统节庆活动;根据乡村民俗节庆出现的传承者断层等棘手问题和迫切要求,积极寻求针对性的解决措施;最终实现乡村民俗节庆的保护性发展。

另外,根据本部分研究工作经验,得到的重要启示就是开展乡村民俗节庆相关主题调研十分必要。通过《山东乡村民俗节庆的认识与观点调查问卷》的设计与调研,系统梳理了乡村民俗节庆的基础理论和相关知识,检验了乡村民俗节庆发展特征及障碍因素等理论分析,更为重要的是,探索分析调查结果可以引导人们找到现存问题症结所在,并为管理者提供有效的针对性发展建议,助力乡村民俗节庆持续发展。

第十一章　特色节事活动与地域文化适应

我国西南地区地势险要，交通不便，现代产业体系相对不完善，经济发展相对滞后。但当地少数民族聚居较多，民族风情浓厚。随着国家环保政策的出台与落实，绿色产业是唯一符合国家战略并获得国家支持的产业，综合地域各种基础性要素，大力发展旅游业成为贵州省的一项重要战略选择。其中，具有民族文化特色的节事活动往往成为许多地区旅游业发展的依托和载体。但是随着旅游业的发展，具有民族文化特色的节事活动不断受到外来文化的影响，少数民族特有的文化形式和内涵正在慢慢被弱化，有的节事活动甚至因为迎合旅游者需求而失去本色。为最大限度保留当地少数民族的特色文化的本真，节事活动组织者和当地管理部门必须基于特色节事活动的文化特征，加强组织、设计和管理，提出地域文化适应的相应对策，促进当地节事活动健康发展。

第一节　节事活动与文化多样性

一、节事活动及其作用

1.节事活动的概念

"节事"一词由英文"event"汉译而来，原译为"事件，活动"，经部分专家、学者结合各方面因素综合考虑而浓缩概括为"节事"。节事活动，即因"节日"和"事件"而诞生的与之关联密切的活动，有一次性的活动，也有定期重复举办的活动。国外有学者将节事活动概括为8类：文化庆典、文艺娱乐事件、商贸及会展、体育赛事、教育科学事件、休闲事件、政治/政府事件、私人事件。也有学者将其划分为4大类：重大事件、特殊事件、标志性事件、社区事件。本研究中的民族节事活动特指在村镇举办的体现民族特色的文化性节庆活动。

2. 节事活动的作用

伴随着人类社会的迅速发展，节事活动扮演着越来越重要的角色，被赋予的责任越来越重大。每一次节事活动的举办，都承载着主办方或者举办地民众的重大期望。节事活动能够在短时期内集中展示举办地自然及人文资源独特魅力，给参加者留下深刻的体验效果和良好印象，进而通过这种形式强化地域文化特色，最终实现举办地经济和文化的繁荣。一次成功的民族节事活动的举办，不仅对当地的民族文化传播起着不可估量的作用，而且能够大大增强举办地的文化自信心和文化归属感。有的民族节事活动还能吸收外来文化的优秀之处，推动本土文化的重构发展，并成为人类优秀的非物质文化遗产。例如，巴西狂欢节经历了100多年的岁月洗礼，从贵族室内化装舞会发展到如今的全民桑巴盛会。桑巴俨然已经是巴西的一个文化符号，甚至许多人是因为桑巴才知道巴西这个国家。

二、文化的概念及文化多样性

1. 文化的概念

文化，是一个比较抽象的概念。大部分专家学者都认可《中外文化知识辞典》中的文化定义，即"从广义来说，文化指的是人类社会历史实践过程中所创造的物质财富和精神财富的总和；从狭义来说，文化是指社会的意识形态，以及与之相适应的制度和组织机构"。文化包含物质层次、制度层次、精神层次这三大层次，其中，精神层次是其核心层次。物质层次指的是看得见摸得着的有形物质，如侗族的吊脚楼、藏族的奶茶、苗族的芦笙等；制度层次是基于物质层次的更高层次，如村寨制度、婚嫁规定等；精神层次是文化三大层次中最高的层次，特指意识与价值的取向。价值观念和价值取向是民族意识的集中地反映，是一个民族的文化的核心组成部分，支配着民族中所有民众对一切物质、行为和文化的价值判断，也是该民族区别于其他民族的心理特征。例如，长期生活在青藏高原地区的藏族人民、跋涉在崇山峻岭中的彝族人民，他们既面临着恶劣的自然环境，又依赖于自然资源而生存，经过历史的积淀，最终形成了藏族和彝族人民敬畏自然、尊重生命的生态价值观，这种价值观指导着他们的言行，促进了人与自然和谐发展。因此，这些民族的部分节事活动也传达着敬畏自然、尊重生命的价值观念。

2. 多元文化与文化的多样性

"元"，"始也"，"端也"。❶多元文化，指的是由不同时间、地域发轫的文化。文化的多样性，指的是人类通过实践创造的各式各样的文化。

人们对"多元文化"的认识始于 20 世纪 80 年代，远远晚于"文化的多样性"。人类实践创造了文化，文化与人类活动密切相关。于瑮教授认为人的存在方式具有多样性，这决定了人类文化发展的多样性的客观必然性。例如，苗族人在长久的历史发展过程中创造了饮食居住等包罗万象的苗族文化，无论是个体还是群体所属文化都归属于苗族文化，这就是文化的多样性。但是，苗族内部又分为黑苗、白苗、花苗等多个分支，各个分支的组成群体或个体皆归属于相对应的分支，但又属于苗族这个民族。不同分支的苗族，其文化发轫于不同时间、不同地域，这就形成了苗族内部的多元文化。多元文化与文化的多样性体现了人类社会的宝贵财富。

3. 尊重和保护文化的多样性

人类存在的多样性决定了文化的多样性，保护文化的多样性就是保护人类多样性的存在。当然不乏持文化单一性的观点，斯图亚特·霍尔从全球化的角度出发，认为文化本土化会造成对文化全球化的阻碍，但尊重文化的多样性、保护文化的多样性的观点显然是主流的。一个真正要实现文化成为人化的世界，一定是一个尊重文化多样性的世界。❷何星亮在《文化多样性与全球化》一文中也指出，文化多样性是各族群交流的基础，有利于文化创新和发展，各种文化之间应该共生共存，并行发展。❸总而言之，各民族的文化没有高低贵贱之分，每一种文化都应该得到应有的尊重和保护，这也是人类存在的多样性的根本保证。民族节事活动作为民族文化的载体，是文化传承与创造的实践，也是尊重和保护文化多样性的重要举措。

---

❶ 陆费逵，欧阳溥存，冯国超等. 中华大字典 [M]. 北京：中华书局，1978：101.

❷ 郭佩惠. 保持文化的民族性尊重文化的多样性体现文化的时代性：建党 90 年来建设有中国特色社会主义文化的历史经验浅析 [J]. 云南行政学院学报，2012（2）：171-173.

❸ 何星亮. 文化多样性与全球化 [J]. 湖北民族学院学报（哲学社会科学版），2004（3）：1-4.

第二节　文化适应与文化重构

一、文化适应理论

1. 文化适应的概念

美国人类学家罗伯特·雷德菲尔德（Robert Redfield）认为，文化适应是指两类不同文化的群体在连续接触的过程中所导致的文化模式的变化。❶ 少数民族特有的节事活动，是当地文化模式的典型代表之一。外来旅游者群体及当地村民外出打工群体与村寨固有居民不断接触交流，使节事活动这一文化模式得以改变，不断调整并主动或被动地适应节事活动主体需求。因此，节事活动的文化适应即是节事活动举办主体、参与主体及相关群体在接触交流过程中，节事活动不断被改变以适应新需求的状态。节事活动的变化，既包括节事活动形式和内容等外在文化特征的改变，也包括节事活动反映出来的价值观、信仰、态度等内在文化特征的改变。

2. 文化适应理论发展概况

早期开展文化适应研究的学者几乎都是基于集体层次，单维度、单方向地探讨下述问题，即一个较原始的文化群体由于与发达文化群体接触而改变其习俗、传统和价值观等文化特征的过程。最后均达成比较一致的观点，即非主流文化个体必将完全融入主流文化，并且最终被同化，受到主流文化的影响越多，原种族文化对个体的影响就相应地越少。后来，约翰·W.贝利（John W. Berry）对此质疑，认为文化适应的过程实际上对发生相互接触的两个不同文化都会产生影响，但影响程度大不相同，新到群体受到的影响远远大于一直生活在此种文化环境中的群体受到的影响。因此，约翰·W.贝利提出的这一理论分析框架被称为文化适应双维度模型，大大推进了文化适应的理论研究进展。

约翰·W.贝利根据文化适应中的个体对自己原来所在群体和现在与之相处的新群体的取向来对文化适应策略进行区分，他提出从两个维度进行考量：保持传统文化和身

---

❶ 司马云杰.文化社会学[M].济南：山东人民出版社，1986：390-393.

份的倾向性，以及和其他文化群体交流的倾向性。并且他认为这两个维度是相互独立的，也就是说，对某种文化的认同高并不意味着对其他文化的认同就低。根据文化适应中的个体在这两个维度上的不同表现，约翰·W.贝利区分出了4种不同的文化适应策略[1]，见图11-1。

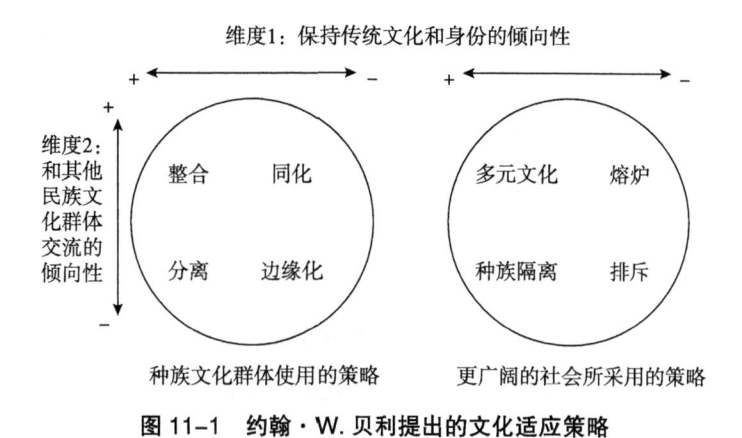

维度1：保持传统文化和身份的倾向性

```
维度2：             整合   同化        多元文化   熔炉
和其他
民族文
化群体
交流的
倾向性           分离   边缘化        种族隔离   排斥

              种族文化群体使用的策略       更广阔的社会所采用的策略
```

图 11-1 约翰·W.贝利提出的文化适应策略

从非主流种族群体的角度，当文化适应中的个体既重视保持原有文化，也注重与其他群体进行日常的交往时，他们所采用的策略就是"整合"；当个体不愿意保持他们原来的文化认同，却与其他文化群体有经常性的日常交流时，他们所使用的策略就定义为"同化"；当这些个体重视自己的原有文化，却希望避免与其他群体进行交流时，就会出现"分离"；最后，当这些个体保持原来文化和其他群体进行交流都不大可能，自己对此也缺乏兴趣时，这时的文化适应策略就是"边缘化"。

全球化进程加快，文化同质化成为很多人预判的未来趋势。但约翰·W.贝利的文化适应双维度模型的提出让人们认识到文化同质化不是全球化的必然结果，而是存在包含同化在内的多种可能后果。可能是相互改变，即文化交流双方进行融合，在某些方面趋同化，同时各自保留独特之处；可能是非主流文化群体具有比较一致的抗拒性，消除其他文化的影响或采取主动隔离的行为，保留其文化的纯洁性；也可能是非主流群体被边缘化，其文化纽带丧失，相关文化消失。

3.黔东南居民关于文化适应的观点

约翰·W.贝利构建了文化适应的理论分析框架，诠释文化适应过程和结果、分析

---

[1] BERRY J W. Acculturation as varieties of adaptation[M]//PADILLA A. Acculturation: Theory, models and some new findings. Boulder: Westview, 1980: 9-25.

文化适应的态度和取向、厘清文化适应群体，同时又提出了引人深思的问题：群体和个人在文化交往和变迁中如何自我定位。文化群体能否在跨文化交流中采取积极而恰当的文化适应策略，是影响该文化传承和发展的决定性因素。依据该理论，对于少数民族节事活动而言，面临着保持本民族的文化传统和身份及接触和吸收外来文化这两方面的问题，这将影响各节事活动在文化适应过程中要采取的不同策略。也可以说，这些个人和群体的认识和行为直接影响节事活动的变迁，也广泛影响着民族文化的演变方向和进程。

文化适应中的整合类型所属群体，既想保持自己的民族文化特色，又重视和其他民族文化群体保持良好的关系。分离类型所属群体对所属文化的认同感极强，主张尽可能避免与异文化群体进行交流。根据访谈调研得知，当地的许多老者不太愿意与外来人接触，属于文化适应中"分离"类型。此类型中主要是年纪稍大的长者，是土生土长的本地人，一辈子受到当地文化熏陶，传统观念根深蒂固，固守成念，不愿接受外来文化和新生事物。同化类型所属群体倾向于接受其他民族的文化而抛弃自己民族的文化。有个别年轻人表示愿意选择移居大城市，追求现代化的生活，接受新的环境，融入新的文化群体，而不在意是否保留原有的衣食住行、节日等传统文化习俗。边缘化类型所属群体对本民族文化没有兴趣，对其他民族文化也没有兴趣。本次调研中未发现"边缘化"类型的个体。

根据针对黔东南居民的抽样访谈调查发现，当本地域的民族文化与外界文化接触交流后，会出现三种后果，即外界文化更多地被本民族文化影响，持此观点的调查对象占比为15.45%；本民族文化更多地被外界文化影响，持此观点者略高于前者，占18.18%；而认为文化的交流可以促进彼此的繁荣、百花齐放的调查对象占比高达66.36%。这表明，大多数本地人对与外来文化进行交流互通持积极乐观的态度，此类群体应归属于整合类型。持第二种观点的群体明显表示出不愿接受外来文化的态度，可归属于文化适应中的分离类型群体。

4. 文化适应的实现

文化适应表现为所属不同文化群体的人们进行持续不断的直接接触时，一方或双方的原文化类型所产生的变化。[1]在这个接触与改变的过程中，当不同文化群体第一次接触时，必然会发生文化碰撞或冲突，然后随着接触的深入而逐渐慢慢调整以相互适应。

---

[1] REDFIELD R, LINTON R, HERSKOVITS M J.Memorandum for the study of acculturation[J]. American Anthropologist, 1936, 38（1）: 149-152.

这种调整与适应分为两种情况，一种是被动适应，另一种是主动适应。文化的被动适应其实是一种文化冲突的疲劳状态，这是解决文化冲突的一个平衡点，也是一种尴尬的局面，但客观上也促进了两种文化的和谐发展。文化的主动适应是两种文化接触交流时，其中一方群体以积极的心态尊重、认同对方的文化，也存在一定程度上调整或舍弃本群体文化形式的可能性。所以，群体关于文化适应的态度至关重要。

随着教育的普及，人们的文化知识水平提升以后，思想观念也越来越开放，"兼容并包"的精神和"百花齐放"的理念影响着文化适应过程中策略的选择和行为的倾向。新中国成立以来，实施了坚持民族平等团结、发展少数民族地区经济文化事业、尊重少数民族风俗习惯的民族政策，倡导各民族共同发展、共同繁荣。这些政策和相应措施必然对各民族文化群体的文化适应认知能力和水平产生重要影响，最终必将促进各民族文化的传承和发扬。

二、文化重构及黔东南古法造纸技艺案例

1. 文化的融合与重构

文化融合是指两个独立的文化体系经长时期的接触，彼此借用、影响而达到一种接近的程度。[1]文化重构指对于已有文化现象的再加工、再创造。[2]根据上述定义，二者之间既有联系又有区别。文化融合强调的是两个及以上的独立的文化体系彼此经过接触、相容而形成有别于前两者的第三种文化，它是前两种文化成分产生的势均力敌的影响的结果；而文化重构可分为两种，其一是上述文化融合情况，其二是某一种独立的文化体系在其他文化的影响下，经过自主的再创造形成有别于前者但又与前者相似的第三种文化，它的主体文化成分依然属于前者。简言之，文化融合是文化重构的一种。对于地域性节事活动而言，文化重构更适用于第二种情况的界定，与文化适应中的整合策略具有一致性。以芦笙会为例，它是苗族文化的重要载体之一，由于受到外来文化的影响，节事活动的形式和内容发生了一定改变，但文化适应和重构后的芦笙节依然是苗族文化的重要载体和标志性节事活动。

2. 黔东南古法造纸技艺案例

在黔东南苗族侗族自治州丹寨县南皋乡石桥村，完整保留下来的使用树皮为原料进

---

[1] 史仲文，胡晓林. 中华文化精粹分类辞典·文化精萃分类[M]. 北京：中国国际广播出版社，1998：67.

[2] 宋子然. 100年汉语新词新语大辞典·下册[M]. 上海：上海辞书出版社，2014：205.

行造纸的皮纸制作技艺被列入首批国家级非物质文化遗产名录,为这个名不见经传的小村落开启了成为旅游胜地的大门。这种造纸技艺已有1000多年的历史,其技法与《天工开物》中的记载基本一致。丹寨石桥村的人们从唐朝中期以来就一直坚持着手工造纸。他们在山崖下或天然岩洞里设槽造纸,全部工序都是纯手工制作。加上当地的优质木材和水源,使得这里的工序几乎没有污染。传说石桥造纸源于蔡伦。因此,石桥村造纸作坊的人家,每年都要择吉日举行盛大活动来祭祀造纸鼻祖蔡伦。2015年以来,石桥村成立了古法造纸合作社,在传统技艺的基础之上不断推陈出新,发展出了160多款不同样式、风格各异的纸工艺品。民俗技艺再创造的这种文化重构的方式,将石桥古法造纸推向了更广阔的国内外市场,传播了地域特色文化。另外,该古纸文化还与旅游相结合,举办花草纸制作等项目为主的比赛活动、与学校和企业合作组织研学活动、让游客参与造纸工艺流程进行体验,增强传统文化感受。石桥村是中国著名的古法造纸之乡,被称为古纸技艺的活化石。但这种古纸工艺人并未简单地固守较为单一的古纸技艺,而是不断吸收外来文化,把略显粗糙的白皮古纸与其他外来文化形式融合,进行文化重构,创造出了充满艺术色彩的各种古纸工艺品,如鲜花草纸扇、记事本、手工灯等。

为迎合时代发展,当地的一些民俗文化如古纸文化一样也都在逐渐改变。这些改变反映了人们的需求。在文化重构过程中,人们吸收外来文化的同时对其做了改变和取舍,对本民族文化而言亦是如此,即在保留地域特色文化的同时也做了一些改变。基于经济需要和文化需求,人们选择承继或摒弃一些文化形式。比如,原来苗族文化中大年初一正午前女性不能到访别人家的习俗已逐渐被舍弃,年长的一辈在唉声叹气中不断接受这些他们认为不可理喻的"新思想"。在当前开放的社会中,地域文化适应和改变的观念已经被普遍接受。黔东南居民抽样调查结果见图11-2,反对本民族文化进行改变的调查对象仅占6.36%,表示不接受不反对者占比为30.91%,而愿意接受改变者占比为62.73%。这也是文化群体对自身文化的自我批评和批判性吸收外来文化的态度的一种表现。

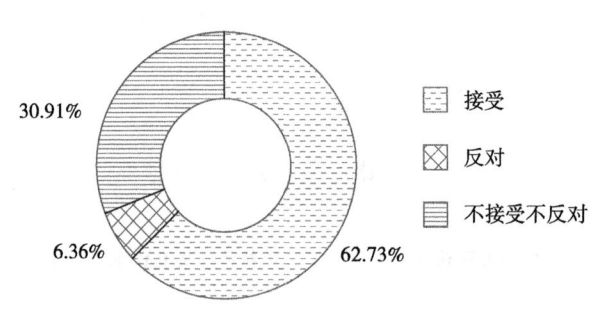

图11-2 黔东南居民关于民族文化改变的观点统计

第三节 黔东南湾水芦笙会案例分析

一、黔东南湾水芦笙会概况

1. 凯里、湾水及其下辖村寨

凯里市，黔东南苗族侗族自治州下辖县级市，原为炉山县，1959年，炉山县、麻江县、雷山县、丹寨县合并为凯里市，1984年，凯里市（县级市）成立。"凯里"是苗语的译音，意思是新开垦的充满希望的土地，位于贵州省东南部，是黔东南苗族侗族自治州州府所在地，全市辖区面积为1571平方千米，人口60万，有少数民族33个，占总人口的75%，其中苗族人口占67%，是一个以苗族为主体，多民族聚居的新兴城市。

湾水是凯里市下辖的一个乡镇，是1992年经省人民政府批准建立起来的新镇，全镇总面积为78.54平方千米，共辖17个行政村（翁当村、王司公村、杆田村、格种村、长坡村、湾水村、岩寨村、米薅村、笔书村、江口村、依友村、桐木村、岩庄村、洪溪村、曲江村、里仁村、鱼良村）和1个居委会，其中苗族占98%以上，是苗族同胞聚居地。当地苗族文化氛围浓厚，民俗节日众多。"芦笙会"就是当地最典型的一个民族节日。早期举办芦笙会的地点通常是在格种村、岩寨村、长坡村和镇上，因为其他村寨比较小，人口较少，所以都会聚集到这几个地点。但是，近些年来其他村寨也陆续开始举办属于自己村寨的芦笙会，举办时间都集中在春节和元宵节期间，但每个村寨芦笙会的具体举办时间存在差异。

2. 湾水芦笙会的发展历史

苗族文化源远流长，苗族同胞能歌善舞，芦笙会随苗族人定居当地而诞生。芦笙会是后来人给起的名字，原是当地苗族元宵节（正月十四日）的第二天起至第五天，各家各户聚集于清水江湾水段河畔沙滩上斗牛斗鸡、唱歌跳舞耍杂技的固定的活动。第六天到洪溪村、第七天到岩寨村、第八天到双元村持续开展活动，最后人们各自回家，活动自然解散。这是当地人生活的一个组成部分。这些活动约定俗成，无人组织，不设名次，也没有各种奖励机制。

过去物质生活不富裕的时期，人们仍然于固定时间前往芦笙会举办地点参加活动，那时候节日的气氛相对冷清，许多活动项目也多有简化，部分活动项目甚至取消。改革开放后，受到许多居民离开家乡前往外地打工等一系列因素的影响，节日由原来的6天缩短至3天，而且只在河畔沙滩进行，不再到村落里开展。这也催生了各村自己举办芦笙会的形式，尽管有的村落人口规模不大。自1992年湾水建镇以后，在镇人民政府的支持协助下，形成了现代意义上的芦笙会。芦笙会中的活动有了名次、奖励等一系列激励手段，也融合了许多外来文化，发展成了适应主流文化的具有当地特色民族文化的一个节日盛会。

3. 湾水芦笙会活动简介

湾水镇及镇内多个村落都举办芦笙会，举办时间也不完全一致，如湾水镇芦笙会从正月十六开始持续三天，而格种村一般在农历三月二十日前后、长坡村在正月初九前后、岩寨村在正月初三前后举办芦笙会。虽然举办地点、时间各有差异，但活动项目却大同小异，主要以芦笙、斗牛、斗鸡、歌舞比赛等为主。芦笙、歌舞比赛这些属于大类，大类之下包含小项目，如芦笙大类包含吹芦笙、跳芦笙等，吹芦笙又细分为老年人芦笙、年轻人芦笙、长芦笙、短芦笙等。活动多属比赛性质，设置不同额度奖金。项目奖金的设置也随举办地点、举办年份、项目类型和规模大小等不断变化，近年来相关项目的奖金数额，见表11-1。另外，不同村落的芦笙会对项目也做了一些取舍和改变，有的取消了赛马项目，有的增设了晚会、篮球赛、民族广场舞等项目。

表 11-1 湾水芦笙会举办项目及奖励

举办项目	奖金设置
吹芦笙	800 ~ 2000 元
跳芦笙	800 ~ 5000 元
斗牛	2000 ~ 20 000 元
斗鸡	400 ~ 2000 元
歌唱比赛	500 ~ 2000 元
斗鸟	400 ~ 1500 元
民族广场舞	800 ~ 3000 元
板凳舞	800 ~ 2000 元
篮球赛	2000 ~ 5000 元
民族武术	800 ~ 3000 元
……	……

二、湾水芦笙会的影响

芦笙会经过几百年的发展，逐渐成为迎合旅游市场发展趋势的一个知名的地域性文化活动。芦笙会是当地民族智慧的结晶，在整个发展过程中折射出地域文化适应的积极应对，亦为当地经济社会文化事业发展做出了不可磨灭的贡献。

我国是多民族的国家，各民族皆有自己独特的文化。芦笙会既是展示当地苗族文化的一个舞台，也是对外交流的平台。芦笙会展示了民族文化中的优秀部分，也经过再创造赋予了那些可能被迫淘汰的民族文化再生的机会。更为重要的是，芦笙会的对外吸引力，让许多本地人意识到自己民族文化的优秀，增强了人们的民族文化认同感，提升了人们的民族文化自豪感。芦笙会作为当地民族文化的一个载体，借助旅游活动的开展，促进了苗族文化与其他文化的融合，增加了苗族人民与其他民族的进一步沟通。而且，在对外交流和沟通过程中，人们逐渐摒弃了地域文化习俗中那些束缚了人们思想的规矩与禁忌。

三、文化多样性对湾水芦笙会的冲击

传统的节事活动，是村寨居民农闲之时自娱自乐、活跃气氛、交流感情、丰富生活的工具。改革开放后，村寨对外交流逐渐增多，部分返乡探亲的外出打工者及旅游者、开发商等大量外来者，携带的衣着装饰、言谈举止及思想观念等方面的异地文化符号，对芦笙会等节事活动产生了一定影响，不断改变着节事活动的形式，渐趋多样化，冲击着反映根深蒂固的思想观念的活动内容。

1. 芦笙会非传统活动项目不断增多

芦笙会是综合性活动，主要包含吹芦笙、跳芦笙、斗牛、斗鸡、赛马、刺绣、民族歌舞、民族武术、游行等传统项目。历届芦笙会的项目内容几乎一致。但近年来，外来文化渗入逐渐增多，加之迎合旅游需求的主动性增强，芦笙会活动项目出现较多变动，某些村寨的赛马等项目已不再举办，某些村寨增设了晚会、民族广场舞、篮球赛等村寨年轻人和旅游者喜欢的项目。除了上述活动项目的增减，部分活动项目的形式也有所调整，充分显示了少数民族节事活动受到了文化冲击并存在自发或自觉的文化适应现象。

2. 芦笙会数量增加且商业化日趋严重

随着当地经济的开放和旅游的发展，人们意识到芦笙会具有较强的宣传效应和较高的经济效益，所以，原本人口较少的村寨也开始举办自己的芦笙会，而且举办时间相对集中。由于地处偏僻,经济发展缓慢,交通不够发达,基础设施建设不完善,这些不足严重制约了芦笙会的发展,但是人们迫切把芦笙会打造成优秀旅游品牌的期望却很高,所以活动内容的商业味道趋于浓厚,流于形式的东西越来越多。为迎合部分游客需求,芦笙会期间的文艺汇演增加了现代舞表演,也曾出现过"葬爱家族"杀马特造型的节目。这些活动在当地引起一片哗然,大部分社区民众表示心理上难以接受这些非传统的芦笙会活动项目。可见,芦笙会的经济价值被过度夸大了,文化价值却未被足够重视,民族文化的传承受到一定程度的影响。

四、文化多样性背景下湾水芦笙会的文化适应与重构

伴随着对贫困落后意识的觉醒和"文化搭台、经济唱戏"的新形势的认识加深,当地人逐渐淡化了许多传统民俗与禁忌,以多种文化适应策略改变着芦笙会的形式和内容。

1. 文化适应中的整合

文化适应中的整合是指少数民族节事活动既重视保持本民族文化传统,同时又重视和外来群体接触并积极吸取异文化中的精华,最终多种文化整合而形成新的文化形式。贵州凯里湾水芦笙会在发展过程中接受着不断渗入的外来文化,并自觉地对本地苗族文化在一定程度上进行了结构重组和运作功能的革新,是地方性文化的有意识的再生产,为当地文化注入了发展新动力。

目前芦笙会中诸多节目活动形式和内容体现了少数民族节事活动在文化适应中的整合策略。其一,芦笙会的传统苗歌演唱,歌唱方式为"各唱各的",往往是单人歌唱或者对歌,如今当地人对歌唱进行了重组革新,少部分保留传统的歌唱方法,大部分歌曲加入了伴舞部分,伴舞者穿着苗族盛装,表演本民族舞蹈。其二,风靡全国的城市广场舞到了苗族故乡也是一道亮丽的风景,形成了特色民族广场舞,通常是芦笙会文艺会演中的必备节目。它结合本苗族文化特色,创造形式不一的舞蹈,跳舞者一般为双数,常见6人一组和8人一组,通常采用小牛角、板凳等具有民族特色的器具作为道具。苗家有一种醉酒后跳的舞蹈叫板凳舞,顾名思义,具有一定随意性和野性,结合现代文化改造,特制了专用于跳舞的小板凳,轻巧、雅观,就这样板凳舞与广场舞结合起来,形成了具有地域文化元素的民族广场舞,同时也改变了板凳舞被时代淘汰的命运。其三,芦笙会期间欢迎和接待活动中的苗族酒文化出现了不同的沿袭形式。开幕式中欢迎宾客的仪式采用民族舞蹈表演的形式,表演道具换成苗家常用敬酒的水牛牛角或者酒杯,包含

着苗族敬酒的文化习俗和热情好客的优良传统。拦门酒，原是当地娶亲嫁女招待客人的一种民俗，现在这一仪式已经移植到了节事活动期间招待外来客人的活动中。其四，传统的芦笙会中敲锣打鼓，使用苗族传统的鼓，比较笨重，不易搬动，更不能背着重鼓边走边打。后来人们发现汉族使用的鼓比较轻巧，响度又高，声音还浓，便引入了汉族普遍使用的鼓，可背着鼓边走边打，继而形成了芦笙会开幕时敲锣打鼓的壮观游行队伍。最后，芦笙会相关活动中的文化移植现象越来越多。最具代表性的就是芦笙演奏出现在了更多场景中。芦笙原是在固定民俗活动特别是芦笙会上用以演奏的乐器，舞龙也是特定习俗活动，现在为了给客人展示特色文化和最佳形象，打造民族旅游品牌，芦笙演奏、舞龙表演都被安排在欢迎仪式的多项活动中。每当重要游客、前来投资或业务考察的企业来访，表演者倾尽全力展现着自己的绝活，社区民众积极配合以当地最高规格的礼仪和表演表示欢迎和庆祝。

2. 文化适应中的同化

文化适应中的同化是指少数民族节事活动放弃本民族文化传统，积极接触外来文化，全面吸收异文化形成新的活动形式和内容。同化策略包括整个节事活动的同化或者某些环节的同化。湾水芦笙会的同化主要体现在某些环节上，具体包括新增的芦笙会活动与仪式。首先，芦笙会活动的同化。以前芦笙会只有赛马、斗牛、斗鸡、吹跳芦笙、对歌等少数项目，活动内容比较单调。后来接触外来文化，引入了篮球赛、文艺会演等全新项目。文艺会演由刚开始舞台上寥寥无几的少量节目到加工改造具有民族特色的小品的加入，内容逐渐丰富，与地域文化的违和感也被减弱。文艺会演中典型的改变，就是在人们穿着苗族盛装演唱苗族歌曲以外，增加了很多描写当地情景、歌颂苗族文化的汉语歌曲。当地人也渐渐习惯了这种唱歌方式，因为苗族没有自己的文字，所以苗歌不像有文字的民族那样可以记录下来，它全靠演唱者记住歌曲"大纲"，具体内容部分各唱各的，没有一个统一的标准，更无从评判，这在比赛环节就大大影响公平性，而"苗歌汉唱"恰好提供了一种解决方案。其次，芦笙会仪式方面的同化。目前芦笙会举办期间包含了隆重的开幕式、闭幕式、致辞等仪式，这是传统芦笙会所没有的，是被外来文化同化后新生的仪式内容。相关仪式中也采用了悬挂横幅、夹道欢迎、方队表演等国内外节庆活动仪式中通用的形式。例如，传统芦笙会的游行，民众自愿随意加入，没有组织者和领队，场面盛大且随意，如今的游行活动进行了规范化管理，报名者需提前登记，设置固定方队，需要统一着装，除了本地少数民族外还接纳了汉族人的方队，交警封路，民警维护秩序，游行队伍规整，活动开展井然有序。

3. 文化适应中的分离

文化适应中的分离策略是指少数民族节事活动重视保持本族群文化传统，排斥异文化。与芦笙会相关的舞龙活动就是此策略的典型应用。湾水地区的苗族文化中，除了祖先崇拜和自然崇拜，还有对龙的崇拜。当地人认为，只有给予龙足够的尊崇，龙才能保障人们一年四季风调雨顺。所以，舞龙具有特定的仪式与禁忌。首先，做龙的规矩。每年春节前一周左右，由德高望重的长者摆台、烧香、跪拜，请龙下凡，然后由这些长者亲自用精心挑选的竹子编织龙灯和龙头的骨架，由技艺高超的其他人完成龙的其他部分骨架的编织，之后，再用粗纸糊上，龙灯和龙体内部空心地方点上蜡烛，表示下凡的龙将附体到这条精心编织的竹龙身上。其次，扛龙和舞龙的规矩。除夕夜（包括除夕夜）过后，人们就在晚上扛着这条龙走进各家各户，带去龙的佑护，然后挑个空旷的地方舞龙，观看的人摩肩接踵，场面壮观。扛龙和舞龙工作禁止女人参与，龙头必须由德高望重的长者来扛，龙尾则由体力较好的中年人来扛，而 10~30 岁的年轻男子负责龙灯。最后，送龙的规矩。元宵节前一天，扛龙队把龙扛到河边沙滩上——必须是在有水的地方，龙要吸水才能升天，由当地德高望重的长者亲自摆台、烧香、跪拜，然后点火焚烧竹龙，送龙上天。为了保持民族文化传统，上述舞龙的规矩与禁忌仍然保留下来。出现在对外开放背景下为吸引旅游者而举办的芦笙会上的舞龙表演，相关内容也遵循着上述传统规定。龙崇拜深入人心，十几年前的一次芦笙会上，开幕游行队伍里出现了一条布料制作的龙，引起当地许多人的不满，他们认为这是对神龙的亵渎。

4. 文化适应中的边缘化

文化适应中的边缘化策略是指少数民族节事活动不愿保持本族群文化传统，又不愿接受外来文化影响而改变，最终只能消失。芦笙会中一些项目的取消可视为文化适应中的边缘化现象。随着经济发展和人们生产活动的变化，马对当地生活的影响大大减弱，居民对马的情感也随之淡化，于是，与马相关的休闲娱乐活动也就逐渐边缘化了，最后的结果就是传统芦笙会中的赛马活动逐渐被取消，目前已完全不见踪迹。

五、文化多样性背景下"湾水芦笙会"的发展建议

人们的思想逐渐解放，眼光不再局限于传统的历史文化，他们将历史拾起，结合现代文化构建并逐渐完善地域特色文化。外来文化与携带外来文化的当地年轻人以其价值导向不断影响着地方传统芦笙会仪式和内容的重构。在这一发展过程中，需要科学的引导和管理，作为地域文化载体的芦笙会才能实现可持续发展，有机融入现代旅游大市场。

1. 加强文化教育与宣传，传承民族特色文化

在走访调研中发现，目前大部分年轻人特别是外出打工者对芦笙会等民族特色文化的认知层次较浅，情感涉入不多，存在民族文化认同感不足的倾向，这应该引起当地管理部门重视。可以加强宣传引导，组织编撰民族史志，中小学课堂中适当设置相关教育环节，增强学生对优秀民族文化的认知与认同，促进民族文化的传承和发扬，保护文化的多样性。

2. 建立文化场馆，具象与保护文化节事活动

湾水芦笙会的历史悠久，但是具体历史只是经过长者的口述以代代相传，流传过程中很多内容必定沉入漫长岁月的海底，无人知晓。地域管理部门若提供资金支持，组织调研地域特色节事活动，修建文化馆和博物馆，建立有形展示空间，让人们知晓节事活动和内容的来历，了解其成长过程，便可有效传承和发扬芦笙会等文化节事活动蕴含的优秀地域文化精神。

3. 保留文化本真，避免芦笙会过度同化

把文化节事活动打造成旅游品牌，助力国家脱贫攻坚，这是很多具有特色文化的地域的选择。西江千户苗寨、肇兴侗寨等都是发展成功的典范。但也有一些失败的案例。脱离了地域特色而一味地迎合旅游者需求的节事活动，失去了民族文化的本真，必然不能持久地得到旅游者的青睐。湾水镇远离城市，经济发展缓慢，交通不够发达，基础设施建设不完善，这些硬性条件严重制约着芦笙会的发展，但是人们把芦笙会打造成优秀旅游品牌的期望异常迫切，急于对外成名的芦笙会很容易跑偏，成为商业味道浓重的其他地区节事活动的模仿品。地方管理者和社区民众都应该实事求是，清醒地认识到芦笙会的发展条件和价值精髓，在芦笙会的文化适应和重构中，不保守，不激进，在保护民族文化纯洁性的基础上科学、有序地发展芦笙会。

4. 合理组织与引导，集中力量打造品牌

当地浓厚的民族文化在文化适应和重构过程中产生了不少阻力，虽然取得了可观性的进展，但距离成为一个打入旅游市场的品牌节事活动还比较遥远。目前镇上、各村寨都有自己的芦笙会，重复办节，力量分散，而且浪费资金。地方管理者要制定组织引导计划，逐步消除规模不大、活动重复、举办时间不固定、领导性机构缺失、没有稳健的资金渠道等阻碍芦笙会品牌创建的不足。成立芦笙会领导性机构，整合附近各村寨和镇上的芦笙会，集中优势资源，在固定时间办节，增强规模效应。这些问题的解决也是改变当前自发的文化适应为自觉的文化适应的关键点。

本章小结

总而言之，在孕育苗族同胞的这片大地上，人们用自己的智慧创造出了一个又一个具有里程碑意义的民族文化符号，芦笙会就是其中之一。传统的芦笙会，是当地人在农闲之时自娱自乐、活跃气氛、交流感情、丰富生活的工具。现在的芦笙会除了上述功用，还要满足外来旅游者的审美需求，服务于经济发展目标。在经济快速发展及文化交流频繁的大背景之下，外来文化与携带外来文化的游客与当地年轻人以其价值导向不断影响着地方传统，走过了几百年时光的芦笙会在与外来文化的不断碰撞交流中渐渐冷静下来，面对滚滚时代潮流，采取较为积极的文化适应行为，不断迎接着新挑战。为了迎合旅游的发展、时代的召唤，芦笙会不断进行自我革新和自我创造。近年来芦笙会文化适应和重构的迹象表明，芦笙会取得了较大发展，但同时也暴露出了一些缺陷，民族文化本真的维护和地域特色文化的传承，是当前地域性节事活动承载的历史使命。利用芦笙会旅游品牌创建的时机，地方管理机构与社区民众需合力而为，以更加积极的文化适应对策和科学合理的发展规划，最大化芦笙会在地域经济发展和文化繁荣工作中的贡献。

主要参考文献

［1］蔡卫民，丁梅.产业会展的功能与运营研究述评［J］.商业经济，2018（11）：83-85.

［2］陈晓艳等.基于总体态度中介变量的事件旅游影响居民感知与支持行为研究：以第八届中国花博会为例［J］.人文地理，2016（5）：106-112.

［3］戴林琳，盖世杰.基于结构方程模型的乡村节事及节事旅游影响居民感知研究：以北京长哨营村为例［J］.北京大学学报（自然科学版），2011，47（6）：1121-1128.

［4］邓晓."重庆火锅"与重庆的城市文化［J］.重庆社会科学，2009（6）：94-98.

［5］顾海英.互联网时代中国会展业转型升级研究［D］.上海：上海师范大学，2019.

［6］顾昊.上海会展场馆的使用与经营模式分析［J］.广西质量监督导报，2019（12）：111-112.

［7］郭佩惠.保持文化的民族性尊重文化的多样性体现文化的时代性：建党90年来建设有中国特色社会主义文化的历史经验浅析［J］.云南行政学院学报，2012（2）：171-173.

［8］郭英之，臧胜男，彭兰亚.社区居民对2010年上海世博会影响感知的实证研究［J］.旅游科学，2009（3）：36-40.

［9］何星亮.文化多样性与全球化［J］.湖北民族学院学报（哲学社会科学版），2004（3）：1-4.

［10］洪彦.昆明市展览业市场化运作对策研究［D］.昆明：云南财经大学，2019.

［11］姜雪峰.探讨大变局下的机遇与挑战：2019会展产业展洽会开幕式暨全体会

隆重开幕[J]．中国会展，2020（1）：54-56．

[12] 李飞，马继刚，刘祥辉．线性文化遗产居民的感知价值与期望价值：以滇越铁路为例[J]．热带地理，2021，41（1）：93-103．

[13] 李树民．旅游产业融合与旅游产业协整发展[J]．旅游学刊，2011，26（6）：5-6．

[14] 陆费逵，欧阳溥存，冯国超等．中华大字典[M]．北京：中华书局，1978：101．

[15] 罗秋菊，陈可耀，黄霞．社区居民对会展业经济影响感知研究：以广州琶洲村村民为例[J]．热带地理，2012，32（2）：113-120．

[16] 施德群．"互联网+"时代背景下对会展服务创新途径的思考[J]．管理观察，2019（35）：72-73．

[17] 石齐钧．会展策划人应具备的基本素质和技能的思考[J]．科技经济市场，2019（12）：103-105．

[18] 司马云杰．文化社会学[M]．济南：山东人民出版社，1986：390-393．

[19] 隋玥．浅谈区域品牌对区域经济发展的带动作用[J]．知识经济，2017（13）：58．

[20] 孙九霞，周一．遗产旅游地居民的地方认同："碉乡"符号、记忆与空间[J]．地理研究，2015（12）：2381-2394．

[21] 陶维兵．新时代乡村民俗文化的变迁、传承与创新路径[J]．学习与实践，2018（1）：8-11．

[22] 陶卫宁，张淑珊．基于休闲限制理论的澳门居民MGP相关休闲行为研究[J]．旅游学刊，2016，31（6）：50-59．

[23] 王起静．居民对大型活动支持度的影响因素分析：以北京2008年奥运会为例[J]．旅游科学，2010（3）：63-74．

[24] 王朝辉．产业融合拓展旅游发展空间的路径与策略[J]．旅游学刊，2011，26（6）：6-7．

[25] 王朝辉，陆林，夏巧云．国内外重大事件旅游影响研究进展与启示[J]．自然资源学报，2012，27（6）：1053-1067．

[26] 王晓丽．家庭农场金融支持研究[M]．北京：知识产权出版社，2021．

[27] 王晓文，张玉利，王菁娜．会展经济效应的作用机制研究：一个以创业活动为传导路径的观点[J]．旅游科学，2011，25（4）：49-57．

[28] 汪舟．日本民俗节庆及其对中国节庆旅游发展的启示[J]．特区经济，2012（1）：139-142．

［29］吴林华.农业会展业的现状及发展趋势：以山东为例［J］.中国集体经济，2013（7）：120.

［30］肖红艳.我国节庆旅游发展现状及对策探讨［J］.未来与发展，2011，34（9）：24-27.

［31］胥星.浅谈城市民俗文化旅游发展：以自贡灯会为例［J］.大众文艺，2019（8）：237-238.

［32］徐晋.平台经济学［M］.上海：上海交通大学出版社，2007：39.

［33］徐叶.会展对城市形象的塑造作用：以中国国际动漫节为例［D］.杭州：浙江大学，2008.

［34］杨宝琰，万明钢.文化适应：理论及测量与研究方法［J］.世界民族，2010，（4）：1-9.

［35］杨红.基于市场结构—行为—绩效范式的中国会展产业研究［D］.哈尔滨：哈尔滨工业大学，2006.

［36］衣莉芹.国内旅游产业融合研究述评［J］.资源开发与市场，2013，29（1）：106-109.

［37］衣莉芹.农业会展对举办地经济发展的影响研究：以中国（寿光）国际蔬菜科技博览会为例［D］.泰安：山东农业大学，2018.

［38］衣莉芹.农业会展经济影响路径、机理与效应研究［M］.北京：知识产权出版社，2021.

［39］张翠娟.会展产业对区域经济发展的影响研究［J］.学术交流，2014（5）：89-92.

［40］张静.海口市会展业的经济拉动效应研究［D］.海口：海南大学，2019.

［41］朱竑，刘博.地方感、地方依恋与地方认同等概念的辨析及研究启示［J］.华南师范大学学报（自然科学版），2011（1）：1-8.

［42］祝婕.论跨文化适应的维度模型［J］.大学教育，2014（16）：8-9.